O BRASIL TEM MEDO DO MUNDO?
Ou o mundo tem medo do Brasil?

Reflexões e comentários sobre o isolamento internacional do país pré e pós-pandemia

CIP-BRASIL. CATALOGAÇÃO NA PUBLICAÇÃO
SINDICATO NACIONAL DOS EDITORES DE LIVROS, RJ

C875b

Costa, Roberto Teixeira da
O Brasil tem medo do mundo? Ou o mundo tem medo do Brasil? : reflexões e comentários sobre o isolamento internacional do país pré e pós-pandemia / Roberto Teixeira da Costa. - 1. ed. - São Paulo : Noeses, 2021.

288 p. ; 23 cm.
Inclui bibliografia
ISBN 978-65-89888-00-0

1. COVID-19 (Doenças). 2. COVID-19 (Doenças) - Aspectos econômicos. 3. Epidemias - Aspectos econômicos. I. Título.

21-70430

CDD: 330.9
CDU: 339.9:(616.98:578.834)

Meri Gleice Rodrigues de Souza - Bibliotecária - CRB-7/6439

Roberto Teixeira da Costa

O BRASIL TEM MEDO DO MUNDO?
Ou o mundo tem medo do Brasil?

Reflexões e comentários sobre o isolamento internacional do país pré e pós-pandemia

2021

Copyright © Editora Noeses 2021
Fundador e Editor-chefe: Paulo de Barros Carvalho
Gerente de Produção Editorial: Rosangela Santos
Arte e Diagramação: Renato Castro
Revisão: Microart
Designer de Capa: Aliá3 - Marcos Duarte

TODOS OS DIREITOS RESERVADOS. Proibida a reprodução total ou parcial, por qualquer meio ou processo, especialmente por sistemas gráficos, microfílmicos, fotográficos, reprográficos, fonográficos, videográficos. Vedada a memorização e/ou a recuperação total ou parcial, bem como a inclusão de qualquer parte desta obra em qualquer sistema de processamento de dados. Essas proibições aplicam-se também às características gráficas da obra e à sua editoração. A violação dos direitos autorais é punível como crime (art. 184 e parágrafos, do Código Penal), com pena de prisão e multa, conjuntamente com busca e apreensão e indenizações diversas (arts. 101 a 110 da Lei 9.610, de 19.02.1998, Lei dos Direitos Autorais).

2021

Editora Noeses Ltda.
Tel/fax: 55 11 3666 6055
www.editoranoeses.com.br

The Brazil Institute at King's College London was lucky to benefit from the expertise and experience of Roberto Teixeira da Costa when he was a visitor with us in 2018. Roberto used his visitorship in London to start the production of this book. This is a provocative analysis, not only of Brazil's foreign policy, but of its political economy and role in the global economy. Anyone who believes that Brazil could and should play a more influential role in world affairs will benefit from reading this book.[1]

Dr. Anthony Pereira

Professor, Brazil Institute and Department of International Development, School of Global Affairs, King's College London

---

1. Tradução: "O Brazil Institute no King's College London teve o privilégio de se beneficiar da *expertise* e da experiência de Roberto Teixeira da Costa quando ele foi nosso visitante em 2018. Roberto aproveitou sua visita a Londres para iniciar a produção deste livro. Esta é uma análise provocativa, não apenas da política externa do Brasil, mas de sua economia política e de seu papel na economia global. Quem acredita que o Brasil pode e deve ter um papel mais influente nos assuntos mundiais se beneficiará com a leitura deste livro".

AGRADECIMENTOS

Escrever, para quem não é vocacionado para essa nobre atividade, é trabalho, de um lado prazeroso, mas também pode ser exaustivo. Efetivamente, é estimulante colocar no papel uma experiência vivida e imaginar que pode ser útil e agradável. De outro lado, é desafiante tratar de temas complexos, como o da inserção do país no cenário internacional, principalmente considerando esse momento de transição pelo qual o mundo e o nosso País estão atravessando.

O meu texto básico estava praticamente terminado em novembro de 2019. Eu fazia os acertos finais quando surgiu o novo coronavírus e o reconhecimento de que estávamos nos defrontando com uma pandemia. Minha reação inicial, quando as primeiras repercussões no mundo apareceram, foi de frustração, pois lamentei que o livro não tivesse sido lançado ainda. Posteriormente, à medida que a pandemia tomava as características que todos agora reconhecem, considerei que foi melhor não ter acontecido a publicação antecipada, pois o livro perderia velozmente a sua atualidade.

Pensei, então, em escrever um capítulo adicional sobre a Covid-19 e seu impacto nas relações internacionais, mas, depois, concluí que seus desdobramentos me obrigavam a que todos os outros capítulos tivessem de ser revisitados.

Também, já com o trabalho revisto, fomos obrigados mais uma vez a lançar um novo olhar, devido aos resultados da eleição

O BRASIL TEM MEDO DO MUNDO?
Ou o mundo tem medo do Brasil?

nos Estados Unidos para a Presidência e a derrota de Donald Trump para Joe Biden. Quais as possíveis consequências e os desdobramentos dessa mudança, não somente para os americanos do Norte, mas também para todos os países que, de uma maneira, são fortemente dependentes das eleições dos EUA?

Para complementar, tive de superar um obstáculo logístico. Desde meados de março de 2020 até o fim desse ano, permaneci isolado em Redenção da Serra, onde são precários os sinais de Wi-Fi. Assim, se do ponto de vista de tranquilidade tinha um ambiente propício para concentrar-me na revisão do texto, de outro, sua digitação e preparação das sucessivas revisões tinham de ser transportadas para a cidade de São Paulo. Lá, Patrícia Tambourgi, cuja colaboração foi imprescindível, poderia fazer as atualizações frequentes, como também com o apoio de minha assistente de muitos anos, Roseli Mayan, que acompanhou e participou dos meus outros livros, para que pudesse fazer o meio de campo e coordenar o trabalho com Valdemir Alves de Souza, que fez inúmeras viagens nessa ponte Redenção-São Paulo. Assim, chegamos à revisão definitiva em meados de dezembro, depois de inúmeras revisões. Em parte delas, tive a grande contribuição do Prof. Édison de Freitas, alertando não somente para alguns deslizes gramaticais, como também apontando a necessidade de esclarecimentos para explicitar melhor o que buscava transmitir em certos trechos do texto. Contei também com a colaboração de Ederson de Lima que, durante meu isolamento na fazenda, ajudou com as questões tecnológicas.

Voltando aos agradecimentos, devo destacar a importância de todos aqueles que responderam os formulários e nos receberam para entrevistas, fundamentais para que o texto se desenvolvesse.

Destaco a participação do Embaixador Marcos Azambuja, prefaciando o livro, e as contribuições especiais da Fundação Dom Cabral, com sua visão das multinacionais brasileiras, bem como de Merval Pereira, acadêmico e jornalista, que enriqueceu e valorizou esta obra.

Finalmente, Patrícia, que conheci nas reuniões do GA-CINT e que, à época, preparava sua tese de doutoramento na área de Relações Internacionais, teve papel decisivo no que já fiz referência e também desde os primeiros momentos, com frutífera troca de ideias bem como nas pesquisas realizadas. A Roseli, sempre atuante, vigilante e presente nos períodos críticos, foi fundamental para a viabilização do projeto. Cacilda, que constantemente me ajudou com trocas de ideias e apoio, inclusive dando sugestões e reconhecendo a importância do propósito do trabalho.

Meus agradecimentos de coração a todos.

PREFÁCIO

Mesmo os nossos vizinhos mais próximos estão distantes. Não começo com este aparente paradoxo para buscar algum efeito retórico, mas porque ele me parece essencial para entender a circunstância histórica, geográfica e, finalmente, política e econômica da inserção internacional do Brasil.

Tomemos a América do Sul. A região tem sido, quase sempre, ao longo dos séculos, um remanso estratégico. Vemos os sinais dessa longa estabilidade em fronteiras que continuam no mesmo lugar, em uma narrativa com poucas rupturas traumáticas, na ausência de grandes conflitos militares entre os condôminos regionais e na virtual inexistência de problemas nossos na lista daquelas questões que ocupam prioritariamente a agenda internacional.

Como magra compensação pela nossa demora em acompanhar – e mesmo procurar influenciar – os acontecimentos e as tendências que afetaram, primeiro e mais profundamente, outras regiões mais centrais ou menos periféricas do mundo, ganhávamos um tempo adicional de reflexão e, em alguma medida, podíamos aprender com as experiências dos outros, principalmente em tempos de pandemia.

Com a extraordinária aceleração da ciência e das tecnologias em anos recentes e com o impacto irresistível do atual ciclo de globalização, esse retardamento passou a ser ainda mais oneroso e disfuncional. Não encontro para ele, agora, compensações consoladoras e acredito mesmo que, se ele persistir, a nossa capacidade de competir e avançar será, talvez, seriamente prejudicada.

Com a Covid-19, a economia mundial e as nossas circunstâncias sofreram, por causa da pandemia, profundas repercussões que se estenderão (e podem mesmo se intensificar), no futuro previsível, e continuarão a definir o quadro econômico e político-social em que teremos todos que operar e sobreviver.

Roberto Teixeira da Costa sabe disso como ninguém e anda por este vasto mundo colhendo experiências e vendo a fila andar. E, a cada regresso ao Brasil, traz a notícia de que é imperativo que busquemos uma inserção ágil e competitiva nessa nova ordem internacional que, à nossa revelia – e, se não tomarmos cuidado, em nosso desfavor – vai-se velozmente consolidando.

O Brasil, como sempre, vasto e cada vez mais numeroso, vai navegando com a corrente, mas sem mudar, de forma decisiva, o patamar de sua inserção no mundo. Durante alguns anos, conseguiu criar a esperança (diria quase que a convicção) de que sua hora chegara e de que iria, finalmente, cumprir o grande destino que estaria à sua espera sempre um pouco adiante na estrada. Seguem-se anos de relativo desalento, e as grandes ambições nacionais são, mais uma vez, simplesmente adiadas.

Assistimos ao mundo se transformar e ainda mais acelerar seus processos de transformação, e o Brasil corre o risco de perder o espaço a que naturalmente poderia aspirar no futuro e ainda incerto ordenamento mundial diante das mudanças provocadas pela Covid-19.

Já temos, em marcha no mundo, a quarta revolução industrial, e sequer completamos o dever de casa da terceira. No universo da inteligência – agora também e cada vez mais artificial – ainda medimos nosso peso com balanças antigas.

As pesquisas de Roberto Teixeira da Costa que informam este livro são o resultado de uma madura e sempre atualizada reflexão e de contatos frequentes, em vários países, com atores públicos e privados que promovem as mudanças de expectativas e das regras do jogo com que hoje nos defrontamos. O que é novo é o sentido de urgência que Roberto empresta às suas reflexões. Com a pandemia, esse urgente convite à reflexão e à ação que nos faz Roberto em seu livro ganha maior relevância e atualidade.

O que desespera no Brasil é, sobretudo, o hiato entre percepção da enfermidade e ação terapêutica.

Para a Covid-19, vacinas estão sendo testadas e aplicadas. E para o Brasil? Nesse caso, sabemos diagnosticar o doente. Apenas até agora não conseguimos tratá-lo com velocidade e com os melhores procedimentos. A mensagem é clara: temos de nos mover mais depressa e errar menos. O preço da nossa demora poderá ser o de uma crescente irrelevância. Um raio de esperança surgiu em meados de dezembro, quando quatro vacinas foram testadas positivamente e aprovadas em alguns países do mundo.

Marcos Azambuja[2]

---

2. O carioca Marcos Azambuja é diplomata de carreira e tem longa trajetória profissional: foi Embaixador do Brasil na França (1997-2003) e na Argentina (1992-1997), Secretário-Geral do Itamaraty (1990-1992), Coordenador da Conferência Rio-92 e Chefe da Delegação do Brasil para Assuntos de Desarmamento e Direitos Humanos, em Genebra (1989-1990).

SUMÁRIO

AGRADECIMENTOS.. VII

PREFÁCIO XI

INTRODUÇÃO 1

Parte 1:
DIAGNÓSTICO

O mundo enfermo: Covid-19 – Impacto da pandemia sobre a internacionalização?... 9

Hipóteses sobre o isolamento do Brasil no cenário internacional 13

Parte 2:
MEDO CUSTA CARO

A internacionalização da economia brasileira 27

A 4ª Revolução Industrial e os desafios para os processos de internacionalização...................................... 35

Brasil e China: a nova rota da internacionalização? 43

Mercosul 65
Eleições nos Estados Unidos e suas repercussões 87
Contribuição especial: da indiferença ao medo? 117

Parte 3:
INVESTIMENTO SEM FRONTEIRAS

Investimento de pessoas físicas e investidores institucionais no mercado de capitais no exterior 123
Capital estrangeiro no mercado de capitais 127
Contribuição especial: Fundação Dom Cabral tem a palavra 137

Parte 4:
QUESTÃO DE OLHAR

A percepção do Brasil no exterior 147
Imprensa nacional e internacional: *Papel dos meios de comunicação nacionais e estrangeiros na divulgação da temática das relações internacionais do Brasil* 159
O que esteve nos jornais 163

Parte 5:
AS MÚLTIPLAS FACES DA INTERNACIONALIZAÇÃO

O Brasil no mapa das migrações 173
No futebol, somos mais audaciosos 187
Em pauta: arena amazônica 195

Parte 6:
MEDO TEM CURA?

Considerações finais 211

POSFÁCIO – PÓS-PANDEMIA: O QUE NOS ESPERA? 223

FOTOGRAFIAS 248

SOBRE O AUTOR 265

INTRODUÇÃO

Quando iniciamos este trabalho, muito antes da eclosão do novo coronavírus, o medo estava ligado ao nosso processo de internacionalização e seus desdobramentos, seja no meio público ou privado. Após principalmente janeiro de 2020, a pandemia criou uma situação em que o medo tomou conta de todos, devido às consequências nefastas da Covid-19. Fonte de insegurança também foram, posteriormente, as eleições nos Estados Unidos. O que esperar como consequência com a derrota de Trump? A questão do multilateralismo está no topo dos possíveis desdobramentos das mudanças, assim como tudo o que estiver ligado à questão ambiental.

Isolamento: antídoto?

"Nada deixa o brasileiro mais feliz que o isolamento". Dita por Fernando Henrique Cardoso em 2 abril de 2019, em sua Fundação, essa frase não poderia estar mais alinhada com a pergunta que dá título a esta obra e que tem sido, ao longo da minha carreira, uma grande inquietação. São mais de quatro décadas atuando como representante brasileiro em foros empresariais internacionais, e a sensação de que o Brasil tem medo do mundo pareceu apenas se reafirmar ano após ano. O mundo mudou; o Brasil não?

O assunto sempre esteve no topo de minhas preocupações. Com o tempo, senti a necessidade de me aprofundar em identificar possíveis razões que nos conduziram a tal situação. Tenho vivência em diferentes instituições empresariais e organizações

O BRASIL TEM MEDO DO MUNDO?
Ou o mundo tem medo do Brasil?

internacionais ligadas ao tema. No *Anexo I*, apresento a listagem das instituições a que estive ligado e das quais ainda faço parte como conselheiro ou participante em eventos e conferencista.

Em mais de 40 anos nessa militância pró-internacionalização do Brasil, percebi distanciamento, ou mesmo, em alguns casos, alheamento dos temas ligados à posição do nosso país no cenário internacional por parte do empresariado doméstico. Em várias situações, era notória, inclusive, até a falta de curiosidade na discussão de como certos acontecimentos internacionais poderiam nos afetar direta ou indiretamente.

Incentivar a participação de líderes empresariais nas discussões de temas referentes à globalização não criava alguma motivação que atraísse a atenção de diferentes grupos ou mesmo de associações de classe.

Havia dificuldade em aproximar representantes, tanto de nossas elites (não me refiro exclusivamente a empresários), quanto de jovens empresários para essas discussões.

Como pode um país de dimensões continentais, com mais de 200 milhões de habitantes, espalhados desigualmente ao longo dos 8,5 milhões de km² de extensão territorial, rico por natureza, com amplas reservas de recursos estratégicos, ter uma posição de tal distanciamento do planeta Terra? Afinal de contas, apesar de todos os percalços, dificuldades de diferentes crises enfrentadas nos últimos anos, ainda assim sempre estivemos entre as dez maiores economias do globo. E não creio que a pandemia afete o nosso poder relativo.

Tal inquietude levou-me a mergulhar neste projeto. Busquei, por meio de pesquisa e de entrevistas, elementos que contrariassem a pergunta original. Não tive discordâncias; apenas explicações variadas para o que foi apontado como fato: sim, o Brasil tem medo do mundo, e isso muito antes da Covid-19.

Empenhei-me, então, em identificar as origens do distanciamento entre empresariado nacional e a inserção externa brasileira e, em seguida, se essas preocupações poderiam ser bem fundamentadas por evidências empíricas.

Quando me refiro a esse distanciamento, não estou me posicionando exclusivamente nas questões referentes à nossa participação no comércio mundial, em que o total de importações e de exportações não tem passado de 1,2% do total das exportações mundiais e 0,96% das importações mundiais, de acordo com dados da Organização Mundial do Comércio de 2019.[3] Somos reconhecidos como uma economia das mais fechadas.

Refiro-me à internacionalização brasileira de maneira ampla. Com a minha vivência, pareceu-me importante contribuir para uma análise factual de quais fatores poderiam explicar e justificar o distanciamento do Brasil do cenário internacional, não apenas em termos econômicos, mas também em termos políticos, de saúde pública, de ciência & tecnologia, meio ambiente e mídia, entre outros. E a Covid-19 só explicitou a nossa condição periférica no contexto internacional.

No caso do comércio, por exemplo, como explicar a baixa participação do Brasil no cenário mundial? Quais os motivos que poderiam justificar a falta de motivação empresarial brasileira para participar e discutir temas internacionais? As principais justificativas acabam se concentrando na relação entre três principais eixos de atores: governo, elites e empresariado.

Por exemplo, entre essas suspeitas apresentadas, com frequência absoluta nos deparamos com a argumentação de que os empresários brasileiros privilegiavam o mercado interno, por sua amplitude e potencial de crescimento. Devemos acrescentar, ainda, que a industrialização brasileira, em sua origem, foi basicamente lastreada no modelo de substituição de importações, com viés protecionista, em que o corporativismo empresarial teve grande peso. As associações de classe de diferentes setores industriais foram ardentes defensoras do protecionismo do mercado interno.

Seria defensável esse posicionamento? Existem empresas na América Latina que, mesmo situadas em países com

---

[3]. Dados referentes a comércio de bens. Disponível em: https://bit.ly/3rRicxc. Acesso em: 16 dez. 2020.

O BRASIL TEM MEDO DO MUNDO?
Ou o mundo tem medo do Brasil?

vastidão territorial e populacional, têm participação ativa no cenário internacional, como é o caso do México, ainda que seu comércio esteja fortemente ligado aos Estados Unidos. Os Estados Unidos (EUA) têm um comércio internacional de muitos bilhões de dólares, apesar de seu mercado interno ser o sustentáculo de sua economia. E o que dizer da China? Seu grande salto na economia mundial, justificando elevadas taxas de crescimento, lastreou-se no mercado externo, muito embora, nos últimos anos, venha concentrando sua política econômica no crescimento interno, privilegiando seu mercado que, recentemente, pelo nível populacional do país, tem incrível potencial.

Podemos citar outros exemplos de países que têm uma agressiva política de comércio exterior, como o da Coreia do Sul, Vietnam, Taiwan, e, em nossa região, o Chile. Todos vêm marcando presença nos mercados mundiais.

Esse introito justificativo tem a preocupação de colocar em perspectiva as bases e os fundamentos de experiência acumulada em tantos anos de convivência com temas ligados à relação internacional e ao papel dos empresários privados. Foi essa motivação que me levou a Londres no último trimestre de 2018, mais especificamente como visitante do King's College no *Brazilian Institute*, para ter a oportunidade de poder interpretar essa temática fora do ambiente doméstico, aportando uma visão internacional de residentes e de investidores externos.

Busquei, acima de tudo, uma reflexão acerca das atitudes passivas do País em termos de internacionalização e apresentar sugestões que possam contribuir para enfrentarmos o medo e crescermos. Essa reflexão é complementada pelas consequências da pandemia do novo coronavírus no Brasil.

O trabalho foi estruturado em questionário encaminhado a diferentes públicos-alvo: empresários brasileiros com destacada atuação no mercado internacional, para melhor entender como lá chegaram e quais os obstáculos enfrentados; personalidades da vida acadêmica e política; jornalistas e consultores, que se dispuseram a responder. Em alguns casos, fizemos entrevistas gravadas.

O número de respostas obtidas ficou abaixo da expectativa, muito embora, sob o ângulo qualitativo, elas tenham sido satisfatórias e bem representativas de seus respectivos segmentos.

O Brasil tem medo do mundo? É um caso de "agorafobia internacional"? Pensar sobre o tema parece indicar uma resposta!

Mais do que nunca, os efeitos da Covid-19 nos obrigam a uma reflexão muito mais profunda sobre os desdobramentos da crise no nosso relacionamento externo, de acordo com as informações disponíveis no primeiro semestre 2020.

Naturalmente, como em diferentes situações, há exceções para confirmar a regra. Com essa consideração, pedi cooperação da Fundação Dom Cabral, que vem analisando há muitos anos a questão da internacionalização de empresas brasileiras. Essa contribuição consta das páginas 137 a 143 e dedica alguns parágrafos sobre os impactos na formação e treinamento de executivos pós-pandemia.

Iremos, ao longo do texto, aprofundar-nos em alguns dos diferentes aspectos no que se refere à internacionalização, com a preocupação de dar ênfase ao que de mais relevante julgamos fundamental para nos representar no cenário mundial. Temas que, no início do trabalho, não estavam alinhados ao roteiro original, acabaram sendo inclusos, como a questão migratória, a polêmica sobre a região amazônica e também sobre o futebol que, durante longo período, tornou nosso País mais conhecido mundialmente.

Na última revisão do texto, ao final de março, a pandemia não dava sinais de estar sobre controle, com seu agravamento e surgimento de novas variantes da Covid 19, apontando que mesmo com o início da vacinação, estamos distantes do controle da situação. No nosso caso específico, estamos ocupando a triste liderança mundial do número de óbitos.

Assim, ao final do trimestre, prevaleciam as incertezas, não só por aqui como também em alguns países europeus.

Melhores dias ainda vão demorar a chegar.

Parte 1:
DIAGNÓSTICO

O MUNDO ENFERMO:
COVID-19 – IMPACTO DA PANDEMIA SOBRE A INTERNACIONALIZAÇÃO?

Não basta mudar de vida. É importante mudar a vida.
(Manifesto dos Parisienses – 1968)

O ano de 2020 é sem precedentes na história da humanidade. É um divisor de águas. A sensação é de estarmos à deriva, sem sabermos se a tormenta já passou ou se ainda o pior está por vir. E a bonança ainda parece estar longe. Entramos em uma guerra contra um inimigo invisível!

Em meados do segundo semestre de 2019, a China começava a reportar os primeiros casos da nova doença, sem que os políticos mundiais atentassem para as possibilidades catastróficas que aquela "gripezinha" poderia provocar no mundo todo.

"Gripezinha" foi o termo usado pelo atual presidente brasileiro Jair Bolsonaro para se referir à Covid-19, nome da doença, segundo a Organização Mundial da Saúde (OMS). Até 05 de abril de 2021, OMS já havia registrado 130.422.190 casos confirmados e 2.842.135 mortes. No Brasil, na mesma data, 12.910.082 casos haviam sido confirmados, tendo ocorrido 328.206 mortes.[4]

---
4. OMS. Disponível em: https://COVID19.who.int/. Acesso em: 16 dez. 2020.

O BRASIL TEM MEDO DO MUNDO?
Ou o mundo tem medo do Brasil?

Nosso presidente, que, posteriormente, em julho, também testou positivo para Covid-19, não foi o único a menosprezar os efeitos da pandemia. Os Estados Unidos, a Rússia, a Índia e o México também retardaram a adoção de medidas radicais de isolamento social e pagaram preço elevado, tornando-se os países mais afetados pela doença, junto a Brasil e Rússia. Particularmente o Presidente Trump, em campanha para se reeleger, levou o país a liderar mundialmente o número de casos e de mortes pela Covid-19, chegando a 300.000 mil mortes, número superior às perdas de soldados norte-americanos na II Guerra Mundial.

E algo que pareceria impossível de acontecer, ou até mesmo apenas fruto da imaginação de autores de ficção científica, tornou-se realidade: a pandemia fez o modo de produção capitalista sofrer o maior baque de sua história em nível global! Crises precedentes, como a queda da Bolsa de Nova York, em 1929, ou a crise financeira, de 2008, não guardam semelhança com essa obra completa trazida pela pandemia. Em 2020, a economia quase parou. Comércio de portas fechadas. Voos cancelados. Sistemas de turismo e de aviação em crise.

Exemplificativas são as perdas da gestora de investimentos Berkshire Hathaway, de Warren Buffet, que anunciou uma desvalorização inicial de US$ 50 bilhões em seu fundo. Buffet registrou que, "na crise financeira mundial de 2008/2009, o 'trem da economia' saiu dos trilhos. Na pandemia do coronavírus, o trem foi tirado dos trilhos e colocado de lado".[5]

Em meados de 2020, os trilhos já começavam a ser reconstruídos no caso da China, pelo menos. O país, primeiro a enfrentar a crise em todo o mundo, deu sinais de recuperação, tendo controlado a pandemia no interior de suas fronteiras. Medidas rígidas de quarentena impostas à população deram resultado, e o país já passou a respirar ares menos contaminados e economicamente mais estimulantes. O "isolamento social" foi imposto com mão de ferro e com o comportamento

---

5. *O Estado de S. Paulo*. Disponível em: http://bit.ly/2Zouwca.

solidário de sua população. Os mercados de capitais reagiram, e as Bolsas mostraram comportamento surpreendentemente positivo. Algumas das principais Bolsas, principalmente dos EUA, mostraram forte reação em outubro. O pior já passou?

Quais serão os trilhos pós-pandemia? Ou os trilhos estarão obsoletos quando a pandemia estiver controlada? Mudanças e transformações profundas ainda estão a caminho?

De tudo que surgiu desde o início da pandemia até o aparecimento de diferentes vacinas, fomos inundados de farto material sobre a Covid-19, imunização e consequências. Vimos de tudo aparecer: de infectologistas renomados, médicos especializados, opiniões de "experts" de diferentes formações, charlatões, e vai por aí afora, sem considerar agentes interessados em aumentar a confusão, olhando seu próprio interesse. Nesse contexto, foi um terreno fértil para as chamadas *fake news* prosperarem, intensificando em muito dúvidas que se instalaram na população atingida.

Olhando adiante, fica evidente que os países onde se concentra a inteligência científica deverão redobrar esforços para tirar lições e aprendizados da Covid-19, estando unidos para buscar terreno comum quando defrontarem uma nova pandemia. Portanto, a união será fundamental, acima dos interesses das empresas e de ideologias.

HIPÓTESES SOBRE O ISOLAMENTO DO BRASIL NO CENÁRIO INTERNACIONAL

> *Se você conhece o inimigo e conhece a si mesmo, não precisa temer o resultado de cem batalhas. Se você se conhece, mas não conhece o inimigo, para cada vitória ganha sofrerá também uma derrota. Se você não conhece nem o inimigo nem a si mesmo, perderá todas as batalhas...*
>
> (Shun Tzu. *A Arte da Guerra*)

Em tempos de pandemia, o isolamento social, de distanciamento físico e de criação de protocolos de sobrevivência passaram a ser essenciais no nosso cotidiano. A técnica de se manter distante de outras pessoas tem sido fundamental para diminuir o impacto do novo coronavírus nas populações do mundo todo. A grande esperança é uma vacina efetiva que venha a combater a pandemia.

Historicamente, a inserção internacional do Brasil é pautada, em verdade, pelo isolamento e distanciamento internacional em relação aos demais Estados do globo. Quando há aproximação, esta é seletiva, como a caminhada cega em direção aos Estados Unidos de Donald Trump, promovida pelo governo de Jair Bolsonaro. Em termos de inserção internacional, o Brasil se isola há tempos e somente se acerca dos parceiros a quem considera família ou de quem tenha interesses comerciais.

Exercício interessante é tentar desvendar os fatores que levam o Brasil a essa atitude de distanciamento do estrangeiro. Mas, mais do que um interesse puramente intelectual, é de extrema validade buscar compreender essas variáveis, de modo a identificar os pontos nevrálgicos que efetivamente precisam ser considerados para melhorar a posição internacional do País.

Por mais que eu reflita e discuta o tema com jornalistas, colegas e especialistas, o ponteiro da bússola dos nossos problemas irrevogavelmente se volta para quadros de escassez e de excessos na nossa organização social. Parece-me que carências inerentes a cada um deles contribuíram significativamente para a nossa atual situação.

Para além da força imposta pelo tamanho do País, há também de se pensar na zona de conforto que o nosso mercado interno provê para as empresas nacionais. Trata-se de um mercado interno composto por consumidores que falam português, majoritariamente brasileiros, cujas preferências culturais e regionais são fáceis de entender, onde as regras são no idioma nacional, inseridos em um país de dimensão respeitável. As facilidades internas são irresistíveis perante a possibilidade de enveredar para o mercado externo, em que os desafios e os riscos são maiores e mais diversos, como as dificuldades de adaptação a diferentes regulações, indisponibilidade de recursos para partir para o exterior e equipes sem traquejo internacional.

O mercado interno não somente é área privilegiada de atuação, como também é área sagrada de proteção. Afinal, quando se fala em mercado interno, historicamente o protecionismo é a configuração "padrão" do País. Não é à toa que temos baixos índices de liberdade econômica e de competitividade, fora a baixa participação no comércio internacional. Repetimos que o Brasil é um dos países mais fechados ao comércio internacional. E a proteção ao mercado interno passou a ser fator determinante na política empresarial, no planejamento estratégico das empresas domésticas e nas relações governamentais.

É interessante a análise que o polêmico Ex-Ministro das Relações Exteriores, Ernesto Araújo, registrou sobre o tema, em palestra realizada no dia 29 de agosto de 2019 na Federação das Indústrias do Estado do Rio de Janeiro (FIRJAN):

> É curioso no Brasil, mas o setor privado no Brasil não é protecionista, o Estado é que sempre foi protecionista no Brasil. Por quê? Porque uma economia fechada, uma economia com o Estado muito presente, uma economia sem competição internacional é mais fácil de controlar, é mais fácil de ser uma economia onde circula essa "seiva" do clientelismo, do patrimonialismo, onde é mais fácil alocar recursos a partir de uma lógica política e não de uma lógica econômica, onde é mais fácil manter o esquema de circulação de privilégios. Por isso é que o Brasil era protecionista. Por isso que está deixando de ser protecionista. A nossa política comercial hoje não é algo que "pousou", dissociado do restante das nossas políticas públicas e do nosso programa de governo. É algo absolutamente essencial, e parte desse programa de governo. Só é possível nós estarmos fechando esses acordos, porque existe esse compromisso de derrotar essas décadas e séculos de clientelismo, patrimonialismo etc. Essa é a precondição de tudo que está acontecendo.

Até aqui, pode-se pensar que o empresariado preferiu não se arriscar além das fronteiras nacionais. Mas há, também, que se apontar o dedo para o governo, que impõe burocracia complexa a quem efetivamente quer se internacionalizar, desestimulando sua ida ao exterior.

Atualmente, é verdade que os chamados "países baleia", como Estados Unidos, Rússia e China, privilegiam o mercado interno. A política nacionalista *America First*, de Trump, e o desenrolar da guerra comercial são exemplos. Portanto, culpar exclusivamente a preferência dada ao mercado interno não explica necessariamente a nossa limitação em domínios internacionais. Outros elementos precisam ser lembrados para compor um quadro mais completo da situação que restringe a expansão externa no nosso País, como o patriotismo de alguns países misturado ao protecionismo, o que pode implicar queda no comércio internacional.

Escassez

Na terra em que "se plantando tudo dá", há escassez. Múltiplos tipos de escassez. As carências que perpassam pelo governo, empresas e recursos humanos ditam o rumo da internacionalização do País, ou melhor, da falta dela. Seguem alguns exemplos de gargalos que obstruem um caminhar mais forte e audacioso do Brasil no cenário internacional:

1. Ausência de planejamento a longo prazo da política externa nos debates políticos domésticos. Dada a magnitude dos problemas internos, a Política Externa nunca figurou entre as maiores preocupações dos brasileiros, ficando relegada a uma elite intelectual, centralizada na figura do Itamaraty;

2. Ausência de cultura de exportação de produtos com valor agregado. Histórica e antropologicamente, somos herança política de terras colonizadas, que viveu de exportação de produtos primários. O país era "comprado" e não "vendido", ou seja: o importador (coroa inglesa, no passado, por exemplo) e seus agentes, principalmente, vinham comprar os produtos que lhes interessavam. Portanto, cultivamos certo comodismo de oferecer o que tínhamos e não saímos mundo afora como comerciantes e como mercadores;

3. O Brasil nasceu como Estado centralizador. As empresas domésticas sempre tiveram forte dependência do Governo;

4. Dependência, também, das empresas que querem se internacionalizar, em relação ao Itamaraty. Sendo assim, há falta de articulação direta do empresariado com o exterior. O Ministério das Relações Exteriores sempre foi extremamente zeloso em ocupar espaços aqui e no estrangeiro, sendo mais fácil para os empresários

dialogar com Brasília que encarar debates com Washington, Londres ou Frankfurt, criando, assim, excessiva dependência em relação ao Ministério e seus representantes externos. Em passado mais recente, temos visto algumas de nossas embaixadas e consulados equipando-se melhor para assessorar as empresas;

5. Inexistem políticas públicas fomentadoras de internacionalização do setor empresarial e que incentivem as empresas a investir no exterior. Na verdade, há burocracias e questões tributárias, dificultando sua participação no cenário internacional, ou, pelo menos, não facilitando a sua presença. A depender do Governo, há maior ou menor espaço para a política externa. A forte dependência do Estado é uma herança que, como mencionamos, vem de tempos coloniais. No governo Bolsonaro, promessas de mudança desse comportamento histórico têm sido registradas, mas os resultados práticos ainda não foram sentidos. Há de ressaltar que, em passado recente, a conjuntura internacional não nos ajudou;

6. Carência de recursos humanos. Há pessoas pouco capacitadas para dialogar com o exterior. Viajávamos muito para fora, mas, frequentemente, com objetivos turísticos e culturais. Participei de algumas viagens organizadas por associações de classe, e os participantes quase sempre se dispersavam para fazer turismo depois de marcar sua presença na abertura do evento. Regra geral, não estavam preparados para dialogar com seus pares do outro lado do mundo. E não nos preparamos para debates em igualdade de condições com o exterior, como tratamos no livro *Nem só de Marketing*, em que fiz em parceria com Susanna Sancovsky.[6] Devo reconhecer, no entanto,

---

6. COSTA, Roberto Teixeira da; SANCOVSKY, Susanna. *Nem só de marketing*. Conex, 2005.

que tem havido uma procura para cursos superiores em relações internacionais em diferentes universidades brasileiras, que é um sinal auspicioso;

7. Participação modesta e irrelevante em reuniões internacionais. Difícil mobilizar empresas para esses eventos. A nossa participação em Davos, por exemplo, não é compatível com o porte do nosso País. Por outro lado, o número de indianos e de chineses é impressionante, como também de mexicanos e argentinos;

8. O Conselho de Relações Exteriores da Câmara e do Senado apresentam atuação pouco expressiva no nosso cenário político e não tem definido posicionamentos a serem tomados pelo país. As discussões são mais internas (Congresso e Senado) e, portanto, sem se projetarem ou fazerem proposições específicas para melhor situar o País no contexto externo.

No interessante e ainda atual artigo *Política externa: privilégio do Poder Executivo*[7] de Vera de Araújo Grillo (1986), está em discussão o papel pouco proeminente do Congresso brasileiro no que diz respeito à política externa, tanto no que concerne à execução quanto à definição de objetivos.

Vale mencionar que, à época em que o artigo foi escrito, existiam indícios de uma conscientização – ainda vaga e difusa – do poder que o Congresso possui. Por outro lado, havia ainda a necessidade de estabelecimento de canais de informação, técnica e política, formais e informais, junto aos parlamentares!

Segundo a autora, os principais atores que exerciam papel importante dentro do quadro político e institucional eram obviamente o Presidente da República, o

---

7. GRILLO, Vera de Araújo. Política externa: privilégio do Poder Executivo. *Revista Política e Estratégia*, v. IV, nº 1, p. 129-135, jan.-mar. 1986.

Ministro das Relações Exteriores e o Conselho de Segurança Nacional, todos ligados ao Poder Executivo.

Chamou a atenção que, no período que vai de 1964 até aquela data (março de 1986), as diretrizes da política externa eram estabelecidas e rotuladas de acordo com o "estilo" de cada Presidente, vinculando-se à figura central do Poder Executivo.

Citam-se o "alinhamento automático" de Castello Branco, passando pela "diplomacia da prosperidade", de Médici, o "pragmatismo responsável", de Geisel, o "ecumenismo", de Figueiredo, chegando à "diplomacia para resultados", de Sarney.

Portanto, não tínhamos uma política de Estado, e sim uma política que era conduzida pelo governo eleito.

Fica evidente que qualquer que fosse o período e o Presidente da República, o Congresso parecia não participar desse setor da vida política nacional, a não ser nos níveis da mais estrita competência constitucional.

Grillo lembra, ainda, que a chamada "Nova República" não inovou nesse campo, seguindo o passo de governos anteriores, quer no processo de decisão (Conselho de Segurança Nacional, MRE e ministros militares), quer na manutenção da mesma linha de desempenha no nível externo – lembrando o caso da negociação da dívida externa, em que o MRE teve pouca ingerência e, menos ainda, o Congresso Nacional.

Portanto, naquela fase da nossa vida política, Vera de Araújo Grillo registrou que diferentemente do Poder Executivo, o Poder Legislativo desempenha papel secundário no plano das relações internacionais.

Dos presidentes que sucederam a Sarney, Fernando Collor de Mello, Itamar Franco, Fernando Henrique Cardoso, Luís Inácio Lula da Silva, Dilma Rousseff,

O BRASIL TEM MEDO DO MUNDO?
Ou o mundo tem medo do Brasil?

Michel Temer e, atualmente, Jair Bolsonaro, vale destacar que FHC e Lula tiveram seus mandatos com uma participação externa relevante. Michel Temer, apesar de seu curto período, também esteve presente nas relações externas. Observando o Legislativo, como Vera de Araújo Grillo comentou, não tivemos mudanças substanciais nos nossos representantes em Brasília. O Congresso realmente tem medo do mundo!

9. Falta de diplomacia subnacional bem articulada, como em outros países (Canadá, por exemplo). Em linhas gerais, diplomacia subnacional é quando outros entes da vida nacional, como governos estaduais ou municipais, tomam iniciativas de contatar entes externos para equacionar seus problemas sem depender da diplomacia federal. Talvez esse quadro esteja começando a mudar. Na gestão do governador João Doria, o Estado de São Paulo contrariou a percepção e foi dos mais ativos no país. Já no caso de compra de equipamentos hospitalares para tratamento dos contaminados pela Covid-19, alguns Estados da Federação se viram obrigados a buscá-los diretamente, sem passar por Brasília;

10. Falta de conhecimento abrangente de outros idiomas. É limitada a nossa capacidade de comunicação em outros idiomas. No governo, os próprios políticos são monoglotas, tendo deficiência no domínio de línguas estrangeiras. Até os anos de 1970/1980, poucos falavam outros idiomas. Chegava a ser um monopólio linguístico do Itamaraty. No mundo corporativo, o domínio de línguas também nunca foi atributo destacado entre os empresários. Esse quadro tem nuances diferenciadas nos mercados financeiros, em que o domínio do inglês é obrigatório. Hoje, em algumas universidades, já existem cursos integralmente lecionados na língua inglesa, como na FGV-SP.

Os chineses, nos seus primeiros contatos com círculos empresariais e do governo, mal se expressavam em inglês e atualmente têm total domínio da língua. Hoje, houve uma mudança radical. Quando estive em Columbia, fiquei impressionado com a grande presença de estudantes chineses. Em outras universidades norte-americanas e europeias eram também presença marcante;

11. Falta de percepção, por parte das nossas elites, do papel relevante do Brasil no mundo. Continuamos olhando para o curto prazo e resolvendo problemas do passado. Fico impressionado como não somente no mundo empresarial como também em outros segmentos da sociedade, nas chamadas "elites", desde associações de classe, museus, instituições de ensino, conselho de empresas, os temas do passado (não resolvidos ou equacionados) consomem a maior parte das nossas agendas.

    Aliás, vale registrar que o Brasil tem a sexta pior elite do mundo, conforme o Índice de Qualidade das Elites, da suíça Foundation for Value Creation.[8] Ter um baixo índice de elite significa que o grupo captura mais valor do que efetivamente cria valor, beneficiando-se da sociedade no lugar de gerar valor para ela. "A elite brasileira é do grupo das rentistas. Nossas piores classificações no indicar são na categoria que avalia como o Estado retira renda; na categoria de rentismo da produção; e na categoria de rentismo do trabalho";[9]

12. Imprensa, em geral, não enfatiza a relevância das relações internacionais em suas reportagens. Evidencia esse cenário a descontinuidade da *Revista*

---

8. Disponível em: https://elitequality.org/.
9. NERY, Fernando. Piores elites do mundo. *O Estado de S. Paulo*, 8 dez. 2020.

O BRASIL TEM MEDO DO MUNDO?
Ou o mundo tem medo do Brasil?

Política Externa, editada pela Paz e Terra, fundada, em 1992 por Fernando Gasparian. Depois de duas décadas de publicação de suas edições trimestrais, a revista não conseguiu sobreviver, apesar dos esforços de Helena Gasparian.

Com um enorme acervo de artigos de maior qualidade, e contando com um Conselho Editorial expressivo, valendo lembrar Fernando Henrique Cardoso, Helio Jaguaribe, Celso Lafer, Marcos Azambuja, Rubens Ricupero, Carlos Eduardo Lins da Silva, entre muitos outros (inclusive dele eu fazia parte!), a revista não encontrou respostas publicitárias que a sustentassem, mesmo em edição pela internet. Lembro que a nossa Política Externa era, também, distribuída em todas as nossas Embaixadas. Certamente deixou uma lacuna. Esperamos que possa vir a ser reeditada, seja na forma virtual ou física.

Excessos

O desequilíbrio também se evidencia por excessos:

1. Corporativismo, inclusive das associações de classe, muito protecionistas (pelo menos até agora). Mais uma vez, eis um exemplo da mão invisível da pesada herança dos tempos de formação política empresarial do país;

2. "Custo Brasil", um ponto nevrálgico:

   a. Burocracia;

   b. Carga tributária e gestão de impostos;

   c. Custo trabalhista desproporcional em termos comparativos a grande parte dos países desenvolvidos;

   d. Elevado custo previdenciário;

   e. Regulações excessivas;

f. Frequentes alterações nos mecanismos regulatórios;

g. Excesso de legislação que não é compatível com países que competem com o Brasil no cenário internacional;

h. Porções conflitantes entre a Federação e os governos estaduais.

No que se refere ao Custo-Brasil, a *Folha de S. Paulo* de 21 de julho de 2019 publicou, em caderno especial, tema que tinha como manchete "Custo-Brasil chega a R$1,5 trilhão e tira competitividade dos negócios". Em média, as empresas dos países da OCDE gastam 38% menos de seus lucros para o pagamento de tributos que a empresas brasileiras. Nelas o tempo gasto para preparar os impostos em termos de horas de trabalho do funcionário, comparativamente à média da OCDE, é de 89% a mais de tempo. A logística é ineficiente. Faz o Brasil gastar quase duas vezes mais que a média das empresas da OCDE. Também a energia é mais cara com a elétrica que com o gás natural.

Pesquisa da Deloitte indica que a empresa brasileira gasta 34 mil horas por ano com burocracia tributária.[10] Essa informação foi de empresas com faturamento de R$ 7 bilhões. A simplificação tributária é vista como primordial na reforma tributária, que entrava novamente em pauta em agosto de 2020.

3. Timidez. Será que estamos dando a importância relativa de nosso País no cenário internacional? Ainda é uma realidade o citado "complexo de vira-lata", eternizado pelo dramaturgo Nelson Rodrigues?

4. Passividade. Não tomamos iniciativas. Na maior parte dos casos, colocamo-nos como seguidores. Vale lembrar aquele dito popular: "quem não faz poeira, come poeira"!

---
10. *Valor*. Disponível em: https://glo.bo/3u3MRt1.

O BRASIL TEM MEDO DO MUNDO?
Ou o mundo tem medo do Brasil?

O novo coronavírus nos obrigará a uma nova abordagem no que toca ao nosso convívio internacional, quer na questão política do nosso relacionamento com China *vs.* EUA, quer na dependência do comércio mundial?

Uma nova geografia política internacional, certamente bem mais complexa que aquela em que vivemos no passado, nos obrigará a adotar um posicionamento para defender nosso interesse como nunca o fizemos.

Tudo indica que as consequências da Covid-19 não vão diminuir o nosso medo do mundo, mas vão nos obrigar a encarar uma nova realidade e seu impacto na nossa sociedade. Talvez, com isso, possamos redirecionar nossas ações em busca de um melhor desenvolvimento econômico e social.

De todo modo, como em todas as crises, existem oportunidades. É fundamental que façamos um grande esforço, buscando união para podermos vencer a crise e sairmos dela melhor que entramos.

Parte 2:
MEDO CUSTA CARO

The only thing that we have to fear is fear itself.[11]
(Franklin Delano Roosevelt, na campanha de 1922
para à presidência dos Estados Unidos)

---

11. "A única coisa que devemos temer é o próprio medo" (tradução nossa).

A INTERNACIONALIZAÇÃO DA ECONOMIA BRASILEIRA

> *Mundo vasto mundo,*
> *se eu me chamasse Raimundo*
> *seria uma rima, não seria uma solução.*
> *Mundo vasto mundo,*
> *mais vasto é meu coração.*
> (Estrofe do Poema de sete faces, de
> Carlos Drummond de Andrade)

Em seu famoso verso, Carlos Drummond de Andrade já reconhecia, décadas atrás, a amplitude do nosso globo. Embora focasse poeticamente, também, na vastidão de seu coração, o que nos interessa, aqui, é o tamanho do bolso do nosso país. E esse tamanho depende, em boa parte, da nossa capacidade de inserção internacional.

Internacionalizar-se é preciso. Não falta literatura no mundo que explique as benesses de um mercado estar exposto ao "mundo vasto mundo". Maior acesso a mercado consumidor, ganhos de escala de produção, entre outros.

Em pesquisa realizada pela nossa Agência Brasileira de Promoção de Exportações e Investimentos (Apex-Brasil), em 2017, 229 empresas nacionais foram entrevistadas. A maior parte delas elencou como motivação para atravessar as fronteiras a possibilidade de aumentar as vendas (72,7%), assim como de diversificar riscos (65,3%) e de se proteger das instabilidades do mercado local (61,3%).[12] Em agosto de 2020, a Apex-Brasil lançou programa de capacitação para exportação no Amazonas e em Roraima.

Doutora pela Brunel University, especialista sobre o tema e mulher que transita por um meio majoritariamente masculino, Betania Tanure aponta outras razões para se ganhar o mundo: crescimento, conquista de outros mercados, obtenção de economia de escala, fortalecimento da posição competitiva, aumento da lucratividade, redução do risco de atuação em um único mercado e acesso a mercados de capitais de outros países. Embora aponte riscos, incertezas e complexidades associados ao processo de internacionalização, explica que, quando bem trilhado o caminho, a relação custo-benefício tende a ser positiva.

Nas últimas décadas, a abertura econômica mundial foi sem precedentes. Em grande medida graças à Organização Mundial do Comércio (OMC), e seu antecessor, o Acordo Geral de Tarifas e Comércio (GATT), as barreiras comerciais sofreram reduções significativas. Se levarmos em conta apenas da Rodada Uruguai (1986-1994) para frente, os países desenvolvidos cortaram 40% das tarifas em produtos industriais, chegando a médias em torno de 6,4%, segundo da OMC.[13] Além disso, o número de produtos industriais livres de taxas de importação nesses mesmos países subiu de 20% para 44%, conforme dados da organização.[14]

A economista Vera Thorstensen, especialista em OMC e ex-assessora econômica da Missão do Brasil em Genebra, já no final da década de 1990 comentava: "[...] fica evidente que o cenário atual é marcado por uma densa rede de comércio e investimento, que evoluiu de forma a determinar os contornos

---

12. Disponível em: https://bit.ly/3prgbpZ.

13. OMC. *The WTO at 25:* A message from the Director-General. Disponível em: http://bit.ly/2NuEW7d. Acesso em: 28 jan. 2020.

14. Disponível em: http://bit.ly/37k2xOS. Acesso em: 30 ago. 2019.

do atual cenário internacional".¹⁵ Acrescentaria ainda a forte presença das multinacionais, com sua expressiva participação no comércio internacional.

O comércio mundial vem passando por tempos difíceis, puxados pelas idas e vindas da Guerra Comercial entre China e Estados Unidos. Depois de ver um 2017 auspicioso, com aumento de 4,7% no volume de comércio de bens, maior crescimento entre os seis anos anteriores, e com exportações dos membros somando US$ 17,43 trilhões, o comércio internacional voltou a desacelerar desde 2018. Se as previsões para 2019 já eram mais modestas ainda, 2020 aparece como um grande marco negativo na economia mundial.

Ao chegar a 25 anos de existência em 2020, a OMC provavelmente enfrenta o maior desafio desde sua criação. A Covid-19 levou a organização a criar página web dedicada exclusivamente aos impactos do novo cenário no comércio internacional: para a OMC, a pandemia é uma disrupção sem precedentes, em que simultaneamente produção e consumo recuaram drasticamente. Segundo Roberto Azevedo, diretor-geral da entidade até meados de 2020, "os números estão feios", com previsão de sensível queda no comércio de bens em relação a 2019, em um cenário pior que o da crise financeira de 2008-2009.¹⁶

Antes do impacto da pandemia, no começo do ano, a organização salientava a importância das cadeias globais de valores como dominantes no comércio internacional:

> The predictable market conditions fostered by the WTO have combined with improved communications to enable the rise of global value chains. Confident in their ability to move components and associated services across multiple locations, businesses have been able to disaggregate manufacturing production across countries and regions. Trade within these value chains today accounts for almost 70% of total merchandise trade.¹⁷

---

15. THORSTENSEN, Vera. *Rev. Bras. Polít. Int.* 41 (2): 29-58, 1998.
16. Disponível em: http://bit.ly/2N5lo9Q.
17. "As condições previsíveis de mercado promovidas pela OMC foram combinadas

E são justamente as cadeias de valor, principalmente as mais complexas, que sofreram maior impacto pela pandemia da Covid-19. Quando a poeira baixar, certamente serão repensadas.

Segundo a OMC, um dos efeitos positivos das cadeias de valor (pré-pandemia) era o impacto nos países em desenvolvimento, com oportunidades de integração na economia global e geração de mais empregos e renda.[18] No entanto, a divisão do bolo de participação nas atividades comerciais mundiais permanecia, até então, altamente concentrada: 52% do total do comércio internacional de bens eram realizados pelos top 10 *traders*, sendo que os três maiores de todos – China, Estados Unidos e Alemanha – controlavam um terço das comercializações mundiais. Por outro lado, se somada a participação dos países em desenvolvimento, ela não passava dos 44%. No que diz respeito aos serviços, o cenário de concentração é ainda mais acentuado: os países em desenvolvimento representavam apenas 34% do total.[19] Em um cenário pós-pandêmico, poderemos ver, a curto prazo, maior diversificação nas cadeias de suprimentos. E os países em desenvolvimento podem perder espaço relativo.

Em reunião do Grupo dos 20 (virtual) havida em outubro de 2020, o Presidente Bolsonaro defendeu uma reforma da OMC. Naquele encontro, o Presidente definiu a OMC como "elemento-chave" para a recuperação da economia global. Defendeu o avanço em três pilares: (i) negociações; (ii) solução de controvérsias; e (iii) monitoramento e transparência. O Brasil tem a ambição de reduzir os subsídios agrícolas com a

---

com comunicações aprimoradas para permitir o aumento das cadeias de valor globais. Confiantes em sua capacidade de mover componentes e serviços associados em vários locais, as empresas conseguiram desagregar a produção industrial entre países e regiões. Hoje, o comércio nessas cadeias de valor representa quase 70% do comércio total de mercadorias". OMC. *The WTO at 25:* A message from the Director-General. Disponível em: https://bit.ly/2NuEW7d. Acesso em: 28 jan. 2020.

18. OMC. *Technological Innovation, Supply Chain Trade, and Workers in a Globalized World:* Global Value Chain Development Report 2019. Disponível em: https://bit.ly/3pmeLNb. Acesso em: 28 jan. 2020.

19. Anualmente, a OMC publica Relatório com comentários e dados sobre o período anterior e projeções e tendências para o comércio mundial.

mesma boa vontade com que alguns países buscam promoção e comércio de bens industriais. A OMC deve contemplar os estímulos de investimentos e a criação de condições justas e frutíferas para o comércio internacional, não só de bens mas também de serviços.

G20 é a abreviatura de "Grupo dos 20". Foi formado pelos ministros de finanças e chefes de Bancos Centrais das 19 maiores economias do mundo e União Europeia. Criado em 1999, após crises no cenário mundial dos anos 1990, busca favorecer a negociação internacional, integrando e criando um diálogo ampliado de países que, juntos, representavam 90% da economia mundial, 80% do comércio mundial (incluso o comércio intra União Europeia), e dois terços da população mundial. Analisa e promove a discussão entre os países mais ricos e os emergentes sobre as diferentes políticas relacionadas com a promoção da estabilidade financeira internacional, e encaminha questões que estão acima das responsabilidades individuais dos países-membros.

Surgiu em meio à pressão de diferentes países que faziam parte do chamado G8 (grupo das sete economias mais industrializadas e mais a Rússia os países ricos) e, efetivamente após a reunião de Washington em 2009, decidiram que o G20 seria o novo conselho internacional permanente para cooperação econômica. Os temas debatidos nas reuniões periódicas não se resumem com exclusividade a temas econômicos. Na reunião de outubro de 2020, como não podia deixar de ser, foi central o tema da Covid-19. Espera-se que, com a eleição de Joe Biden, o G20 ganhe ainda maior espaço nos temas econômico-financeiros derivados da pandemia no G8.

Onde está o Brasil no comércio internacional?

Conforme o *World Trade Statistical Review* 2020,[20] com dados da OMC sobre 2019, no caso do Brasil, ocupamos:

---
20. Disponível em: https://bit.ly/2ZnYTiU.

O BRASIL TEM MEDO DO MUNDO?
Ou o mundo tem medo do Brasil?

- A 27ª posição do *ranking* internacional de exportação de bens (1,2% do total);
- A 184ª posição do *ranking* internacional de importação de bens (1% do total);
- A 37ª posição do *ranking* internacional de exportação de serviços (0,5% do total);
- A 67ª posição do *ranking* internacional de importação de serviços (1,2% do total);
- O 3º lugar no ranking de exportação agrícola, atrás de União Europeia e Estados Unidos (5% do total).

A nossa balança comercial tem se mantido, nos últimos anos, positiva. Mesmo em 2020, estima-se superávit de US$ 55 bilhões. Novamente uma ressalva sobre as consequências da pandemia no comércio internacional. A recuperação da pandemia vai ser fator dos mais relevantes nas projeções de retomada de fôlego do comércio internacional.

Esse comportamento pode ser explicado principalmente por dois fatores. No lado das exportações, nossa forte presença na exportação de *commodities*, (i) a China aparecendo como nosso primeiro mercado e (ii) o fato de que nosso baixo crescimento econômico não fez com que as importações aumentassem. Em 2019, tivemos deterioração nas exportações (queda da venda da soja) e algum aumento das importações.

Isso falando apenas de comércio. No mundo dos investimentos, é verdade que aumentamos nossa presença como protagonista em alguns países desenvolvidos, devido a fatores conjunturais favoráveis (mercado externo e câmbio). Em anos mais recentes, contudo, o baixo crescimento e a crise que muitas de nossas empresas experimentaram fizeram com que os empresários colocassem um pé no freio na ida ao exterior, inclusive vendendo suas participações.

A ideia de liberalização ganhou maior força recentemente. O governo Bolsonaro iniciou seu primeiro ano com uma equipe econômica liderada pelo liberal Paulo Guedes e, no âmbito da política externa, retomou negociações comerciais com Estados Unidos, União Europeia, Canadá, Coreia, Japão e Asean. Aparentemente, como consequência da Covid-19, a corrente do protecionismo será muito forte.

A Revista Brasileira de Comércio Exterior[21] – publicou o artigo *A agenda internacional da indústria 2020* – roteiro para uma inserção internacional competitiva, muito em linha com o nosso tema. O texto é de Carlos Eduardo Abijaodi, diretor da CNI. O documento, preparado pelo quinto ano consecutivo, apresenta ações distribuídas em quatro eixos: (a) defesa de interesses em política comercial; (b) serviços de apoio à internacionalização de empresas; (c) ações em mercados estratégicos; e (d) cooperação internacional. Os serviços de apoio à internacionalização compreendem: (a) governança para serviços; (b) regulação de serviços; e (c) oferta de serviços.[22] É bastante positivo que o órgão mais representativo do setor industrial esteja disponibilizando esses serviços às federações associadas. O artigo termina afirmando que a demanda por uma estratégia nacional de comércio exterior antecede a pandemia da Covid-19, que a cada dia se torna ainda mais relevante e pertinente.

Mas o fato é que Brasil continua fechado. No *ranking* de liberdade econômica internacional, em que são analisadas as economias de 180 países, o Brasil aparece na posição número 144, classificado como país majoritariamente fechado.[23] Recluso e com medo do mundo. Ao buscar pensamentos dissonantes, somente encontrei eco à minha percepção. Não tive discordâncias, mas, sim, explicações sobre as diferentes hipóteses.

---

21. *Revista da Funcex*, nº 143, p. 24, abr.-jun. 2010.
22. Disponível em: https://bit.ly/3diSeOV.
23. O Index of Economic Freedom é feito pelo *think tank* The Heritage Foundation em parceria com o Wall Street Journal. Disponível em: https://www.heritage.org/index/.

O BRASIL TEM MEDO DO MUNDO?
Ou o mundo tem medo do Brasil?

Fechado e incerto. De acordo com levantamento publicado em dezembro de 2020, pela Fundação Getulio Vargas, o Brasil foi o quinto país com maior nível de incerteza econômica durante a pandemia (entre fevereiro e outubro de 2020), em estudo comparativo com um total de 20 nações. Embora a situação pareça estar melhor, as expectativas em relação ao futuro da economia permanecem desafiadoras.[24]

---

24. *Valor Econômico*. Brasil figura no top 5 de incerteza entre 20 países. 09 dez. 2020.

A 4ª REVOLUÇÃO INDUSTRIAL E OS DESAFIOS PARA OS PROCESSOS DE INTERNACIONALIZAÇÃO

Em que medida um país como o nosso pode buscar maior presença internacional e ser mais competitivo, agregando valor às suas exportações, sem desenvolver uma política industrial em que a tecnologia tenha um papel relevante?

O engenheiro e economista alemão Klaus Schwab, criador do *World Economic Forum*, apresentou, há alguns anos ao mundo, conceito que rapidamente se tornou tema de palestras e de discussões: o conceito de Quarta Revolução Industrial.

> As tecnologias da Quarta Revolução Industrial são verdadeiramente disruptivas – elas subvertem as formas existentes de sentir, calcular, organizar, agir e cumprir acordos. Elas representam maneiras inteiramente novas de criação de valor para as organizações e para os cidadãos. Elas transformarão, ao longo do tempo, todos os sistemas que hoje são tidos como certos – desde o modo como produzimos e transportamos bens e serviços até a forma como nos comunicamos, colaboramos e desfrutamos do mundo que nos rodeia. No presente, os avanços em neurotecnologia e biotecnologia já estão nos obrigando a questionar o que significa ser humano.[25]

---

25. SCHWAB, K. *Aplicando a Quarta Revolução Industrial*. São Paulo: Edipro, 2018. p. 21-22.

O BRASIL TEM MEDO DO MUNDO?
Ou o mundo tem medo do Brasil?

O mundo passa, na atualidade, por novo momento de importante transformação catapultada pelas novas tecnologias e pela interconexão desses desdobramentos tecnológicos entre diversos campos do conhecimento. Inteligência artificial, nanotecnologia, biotecnologia, robótica e neurotecnologia, por exemplo, que se combinam, transformando a realidade. Mesmo com o movimento sísmico que afetou os mercados imediatamente após a confirmação da pandemia, o que se viu é que as empresas de alta tecnologia mantiveram valor e algumas até tiveram substancialmente valorização.

Mais que isso: as grandes transformações reverberam pela forma como o ser humano se relaciona na era da revolução digital, trazendo novos desafios que podem, por um lado, "robotizar a humanidade" ou, por outro, "elevar a humanidade a uma nova consciência coletiva e moral".[26]

Os países podem encarar a atual realidade que se forja de modo a sucumbir a transformações que podem desmantelar as economias ou atuar de forma a pegar carona na janela de oportunidade que se apresenta. Alguns enxergam o atraso do Brasil como uma chance de queimar etapas. Parece difícil, mas não impossível.

Papel fundamental nesse sentido desempenha o investimento em Ciência & Tecnologia. Se adotarmos a visão de Schwab sobre o caminhar das coisas no mundo, perceberemos que, em comum, as grandes transformações trazem em seu bojo a pesquisa e o desenvolvimento que requerem conhecimento altamente refinado em ciência de ponta.

Diante desse cenário, a pergunta que não quer calar é: e o Brasil? Como o país está lidando com a tal Quarta Revolução Industrial: como crise ou como oportunidade?

Vejamos alguns números. Em abril de 2019, o governo de Jair Bolsonaro, devido ao constrangimento fiscal, congelou 42% do já exíguo orçamento do Ministério da Ciência,

---
26. SCHWAB, K. *A Quarta Revolução Industrial*. São Paulo: Edipro, 2016.

Tecnologia, Inovações e Comunicações (MCTIC).[27] Desde 2013, não há aumento no orçamento. Desde então, os patamares investidos são similares ao orçamento na área referente ao ano de 2008! Para 2021, as notícias não parecem animadoras: o projeto de lei orçamentária prevê um orçamento de R$ 8 bilhões, 31,69% menor do que em 2020, em que a verba destinada para a pasta fora de R$ 11,8 bilhões.[28]

Se observarmos os investimentos em Pesquisa e Desenvolvimento (P&D) no país em comparação com o mundo, poderemos notar que estamos bem distantes de padrões necessários para um país em desenvolvimento. De acordo com dados da Unesco, os investimentos de P&D do país representam 1,3% do Produto Interno Bruto (com estimativas de queda após a crise fiscal). "Embora aquém dos mais de 4% observados nos líderes e da média mundial (2%), investimos mais em P&D proporcionalmente ao PIB que Argentina, Chile, Colômbia e México".[29]

Comparativamente, se olharmos para Israel, veremos que o país, talvez o mais bem posicionado no *ranking* da Unesco, investe 4,2% do PIB, apresentando 8.250 pesquisadores por milhão de habitante. No Brasil, temos 881 pesquisadores para cada milhão de habitantes.[30] Naturalmente, o PIB israelense é menor que o brasileiro, mas, proporcionalmente, o grau de priorização da pesquisa em Israel é significativamente maior que no Brasil,[31] lembrando sempre que são dois países com dimensões territoriais e muito diferenciados.

A inovação deixa a desejar no Brasil. Em estudo realizado pelo pesquisador Paulo Morceiro, do Núcleo de Economia

---

27. Disponível em: http://bit.ly/3bnRDJq. Acesso em: 15 set. 2019.

28. *Valor*. Disponível em: https://www.gov.br/mcti/pt-br.

29. AVAREZ, Rodrigo. Brasil precisa de uma agenda contemporânea de inovação. Disponível em: http://glo.bo/2ZuAIiz. Acesso em: 26 mar. 2019.

30. UNESCO. How much does your country invest in R&D?. Disponível em: http://bit.ly/3axLwD8. Acesso em: 17 set. 2019.

31. Idem.

O BRASIL TEM MEDO DO MUNDO?
Ou o mundo tem medo do Brasil?

Regional e Urbana da Universidade de São Paulo (Nereus--USP), de 37 segmentos estudados, apenas cinco superam a fronteira tecnológica, com alto nível de investimento em pesquisa. Temos baixa densidade tecnológica. Os maiores investidores em Pesquisa & Desenvolvimento no mundo, respondendo por 80%, são os países-membros da OCDE.[32]

Em edição publicada no mês de setembro de 2019, a revista *Pesquisa*, da Fundação de Amparo à Pesquisa do Estado de São Paulo (Fapesp) dedicou a reportagem de capa ao fenômeno da "diáspora científica", popularmente conhecida como "fuga de cérebros". Na seção "Capa da Editora", uma ideia apresentada ecoa o que já vem sendo visto ao longo deste trabalho: aquele medo do mundo que o Brasil parece ter. "O Brasil, historicamente, apresenta baixo grau de mobilidade de seus cientistas – estudo do sociólogo Simon Schwartzman nos anos 1970 apontava a tendência ao isolamento, com poucas pessoas saindo para estudar ou trabalhar, das quais muitas voltaram", comenta Alexandra Ozorio de Almeida, diretora de redação da revista.[33]

De fato, comparativamente ao mundo, o Brasil intercambia poucos cientistas com o estrangeiro. Pautando-se em dados da OCDE, a reportagem da revista argumenta que a inserção internacional brasileira em termos de exportação e importação de cientistas é "baixa e estável".

No entanto, os números consolidados envolvendo trabalhadores qualificados é crescente. "Desde 2015, quando a economia mergulhou em recessão, o número de saídas definitivas do Brasil está acima dos 20 mil a cada ano. Antes disso, vinha subindo, mas não passava dos 15 mil. Em 2018, 22,4 mil pessoas entregaram declarações de saída definitiva do Brasil". Os dados são da Receita Federal obtidos até novembro de 2019.[34] Se levarmos em conta os Estados federativos, veremos

---

32. Disponível em: http://glo.bo/2ZxnkKU. Acesso em: 25 jun. 2019.

33. ALMEIDA, A. O. de "Cérebros em movimento". *Pesquisa FAPESP*. Setembro, 2019, p. 7.

34. Disponível em: http://glo.bo/3s8eGOV. Acesso em: 16 dez. 2019.

que Roraima é o que, proporcionalmente, perde mais mão de obra qualificada (44%), seguido por Rio de Janeiro (42%) e Rio Grande do Sul (42%).[35] Entre os motivos mais alegados estão a taxa de desemprego, polarização e crise políticas e violência.

Não livre de críticas e de opiniões diversas, outro comentário que se ouve com frequência e que justificaria a fuga de cérebros é o distanciamento entre a academia e o setor privado. Apesar do empenho de alguns nomes respeitáveis, o mundo universitário tem restrições políticas, e em alguns casos ideológicas, a uma maior cooperação entre o setor público e o privado.

Maior agência de fomento à pesquisa estadual do país, a Fapesp adota política de financiamento tanto para instituições de ensino e pesquisa quanto para empresas paulistas que busquem desenvolver pesquisa científica, por meio de linhas de fomento especificamente destinadas para empreendimentos do setor privado.

Em artigo publicado no Valor, o Diretor Executivo da *Global Federation of Competitiveness Councils*, o doutor em engenharia de produção Roberto Alvarez, descreve cinco pontos de uma agenda de inovação para o Brasil. Entre os pontos elencados, Alvarez comenta que a "relação distante entre indústria e pesquisa não é 'cultural'. Resulta de barreiras jurídico-institucionais, da organização da universidade pública e suas carreiras, e da falta de interface público-privadas efetivas".[36]

Pensar nos benefícios auferidos de exportação e importação em termos comerciais é algo mais comum. Migrar esse pensamento para termos científicos é bem menos usual. De início, pode até parecer algo prejudicial a saída de cientistas do país. O próprio termo "fuga de cérebros" apresenta uma conotação negativa do fenômeno. Contudo, a "exportação" de cientistas significa, também, criação de redes colaborativas internacionais, as quais podem trazer benefícios ao objeto de

---

35. Disponível em: http://glo.bo/3qF9q59. Acesso em 23 jun. 2019.

36. AVAREZ, Rodrigo. Brasil precisa de uma agenda contemporânea de inovação". Disponível em: http://glo.bo/2ZuAIiz. Acesso em: 26 mar. 2019.

estudo, por trazer cientistas com formações socioculturais e formacionais distintas, o que pode enriquecer o estudo do objeto de pesquisa. "O conhecimento acumulado sobre o tema sugere que se a imigração for para vivenciar outra realidade profissional – e não por falta de opção – e o país de origem souber aproveitar a oportunidade, haverá ganhos nacionais e individuais", complementou a jornalista.

Um dos nossos entrevistados lembrou que, diferentemente dos estudantes chineses e indianos, que retornam ao país de origem após seus estudos no exterior, realizados particularmente nos Estados Unidos, o mesmo não acontece a muitos brasileiros.

Trazendo o debate da diáspora científica ao contexto da Quarta Revolução Industrial, percebe-se um movimento fundamental para manter a ciência nacional a par e como parte dos desenvolvimentos mais atuais da ciência mundial. Incentivar o intercâmbio da ciência doméstica com o que há de mais avançado no mundo não é um luxo a se perseguir, mas, sim, uma necessidade e estratégia política a se buscar. Manter o país próximo da fronteira do conhecimento significa tentar diminuir e combater o *gap* científico entre os países desenvolvidos líderes em inovação e pesquisa e o Brasil.

Uma possibilidade que levantamos é um maior intercâmbio científico com a América Latina, particularmente com a Argentina, como comentado em outra parte do texto. Como defensor do Mercosul, sou favorável à sua otimização e maior interlocução entre seus participantes. No setor específico de inovação e conhecimento científico penso que a troca de informações com os vizinhos portenhos fortaleceria nossos laços e permitiria avanços tecnológicos. Acordos como o do Mercosul exigem diálogo permanente e trocas frequentes.

Francis Bacon[37] nunca foi tão atual. "Saber" continua sendo "poder". A Covid-19 mais do que nunca ressaltou a importância da tecnologia e, particularmente, da ciência médica.

---

37. Disponível em: https://pt.wikipedia.org/wiki/Francis_Bacon.

Creio que a medicina preventiva será valorizada, e o papel da tecnologia será fundamental nesse processo.

Em consequência do que aqui refletimos, as empresas negociadas na Bolsa e que estejam na vanguarda do uso de TI tiveram suas ações valorizadas, mesmo nos momentos mais difíceis da pandemia e foram umas das primeiras a recuperar valor de mercado. Empresas tradicionais do setor, como Apple, Microsoft, Amazon, Facebook, Netflix e muitas outras que surgiram no mercado, têm sabido explorar a TI, para citar apenas as maiores histórias de sucesso. As *startups* também não tiveram problemas de obter os recursos, muito embora nem todas tenham, até agora, sido bem-sucedidas.

No atual contexto, deve ser ressaltada, uma vez mais, a relevância da digitalização, condição *sine qua non* para que o país possa estar presente no mercado internacional de forma competitiva e compatível com a sua dimensão e de seu parque industrial, como salientamos em outras partes do nosso texto. Menos papel, mais processos digitais!

Em todos os seminários e encontros de que participei durante grande parte de 2020 na quarentena, assisti a muitos debates (*lives*) sobre as consequências no quadro da economia mundial quando a Covid-19 for vencida, e as vacinas forem eficientes e distribuídas equanimemente.

Ponto em comum nesses encontros, apresentados em diferentes países e por especialistas de diferentes áreas do conhecimento, estadistas, economistas etc., é que a digitalização se tornou um processo inexorável.

BRASIL E CHINA: A NOVA ROTA DA INTERNACIONALIZAÇÃO?

A parceria tradicional

Historicamente, as relações entre Brasil e Estados Unidos sempre ocuparam espaço destacado em nossa política externa, não exclusivamente em função das nossas relações comerciais e de investimentos, como também pela forte influência do sistema norte-americano no mercado financeiro e de capitais em grande parte do novo Continente.

Nossas instituições financeiras, regra geral, tiveram como modelo os bancos de investimentos norte-americanos. A Comissão de Valores Mobiliários, criada pela Legislação 6.385, de 1976, foi influenciada pela SEC – *Securities and Exchange Commission*, originada após a Grande Depressão de 1929.

Importante não esquecer, também, a nossa proximidade sociocultural com os norte-americanos: algum conhecimento da língua inglesa por boa parcela da nossa sociedade, visitas frequentes e fluxos turísticos nas grandes capitais e cidades americanas, sem falar da importância da música e dos costumes de consumo, em que filmes norte-americanos sempre marcaram presença importante e, também, dos pontos de comércio que ocuparam espaços relevantes nas nossas cidades. Fizemos parte, por exemplo, dos Aliados na Segunda Guerra Mundial e tivemos base norte-americana no Rio Grande do Norte.

O BRASIL TEM MEDO DO MUNDO?
Ou o mundo tem medo do Brasil?

Por último, nossos valores e sistema democrático estão muito perfilados com o sistema norte-americano e – vale lembrar – fazemos parte da América.

A nova parceria

Em relação à China, contudo, temos uma situação que busca, ainda, uma definição. Há grande distanciamento com relação aos nossos usos e costumes, admitindo que estamos muito distantes dos praticados pelos asiáticos, tanto em termos de forma de governo, sistema democrático quanto em religião e idioma, sem mencionar a distância entre nossas capitais.

Prevalecia uma visão em alguns segmentos de nossa sociedade que ridiculariza hábitos dos chineses, suas participações nas pastelarias e a presença no mercado de produtos populares e, nem sempre, de boa qualidade. Em passado distante, esse mesmo comportamento esteve associado a produtos japoneses e coreanos. Com o tempo, essa imagem foi radicalmente alterada.

As relações comerciais e de investimentos, que não ocuparam espaço importante no passado (antes de 2008), galgaram posição de destaque em tempos recentes. Quanto à área turística, é limitada pelo fator distância e consequente custo de deslocamento, sem falar nas dificuldades de comunicação. Só bem mais recentemente encontramos um número crescente de interlocutores chineses com o domínio da língua inglesa.

Essa situação se alterou a partir de 2008, quando as relações comerciais com os chineses se ampliaram substancial e progressivamente, a ponto de a China se tornar, em 2009, nosso mais importante parceiro comercial. Em agosto de 2019, o superávit brasileiro em relação à China na área comercial foi 33 vezes maior que com os Estados Unidos.

A necessidade de a China comprar *commodities* agrícolas e minerais justificou essa crescente posição e, em sequência, veio acompanhada por fluxos de investimentos, marcando importante posição na área de projetos de infraestrutura, notadamente no setor de energia, em que ocupam posição de destaque, conforme relata a Fundação Instituto de Administração da Universidade de São Paulo (FIA/USP):

> Nos últimos anos, o setor de geração, transmissão e distribuição de energia elétrica foi, de longe, o que mais recebeu investimentos chineses no Brasil.
>
> Só em 2018, foram 13 projetos confirmados na área.
>
> Para fins de comparação, o segundo setor com mais investimentos no Brasil foi o de tecnologia da informação, com apenas três.
>
> Os grandes destaques dos últimos anos, no entanto, foram iniciativas que ocorreram no fim de 2016 e em 2017.
>
> São eles a aquisição da operação brasileira da Duke Energy pela China Three Gorges e da CPFL Energia pela State Grid.
>
> Como possíveis negócios vindouros, existe o interesse de companhias chinesas em participar do leilão que irá selecionar a empresa a assumir as obras da usina nuclear Angra 3.
>
> State Nuclear Power Technology Corporation e China National Nuclear Corporation são duas das organizações chinesas atraídas pela oportunidade.
>
> Os investimentos chineses no setor energético brasileiro são tão fortes que podemos dizer que já estão em uma fase de amadurecimento.[38]

No primeiro semestre de 2020, para cada dólar que o Brasil exportou para os Estados Unidos, 3,4 dólares foram para a China. O déficit comercial com os EUA foi de US$ 3,13 bilhões, ao passo que o superávit comercial com a China foi de US$ 17,65 bilhões. Importamos mais dos EUA e Argentina juntos (US$ 16,8 bi) do que da China (US$ 16,7 bi). A China tem com o nosso país seu 4º maior déficit comercial – atrás de Taiwan, Austrália e Coreia do Sul.

E, em meio à pandemia, em julho de 2020, o *Diário Oficial da União* publicou previsão de cinco leilões de projetos de

---

38. Disponível em: http://bit.ly/3pFj0U9. Texto publicado em 23 de setembro de 2019.

transmissão de energia até 2022, o que, também, deverá atrair mais a atenção dos investidores chineses.[39]

Em texto publicado pelo *O Globo*, o Cônsul-Geral da República da China no Rio de Janeiro, Li Yang, faz breve relato sobre como tem se desenrolado a relação sino-brasileira.

> Cada vez mais veem-se aeronaves regionais produzidas no Brasil sobrevoando o céu da China. As famosas churrascarias brasileiras surgem de forma repentina. O refrigerante guaraná, a cachaça mineira e as marcas como Havaianas, Melissa e Schutz ficam mais acessíveis aos consumidores chineses. O café brasileiro e a própolis são bem acolhidos. Jogadores de futebol brasileiros lideram seus respectivos clubes chineses com a ambição de brilhar mais. No Brasil, existem diversas mercearias chinesas e lanchonetes espalhadas no centro das grandes cidades. A DJI – líder da indústria de drones – inaugurou a sua primeira loja física no Barra Shopping, no Rio de Janeiro. Carros de marcas chinesas como JAC e Chery têm conquistado os consumidores brasileiros devido aos seus preços acessíveis e bons serviços. Trens do metrô do Rio foram fabricados na China, com ar condicionado projetado especialmente para o mercado brasileiro.
>
> Em vista disso, percebe-se que o Brasil e a China têm mantido uma colaboração mútua e benéfica ao longo do tempo. Nos últimos 45 anos, desde o estabelecimento das relações diplomáticas entre ambos os países, a cooperação tem se aprofundado, e os interesses estão continuamente interligados.
>
> Os dois países assinaram acordos de cooperação em inúmeras áreas, como o setor aeroespacial, tecnologia da informação, biotecnologia, agricultura e pecuária, entre outros. O projeto China-Brasil de satélite de recursos da Terra é reconhecido como modelo de cooperação Sul-Sul. Ambos os países estabeleceram conjuntamente o Laboratório Agrícola, o Centro de Tecnologia de Inovação em Mudança Climática e de Energia etc. E atualmente está em processo a construção do Centro de Satélite Meteorológico e o Centro de Biotecnologia. A China é o maior parceiro comercial do Brasil há nove anos. Em 2017, o volume de negócios entre os dois países alcançou US$ 87,54 bilhões, dos quais o Brasil importou US$ 28,96 bilhões e exportou US$ 58,58 bilhões. O enorme poder de compra dos 1,4 bilhão de habitantes da China é um mercado que o Brasil não está em condições

---

39. Disponível em: http://bit.ly/2Zz6XgB.

de perder. O mercado brasileiro tem se esforçado para melhorar a estrutura de exportação para a China, visando a vender mais produtos de alto valor agregado, em vez de *commodities*.

As empresas chinesas investiram US$ 24,7 bilhões no Brasil em 2017, considerado um recorde nos últimos sete anos. Mais de 200 delas têm sede no Brasil, e muitas estão entre as 500 melhores do mundo. Além disso, o Fundo de Cooperação Brasil-China para Expansão da Capacidade Produtiva, cujo montante total é em torno de US$ 20 bilhões, já iniciou as suas operações.[40]

Nossas relações têm tido um longo histórico de relacionamento, mas, em sua campanha eleitoral, o Presidente Jair Bolsonaro fez algumas restrições aos investimentos chineses, apontando que "o Brasil não estava à venda", referindo-se aos investimentos chineses. No entanto, em visita oficial como Chefe de Estado em outubro de 2019, foi recebido na China com toda pompa e circunstância. Nosso Presidente suavizou o que disse em campanha, afirmando a relevância das nossas relações comerciais e de seus investimentos no país. É sempre bom separar claramente a retórica da realidade dos mercados.

De qualquer forma, estamos muito longe de uma política claramente definida e de longo prazo para com a China. E ela tem acontecido, principalmente, ao longo de condicionantes de curto prazo. Um dos nossos entrevistados comentou: "Quando nos comparamos com a China, por exemplo, vemos diferença abissal. Eles operam pensando em longo prazo, e nós, no curtíssimo prazo, quando não em políticas imediatistas".

Enquanto a China desenha e implementa a sua estratégia de longo prazo em direção à Europa, Ásia e África – *One Belt, One Road* – ainda estamos buscando nosso melhor caminho.

Existe, assim, uma assimetria nas nossas relações, e, reconhecidamente, têm uma forma dura de negociar que estamos registrando ao ver as relações comerciais com os Estados Unidos.

---

40. YANG, LI. Caminhos na cooperação China-Brasil. *O Globo*, 15 dez. 2019.

O BRASIL TEM MEDO DO MUNDO?
Ou o mundo tem medo do Brasil?

Conforme análise de um dos nossos entrevistados:

As relações bilaterais entre o Brasil e a China vêm se mantendo em uma curva ascendente, resultado direto do fortalecimento das relações bilaterais consolidadas ao longo dos últimos 20 anos. O enorme adensamento das relações econômicas – especialmente os comerciais – repousa sobre uma sólida confiança política entre os dois países, relações que não podem ser encaradas apenas como relações entre governos, mas sim entre estados.

O Brasil é um parceiro de confiança para a China, e o governo chinês sabe disso. Temos as condições ideais para fornecer de forma segura os principais produtos dos quais a China precisa, em especial no agronegócio. Apenas a título de contextualização, devemos considerar que, em 2017, as exportações do Brasil para a China atingiram o valor de US$ 47,49 bilhões, com aumento de 35,2% em relação a 2016.

O intercâmbio comercial – o maior desde 2015 – atingiu o valor de US$ 74,81 bilhões em 2017, com crescimento de 27,9% em relação ao ano anterior. O saldo da balança comercial Brasil-China foi positivo nos últimos cinco anos, passando de US$ 7 bilhões em 2012 para US$ 20,2 bilhões em 2017, registrando o maior saldo em 2017 (US$ 27,32 bi) e o menor resultado em 2014 (US$ 3,3 bilhões).

A China posicionou-se como o 1º destino das exportações brasileiras em 2017, com 21,8% de participação no total das vendas que o Brasil fez ao exterior, e também em 1º lugar como origem das importações, com 18,1% do total. Mais do que nunca, as relações bilaterais podem ser um instrumento para o nosso desenvolvimento comum.

Estamos diante de um cenário global desafiador, em termos de comércio e de investimentos, o que reforça a necessidade de entendimento, por parte do empresariado, a respeito do papel absolutamente estratégico da China neste contexto. Em outras palavras quero dizer que é preciso apurar o conhecimento a respeito do país, seu respectivo mercado, ambiente de negócios e perfil de investimento. Ainda há muito o que caminhar neste âmbito, para que haja uma efetiva complementariedade.

Não se trata de escolher ou valorizar a China em detrimento de outros parceiros, mas sim de reconhecer que as próximas décadas provavelmente serão muito distintas das precedentes, e que a China terá participação muito importante na formação da nova ordem mundial.

Existe uma assimetria na relação e deve ser reconhecida a forma dura de a China negociar. A posição americana de Trump na chamada disputa comercial é indicativa, o que vai nos obrigar a tomar posições. Um dos nossos entrevistados resumiu essa perspectiva:

> Até agora a China, que é nosso cliente número dois nas exportações, tem sido complementar às nossas necessidades. Porém, eles têm estratégia de longo prazo, que não temos. Isso no futuro poderá tornar difícil uma cooperação — concorrencial (para me expressar contraditoriamente) e criar dificuldades. Os investimentos aqui aumentam, e os nossos na China são modestos.

Precisamos, com metas, definir uma estratégia viável, sem prescindir dessa importante fonte de investimentos para o País, particularmente para a infraestrutura. A questão de falta de planejamento está sempre presente na visão dos empresários.

Nas entrevistas que realizamos com empresários e especialistas, foi lembrado que segmentos competitivos, como do agronegócio e mineração, veem a China como oportunidade, enquanto setores não competitivos acham uma ameaça. A falta de definição de uma política em relação à China se estende também a outros países asiáticos. Empresas como Embraer, que têm investimentos na China, sofreram o mesmo que outras de alto valor tecnológico: redução da ênfase para produtos de primeira geração para não sofrerem a mesma competição desleal. Empresas tecnológicas supridoras, como WEG e Ioschpe, deram-se bem ao entrar no mercado chinês e exportam para rede de fornecedores globais.

As pequenas e médias empresas, quando não conseguem ser mais competitivas por causa das importações da China, partem para parcerias, fornecendo insumos para os produtos chineses, que passam a ser produtos *Made in China* com componentes brasileiros.

Sugestão que acolhemos é que as PMEs poderiam voltar--se mais à prospecção de núcleos de atuação na China. O MRE e a APEX, em coordenação com associações empresariais, têm buscado a consolidação ou ampliação de novos mercados como café, calçados, carros, carne suína, papel e celulose e produtos químicos.

Foi lembrado, também, o alto poder de barganha que os chineses utilizam no processo negocial pela dimensão do seu mercado e a questão crucial da transferência de conhecimento.

Um dos nossos entrevistados comentou:

> Acho que o Brasil ainda não desenhou uma agenda que tenha viabilidade de implementar. Reconhecendo a assimetria da relação e a forma dura de negociar da China, resta ao Brasil definir uma estratégia viável que permita tirar mais proveito dessa interação e ser menos moldada unilateralmente pelo parceiro chinês. A China pode ser bom parceiro para *commodities*, compra de componentes, parceiro de investimentos. Em menor grau, um parceiro político. Mas o Brasil ainda não achou uma embocadura para lidar com essa relação, cada vez mais complexa e difícil de coordenar.

Registre-se também o pequeno número de centros especializados nas universidades brasileiras dedicados ao relacionamento Brasil/China.

Finalmente, na agricultura, onde são nossos maiores parceiros, duas preocupações: extrema dependência das importações da China e a exportação de matéria prima e não de produtos agregados.

Também precisamos ampliar nossa presença como parte dos BRICSs, devido a nossa grande complementaridade. A abertura de uma agência do Novo Banco de Desenvolvimento (NDB) dos BRICSs em São Paulo é alvissareira. O escritório na capital paulista será o segundo diretório regional do NDB no mundo. A sede é em Xangai, na China, e o primeiro escritório foi criado em 2017, na África do Sul. Também é positivo o fato de o Brasil ter assumido a presidência do Banco, em maio de 2020, pelo sistema de rotação, com a eleição de Marcos Troyjo. Ele é diplomata, com amplo conhecimento nas relações internacionais, por sua atuação no BRIClab, na Universidade de Columbia, Estados Unidos, e na nossa política externa, assim como secretário especial de Comércio Exterior e Assuntos Internacionais do Ministério da Economia. Isso poderá aumentar a nossa utilização da instituição, que, até o momento, foi pouco utilizada. A percepção que fica é de que não nos damos conta da nossa participação no grupo.

No início de maio de 2020, o Banco Central da China anunciou que a sua moeda terá curso internacional, e o dólar não mais será usado como referência nas transações comerciais.

Bênção ou ameaça? Um colaborador com a nossa pesquisa mencionou:

> A relação, no meu entender, é ambígua. Os segmentos competitivos – agronegócio, mineração e outros segmentos que exploram de forma competitiva recursos naturais – veem na China uma oportunidade. Os segmentos não competitivos, como uma ameaça. Certamente nossa relação, revelada por nossos fluxos comerciais, é de complementaridade. Infelizmente, não temos uma política definida com relação à China e à Ásia como um todo.

Outro entrevistado complementa:

> A China é cliente e competidor ao mesmo tempo. O empresariado não está alienado ao gigante chinês. Alguns setores promovem a defesa comercial e impedem a invasão indiscriminada de produtos, através de normas e qualidades asseguradas, ou até com processos *antidumping*.
>
> A China tem comportamentos muito diferentes nos mercados internacionais, como manter sua moeda desvalorizada e podendo ser competitiva por longo prazo.
>
> Contratos com a China são muito diferentes, e a prática de não cumprimento, faz parte de seu entendimento cultural, muito diferente do japonês; modificam os contratos quando isto lhes interessa com facilidade enorme.

Olhar para a China é um desafio. Vejamos o comentário a seguir:

> China é um continente ainda muito desconhecido e longe para o empresariado brasileiro. Culturalmente bem mais difícil de

O BRASIL TEM MEDO DO MUNDO?
Ou o mundo tem medo do Brasil?

ser entendido, e com práticas comerciais bastante diferentes. As grandes corporações onde a China é cliente se adaptaram facilmente, e mantêm uma relação crescente é estável, até através de Hong Kong e alguns viam Cingapura cuja afinidade é maior com o Brasil. O Agronegócio está bem posicionado, mas não consegue avançar em plus valia, mesmo com investimentos na China, o que pode ser um problema no futuro. Empresas como EMBRAER, que tem investimentos na China, experimentaram o que outras empresas de alto valor tecnológico tiveram, e reduziram sua ênfase para produtos de primeira geração, para não sofrerem a competição desleal. Já empresas tecnológicas supridoras como a WEG a IOCHPE entre outras se deram bem pelo fato de produzirem para o mercado chinês e exportam para sua rede de fornecedores globais. A pequena e média empresa, teve uma atuação muito interessante no afã das crises, onde não conseguia ser mais competitiva pelas importações chinesas e partiu para parcerias ou em produtos ou em peças para comporem seus produtos no Brasil. Assim variados produtos de consumo passaram a ter componentes ou serem chineses de marcas brasileiras. A China tem atitudes investidoras diferentes dos demais investidores tradicionais no Brasil, se preocupa menos com as questões ambientais e trabalhistas e muito pela escala e retorno. Diferente de outros países vizinhos o empresário brasileiro encontrou um meio de operacionalidade que para o futuro pode ser inteligente, se organizar para poder oferecer as contrapartidas.

A China é cliente e competidor ao mesmo tempo. O empresariado não está alienado ao gigante chinês. Alguns setores promovem a defesa comercial e impedem a invasão descriminada de produtos, através de normas e qualidades asseguradas, ou até com processos *antidumping*.

Contratos com a China são muito diferentes, e a prática de não cumprimento, faz parte de seu entendimento cultural, muito diferente do japonês; modificam os contratos quando isto lhes interessa com facilidade enorme.

Não temos uma política clara com a China, até acho que nem a China sabe bem como lidar conosco...

Levando em consideração tudo o que aqui registramos, sobre a crescente importância da China nas relações bilaterais e a necessidade de haver de nossa parte um melhor e maior entendimento, o CEBC – Conselho Empresarial Brasil-China – lançou um estudo intitulado *Bases para uma Estratégia de*

Longo Prazo do Brasil para a China,[41] elaborado por Tatiana Rosito, diplomata experiente nas relações com a Ásia.

O estudo foca na relação bilateral dos dois países e propõe a melhoria do relacionamento em torno de três eixos: economia, infraestrutura e sustentabilidade.

O Centro Brasileiro de Relações Internacionais (Cebri), por meio de seu Grupo de Análise sobre China ("Grupo China"), vem discutindo temas relevantes sobre a realidade chinesa e o relacionamento Brasil-China, com vistas a oferecer bases para uma reflexão aprofundada acerca da relação bilateral entre os dois países.

A motivação do Cebri ao criar o Grupo China foi estabelecer um fórum de discussão permanente que olhasse de forma contínua e atenta para o acelerado processo de transformação do cenário chinês, considerando seus efeitos globais e impactos sobre a América Latina e o Brasil, no intuito de contribuir para uma análise sobre os rumos da relação bilateral e para definição de um posicionamento estratégico do Brasil frente ao gigante asiático, assim como auxiliar na redução do déficit de conhecimento sobre a China na sociedade brasileira.

O Grupo China faz parte do Núcleo Ásia do Cebri, que é coordenado por Anna Jaguaribe, Conselheira da instituição. Desde sua criação em julho de 2017 até outubro de 2020, o Grupo China foi coordenado por Tatiana Rosito, diplomata e *Senior Fellow* do Cebri. A partir de 2021, a coordenação ficará a cargo de Philip Yang, fundador do Instituto Urbem e *Senior Fellow* do Cebri.

Entre 2017 e o final de 2020, foram realizados 21 encontros do Grupo China, que reuniram mais de 2.200 participantes nacionais e internacionais e produziram relatórios com informações aos membros e parceiros do Cebri e ao governo brasileiro. As reuniões contaram com a participação de um total de 77 palestrantes convidados, que incluíram, entre outros: Akio Takahara (University of Tokyo), Andy Mok (Center for China

---

41. Disponível em: http://bit.ly/3ugICu8.

and Globalization), Arthur Kroeber (Gavekal Dragonomics), Jeroen Groenewegen (China Policy), Joaquim Levy (Banco Mundial), Jorge Arbache (CAF), Leslie Maasdorp (New Development Bank), Joachim von Amsberg (Asian Infrastructure Investment Bank), Marcos Caramuru (ex-Embaixador do Brasil na China), Marcos Troyjo (New Development Bank), Margaret Myers (Inter-American Dialogue), Otaviano Canuto (Banco Mundial), Paulo Estivallet (Embaixador do Brasil na China), Sérgio Amaral (ex-Embaixador do Brasil nos EUA),,Wang Yi (Chinese Academy of Sciences), Yan Li (Chinese Academy of Science and Technology for Development) e Yang Wanming (Embaixador da República Popular da China no Brasil).[42]

Até março de 2020, as reuniões foram realizadas por meio de videoconferência conectando Rio de Janeiro, Brasília, Pequim, São Paulo, Washington D.C. e, eventualmente, outras cidades. A partir de então, as reuniões passaram a ser realizadas pela plataforma Cebri Online, via Zoom.

As discussões produziram uma série recomendações para o Brasil sobre os rumos da relação com a China, que incluíram:

- Avaliar novas oportunidades de cooperação e buscar maior engajamento com a China;

- Buscar uma postura neutra frente à guerra comercial e tecnológica entre EUA e China;

- Aproximar-se da Belt and Road Initiative com base em diálogo e objetivos definidos de forma conjunta;

- Fortalecer a liderança brasileira na relação da América Latina com a China, com foco no investimento em infraestrutura e logística;

- Estabelecer instância de efetiva coordenação governamental em nível federal, com vistas a ampliar

---

42. Instituições dos palestrantes na época em que participaram das reuniões.

diálogo interagências e com outros entes da federação e a sociedade civil em relação à China;

- Revisar e atualizar os instrumentos de governança econômica, que ainda refletem um intercâmbio essencialmente baseado no comércio. Torna-se fundamental uma estratégia sistêmica e de mais longo prazo sobre os investimentos da China no Brasil, que leve em consideração tanto as externalidades dos investimentos para o setor produtivo, como seu impacto tecnológico;

- Da mesma forma, pensar as relações comerciais de modo mais sistêmico e menos de curto prazo, com visão setorial que abranja a cadeia produtiva e de serviços como um todo e discrimine os instrumentos de promoção da exportação de modo a poder responder a demandas de ponta e a longo prazo;

- Desenvolver mecanismo de cofinanciamento do BNDES com o CDB (e outros bancos chineses);

- Incentivar a participação de instituições financeiras asiáticas das quais o Brasil é parte, como o New Development Bank (NDB) e o Asian Infrastructure Investment Bank (AIIB), além de outros bancos de desenvolvimento multilaterais, no financiamento da infraestrutura sustentável no Brasil e explorar novos instrumentos de financiamento, como garantias, sindicalização e *performance bonds*;

- Determinar um banco responsável pelo mecanismo de *Clearing* das duas moedas nacionais a ser operacionalizado no Brasil, conforme regulamentação das autoridades monetárias dos dois países, permitindo a conversão direta de Renminbi em Reais e vice-versa;

- Revisar o mecanismo bilateral da Comissão Sino-Brasileira de Alto Nível de Concertação e Coordenação

(Cosban) com o objetivo de lhe conferir mais agilidade e manter canais abertos de diálogo com as várias agências do governo chinês;

- Criar subcomissão de meio ambiente e desenvolvimento sustentável no âmbito da Cosban;

- Aprofundar a parceria com a China com visão de longo prazo na área agroalimentar, energética e de sustentabilidade, com vistas à implementação das metas de redução de emissão de CO_2 pelo Brasil e a China;

- Firmar ampla parceria na área agroalimentar que permita a expansão das exportações para itens de maior valor agregado na cadeia soja-proteína animal (comércio e investimentos, acesso a mercados, investimentos cruzados, cooperação técnica e estabelecimento de padrões mutuamente reconhecidos nas áreas de sanidade e qualidade dos alimentos);

- Estruturar uma colaboração científica e industrial com a China em bioeconomia, farmacêutica e saúde pública de prevenção;

- Utilizar os princípios da inovação e da economia digital para o desenvolvimento de projetos de infraestrutura tecnológica com o objetivo de ampliar a eficiência de setores produtivos, financeiros, de comércio e serviços. Uma colaboração com a China no que diz respeito à inovação e infraestrutura tecnológica é crucial e vai mais além do 5G;

- Aumentar a representatividade das empresas brasileiras na China por meio da criação de representação das principais associações de classe, com papel de inteligência comercial e de investimentos e *advocacy*;

- Ampliar a capacidade de resposta e coordenação da Embaixada brasileira em Pequim, inclusive com base em reforço da coordenação no Brasil.

Em uma de nossas entrevistas, um experiente diplomata, com ampla trajetória na carreira, registrou o seguinte:

> É impossível superestimar a importância da China para a economia brasileira: trata-se de grandes clientes e investidores no Brasil. Certamente, as empresas brasileiras – para além dos setores de agricultura, alimentos e recursos minerais e principalmente as PMEs – poderiam voltar-se mais à prospecção de nichos de atuação na China. No que se refere a comércio, o MRE e a Apex, em estrita coordenação com as associações empresariais relevantes, têm buscado promover, a título de consolidação ou abertura de mercado, setores como: café, calçados, couro, carne suína, aviões, motores e suas partes, alimentos, minérios, papel e celulose, combustíveis e químicos. Grandes investidoras estrangeiras, várias empresas do país asiático se interessam pelos setores de logística e infraestrutura no Brasil, embora o desenho adequado de quadros e estruturas normativo-financeiras para essa participação não seja tarefa trivial. O governo brasileiro, principalmente no âmbito do Programa de Parcerias de Investimento (PPI), vem dando o devido tratamento a essa questão, que surge também frequentemente, por exemplo, nos trabalhos das instâncias da estrutura organizacional do Fundo Brasil-China de Cooperação para Expansão da Capacidade Produtiva e em diversos foros de cooperação bilateral. Por outro lado, a China é país complexo para investimentos estrangeiros; historicamente, sua atratividade – pelas dimensões do mercado e da mão-de-obra, disciplinada e de custo ainda relativamente baixo *inter alia* – concedeu-lhe poder de barganha para obter dos investidores estrangeiros concessões no sentido da associação com empresas chinesas e transferência de conhecimentos (inclusive capacidades organizacionais) e tecnologias, incorporados ou não no produto.

A relação com o empresariado foi bastante lembrada e discutida por outro entrevistado:

> De forma agregada, dá para dizer que o empresariado tem uma relação pragmática com a emergência da China como ator global, em competição com o poderio norte-americano. Esta emergência é um fato consumado, com desdobramentos positivos e negativos. Para o setor exportador de bens primários, a economia chinesa é complementar. Para o setor industrializado, prevalece uma visão de concorrência, predatória em grande medida. A postura de alinhamento é mais prevalecente junto às empresas de porte médio e pequeno.

O BRASIL TEM MEDO DO MUNDO?
Ou o mundo tem medo do Brasil?

Não parece haver uma política bem definida, no Brasil, sobre a China. Serve com sinal o baixo número de centros especializados de estudo em universidades brasileiras, assim como de *think tanks* especializado no assunto. Há registro de políticas específicas, como a legislação *antidumping*. Mas esta trata-se de uma política mais de carácter defensivo do que ofensivo.

Por outro ângulo, a posição do empresariado foi assim apresentada:

> A China é o maior mercado para o agro brasileiro: no ano passado [2018], 27% do valor total de nossas exportações foram para lá. Mas isso tem 2 temas de preocupação. O primeiro é a extrema dependência das importações da China: um "acidente de percurso", tipo protecionismo americano, pode nos causar um grande problema com excedentes não exportados. E o segundo é a exportação de matéria prima. Precisamos com a maior urgência mudar esse perfil de exportação: em vez de exportar soja e milho, exportar carnes de frangos e de bovinos ou lácteos com os grãos já "embutidos". E isso depende de acordo de governos com a participação privada. Temos que implementar tais acordos com a China, dando proteção a investimentos de interesse bilateral, inclusive agilizando a controversa questão de transgênicos, além de harmonizar regras de rotulagem entre as distintas províncias chinesas e o Brasil.

Este outro apresenta a relação entre os dois países como se estivessem numa fase de início de namoro, em que ambas as partes têm o desafio de começar a se conhecer mutuamente.

> O empresariado brasileiro vê a China com curiosidade, e ainda não decifrou nem definiu como se associar com o poder econômico chinês e se beneficiar das carências deste gigante. O vice-versa é verdadeiro, a China descobriu o Brasil, e assim como faz em outras geografias, pouco a pouco está construindo os pilares na nossa economia, porém de forma autônoma e independente.

Mesmo que com um olhar extremamente pragmático:

> O empresariado brasileiro tem de enxergar a China como o que ela de fato representa para nós: o maior e mais importante cliente. Mas também como concorrente no mercado interno brasileiro de manufaturados em menor grau.

A política deve ser *"straight forward"*. Tratar com a importância que o maior cliente do seu negócio merece. Empatia gerada pela associação aos BRICSs provavelmente ajuda. O Brasil é dos países mais complementares da China no mundo! O Brasil se beneficia de um agronegócio sólido e de minério de alta qualidade, e a China pode ser provedora de tecnologia/equipamentos e de capital.

Quanto a capital, exemplos recentes são as tentativas de participar de lotes do pré-sal e incursões no setor elétrico brasileiro.

Betania Tanure, texto Valor:

> Estou, no momento, em uma imersão na China. Bastou chegar a esse país para sentir o choque do "cheiro do lugar": eles sabem onde querem chegar, ou seja, que têm de concluir em poucas décadas uma mudança extraordinária; eles negociam com quem confiam; eles são meritocráticos; eles têm um tremendo foco na execução, com velocidade superlativa e disciplina inegociável. E isso tudo se aplica não apenas às empresas, como também ao país. É a articulação do binômio estratégia/cultura alavancada pelo propósito.[43]

Na entrevista que realizamos em Brasília no dia 17 de fevereiro de 2020, com o chanceler Ernesto Araújo, o assunto China não podia deixar de ocupar espaço importante. Aqui apresentamos o que de mais relevante extraímos da discussão:

> O problema da OMC como um todo é que a China é um ator grande demais para entrar nas regras tradicionais da OMC. A China, com modelo econômico muito diferente, atuou bem. [...] Eles estatizaram a economia, que tem toda uma série de mecanismos de funcionamento, de competição, que outras economias ocidentais não têm. Se fosse um país menor, teria sido absorvido, para se valer dos benefícios da OMC. O que fizeram com a China? A China entrou com o modelo dela com algumas reformas também, mas passou a se valer das normas.
>
> [...] O sistema não é feito para países como o modelo chinês, sobretudo como um país com o tamanho da China. Então a crise da OMC: o que acontece é uma certa distorção dos fluxos, porque a China tem mecanismos de financiamento dessa convivência de empresas estatais e não estatais.

---

43. TANURE, Betania. Como uma companhia pode mudar para "beta.O". *Valor Econômico*. São Paulo, 5 set. 2019.

O BRASIL TEM MEDO DO MUNDO?
Ou o mundo tem medo do Brasil?

> E aí volta, de novo, a questão de atitude de se colocar para baixo, de não saber negociar a partir da sua própria fortaleza. Com a China, por exemplo, a gente sempre negociou. A China sempre tem a capacidade de definir os interesses da negociação e a gente tenta se encaixar nisso, porque é um jogo. A gente não usa o nosso poder de barganha. Não vinha usando. Agora, a gente tenta usar mais o nosso. Essa noção que a gente não sabia construir nosso interesse com a China, estamos tentando hoje. E, às vezes, é interpretada como se a gente estivesse criando dificuldades. [...] Com a China, se criou uma dinâmica de que tem de ser tudo como eles querem. A gente está tentando mudar essa perspectiva, o que nos leva novamente ao tema da nossa falta de atitude assertiva e de confiança.

Aspectos ideológicos de lado, certamente não devemos deixar de reconhecer que algumas das reflexões sobre o comportamento dos chineses e suas possíveis consequências nas relações entre nossos países devem ser consideradas.

O protagonismo da China na crise do novo coronavírus não pode ser esquecido. Não só por sua crítica e muitos questionamentos sobre terem retardado sua divulgação, como também pelo fato de sua economia estar se recuperando mais rapidamente do que se previa, muito embora com crescimento anual bem inferior a taxas passadas.

Também a médio prazo, muitos dos produtos que eram exportados pela China podem ser substituídos por produção local, pois muitos países vão querer diminuir seu grau de dependência dos asiáticos, mesmo eventualmente tendo de arcar com custos mais elevados.

O que se agravou ainda mais nos primeiros quatro meses de 2020 foi a relação da China com os Estados Unidos. O Presidente Trump, o Partido Republicano e muitos dos seus principais próceres não escondiam seu desconforto com a política dos chineses, acusando de, com apoio da OMS, ter retardado a comunicação do novo coronavírus, o que fez com que diferentes países demorassem para tomar as medidas sanitárias e hospitalares para se organizar e enfrentar a pandemia.

A cada dia ficava mais claro que a relação China *vs.* Estados Unidos transcendia a chamada "Guerra Comercial", pautando-se mais pela busca de poder hegemônico, em um processo longo e cujos desdobramentos certamente vão nos afetar. As eleições presidenciais dos EUA em novembro de 2020, e a volta ao poder de um Presidente democrata, fazem-nos pensar que, talvez, as relações passem a ser pautadas com menos agressividade e mais diálogo, embora sem mudanças radicais no cerne.

Em 15 de julho de 2020, o *New York Times* indicava que os dois países atravessavam o pior momento em sua relação. Disputas tecnológicas, militares e territoriais (Hong Kong, por exemplo) se estendem entre as duas potências e apontam para o surgimento de uma nova ordem geopolítica, turbinada por diferenças ideológicas e pela pandemia da Covid-19, que afetou os Estados Unidos de forma violenta. Malgrado muitas vezes nos Estados Unidos defenderem uma separação econômica, cortando abruptamente a utilização de produtos chineses para companhias norte-americanas, não parece ser uma política realista a curto prazo e mesmo a médio e longo prazos é uma política de alto custo para os norte-americanos, como indicado em outra parte do texto.

Quanto à posição brasileira de utilizar em suas redes o 5G da Huawei, ela poderá ser afetada por ser diferente da decisão dos Estados Unidos de banir os chineses daquela tecnologia, e com a obrigação das operadoras britânicas de remover todos os equipamentos da qualquer empresa de suas instalações até 2027. Sabidamente, os EUA vinham e continuam exercendo forte pressão sobre o governo brasileiro para não a usar. A França, na sequência, registrou que até 2027, os usuários da Huawei vão ter que migrar para outros serviços.

A China é uma esfinge: "Decifra-me ou devoro-te!". A relação entre as duas grandes potências deixa de ser uma disputa comercial para se tornar uma luta pela hegemonia, num mundo fragmentado. 2020 cria um problema sério para a diplomacia brasileira em caso de um eventual distanciamento nessa nova Guerra Fria.

As eleições presidenciais nos EUA em novembro de 2020, com a volta ao poder de um presidente democrata, nada fazem crer que haverá uma mudança radical em relação à China. O partido democrata também não nutre uma posição diferenciada do partido republicano, refletindo, em grande parte, a opinião pública norte-americana, que não é simpática aos chineses.

A situação apontou elevação de temperatura na última semana de julho. Os Estados Unidos acusavam a China de espionagem e deram três dias para fechar seu consulado em Houston, no Texas, por perceberem estar naquela cidade o polo principal da alegada espionagem chinesa na área militar e científica. A China reagiu e determinou que os norte-americanos fechassem seu consulado na cidade de Chengdo. Nesses mesmos dias, os EUA e o Brasil assinaram documento na OMC em que cobram que a economia de mercado tenha que valer para todos os seus membros para garantir condições equitativas de competição econômica internacional. Muito embora o nome da China não tenha sido citado, estava implícito o seu destinatário.

Enquanto isso, no mundo do comércio internacional, após anos de negociações muito difíceis, a China e mais 14 países assinaram um acordo de comércio na região do Pacífico, coordenado por Pequim, em 14.11.2020.

A "Parceria Econômica Abrangente Regional" (RCEP, na sigla em inglês) envolve cerca de um terço do PIB Mundial. O objetivo principal é o de fortalecer o livre-comércio, que, na opinião dos signatários, é da maior relevância, particularmente após a pandemia que fez os países olharem mais para dentro de si mesmos. Em termos de economia global, já é considerado o maior acordo de livre-comércio do mundo. Entre os países, estão algumas das economias mais dinâmicas do globo, e também nações com tensões comerciais recentes entre si, como China e Austrália.

Os EUA não fazem parte do acordo, tendo seus esforços envolvidos na Parceria Trans-Pacífica (TPP, na sigla em inglês), lançada por Barack Obama, que não englobava a China, e era vista como uma tentativa de contenção à Pequim. No entanto, com a administração de Donald Trump, o rechaço ao multilateralismo levou ao abandono da iniciativa.

O RCEP agora coloca pressão ao governo de Biden para agir com relação a uma área de influência da China. "Incentivar o livre comércio é ainda mais importante agora que a economia global está em queda e há sinais de que os países estão se voltando para o interior", armou o primeiro-ministro do Japão, Yoshihide Suga, durante reunião com os outros líderes do RCEP, de acordo com oficiais do governo.

Ponto importante a ser destacado é o do incentivo à mobilidade de mão de obra. Embora não haja livre trânsito de pessoas, os países facilitarão o reconhecimento múltiplo de diplomas. Uma incógnita com o governo de Joe Biden irá reagir à RCEP, que foi criada depois que Trump desistiu do Trans Atlantic Partnership, até hoje não entendida e assimilada.

Os países que assinaram o acordo são: Brunei, Camboja, Indonésia, Laos, Malásia, Mianmar, Filipinas, Cingapura, Tailândia, Vietnã, Austrália, China, Japão, Coreia do Sul e Nova Zelândia.

O primeiro-ministro da China "Li Keqiang" disse que o multilateralismo e o livre-comércio ainda representam a direção certa da economia mundial e da humanidade.

De acordo com o governo japonês, o RCEP eliminará tarifas das mercadorias comercializadas entre os membros, reduzindo ainda as barreiras comerciais com muitos dos principais parceiros do Japão.

O acordo ainda precisa ser ratificado pelos governos nacionais. Vale lembrar que foram 8 anos de negociações e que a Índia, que fez parte das negociações iniciais, em 2019 saiu do acordo pelo receio de que levasse a uma enxurrada de importações, afetando produtores locais.

De qualquer maneira, não nos parece que o RCEP, do ponto de vista do comércio entre países asiáticos, teria de se fortalecer, o que, certamente, causará impacto sobre o comércio internacional entre países que não estão a ele integrados.

Outra variável que poderá ter relevância é uma proposta que surgiu no fim de novembro e que foi coberta pelo

O BRASIL TEM MEDO DO MUNDO?
Ou o mundo tem medo do Brasil?

Financial Times, de Londres. A União Europeia veio a propor aos EUA de criar uma nova aliança global. O plano preliminar proporia revitalizar a parceria com os EUA em várias áreas, desde a regulamentação digital, gestão da pandemia provocada pela Covid-10, até o combate ao desmatamento. Os europeus argumentam que a parceria UE-EUA está precisando de manutenção e renovação para que o mundo democrático afirme seu interesse do que chamam "potenciais autocracias" e "economias fechadas", que contra exploram a abertura de que nossas sociedades dependem.

O plano apresentado apoia a ideia de o Presidente eleito Joe Biden realizar uma reunião de cúpula das democracias, e que a agenda bilateral deveria ter como "fundamento de criar uma nova aliança mundial de países com ideias afins".

Vale o registro de que consta documento de 19 páginas que seria apresentado em reunião para endosso nacional entre 10 e 11 de dezembro: "como sociedades democráticas e economias de mercado aberto, a UE e os EUA concordar acerca dos desafios estratégicos representados pela crescente afirmação internacional da China, apesar de nem sempre estarem de acordo em torno da melhor maneira de enfrentar a questão". As cartas estão na mesa.

Creio que essa iniciativa da UE ainda não está muito clara quanto a se conseguirá os objetivos desejados, mas evidencia que, na medida em que a diplomacia chinesa ficou mais agressiva, ela despertou reações não só nos Estados Unidos, como também em alguns dos grandes países da UE. Resta saber em que medida haverá unidade e se os países europeus estarão de acordo com um confronto mais abrangente. Muitas dúvidas já surgiram a esse respeito.

MERCOSUL

Antecedentes

A partir dos anos 1940, diversos organismos integracionistas regionais foram criados na América Latina. A Comissão Econômica para a América Latina (Cepal) em 1948; a Associação Latino-Americana de Livre-Comércio (ALALC) em 1960; a Comissão Especial de Coordenação Latino-Americana (Cecla) em 1963; o Instituto para Integração da América Latina (Intal) em 1964; a Comunidade do Caribe (Caricom) em 1973; o Sistema Econômico Latino-Americano (Sela) em 1975; e a Associação Latino-Americana de Integração (Aladi) em 1980.

Essas e outras mais recentes (Unasul, por exemplo) enfrentaram diferentes obstáculos, não alcançando os resultados a que se propunham, pelas mais variadas razões, entre elas: crises econômicas internacionais que repercutiram na região, sem falar em nossas próprias crises, momentos de estagnação econômica e que nos atingiram em diferentes ocasiões. Registro certa ausência e melhor definição de seus propósitos. Algumas formaram grandes burocracias, cabides de emprego, e se distanciaram de seus objetivos iniciais. Também importaram diferentes políticas econômicas que foram aplicadas pelos gestores de diferentes governos. Vale ainda ressaltar que nos momentos de crise, alguns desses organismos, que deveriam sugerir, ou coordenar, políticas, que no seu conjunto ajudassem a enfrentar e mitigar diferentes crises, não cumpriram esse objetivo e o que se viu foi cada país buscando resolver seus próprios problemas, sem pensar em algo coordenado com seus vizinhos.

O embrião do Mercosul parece ter sido a iniciativa da Argentina de constituição de um "bloco austral" que compreendia o Brasil, além dos países da Bacia do Prata. Os representantes desses países se reuniram em fevereiro de 1941, na cidade fronteiriça uruguaia de Rivera, com o objetivo de discutir a criação de um bloco alfandegário regional. A partir dessa iniciativa, o processo de integração, hoje conhecido como Mercosul, passou a se confundir, praticamente, com a evolução das relações Brasil-Argentina. Com efeito, alguns meses após a histórica reunião de Rivera, o Brasil e a Argentina assinaram, em Buenos Aires, um tratado comercial em que os dois países afirmavam a disposição de criar um regime de intercâmbio livre que permitisse chegar a uma união aduaneira, aberta à adesão dos países limítrofes.

Essa iniciativa não foi adiante por causa das posições antagônicas do Brasil e da Argentina, durante a Conferência de Consulta Interamericana do Rio de Janeiro, convocada a partir do ataque japonês a Pearl Harbor. Nessa conferência, os brasileiros adotaram uma posição pró-aliados e os argentinos, uma posição de ambígua neutralidade, mas na maioria das vezes pró-Eixo, o que parece ter sido o início de um período de décadas de hostilidades recíprocas e incompreensões mútuas.

A partir do início dos anos 1950, algumas tentativas de reedição do que ficou conhecido como o "Pacto ABC" foram feitas, visando a uma aproximação política e econômica entre o Brasil, a Argentina e o Chile.

Foi só a partir do término dos regimes militares, que dominaram durante muitos anos esses dois países, que o processo de integração foi intensificado. A Declaração de Iguaçu, de 1985, e a Ata para Integração Argentino-Brasileira, de 1986, ambas assinadas pelos presidentes da Argentina, Raul Alfonsin, e do Brasil, José Sarney, são marcos históricos nas novas relações entre o Brasil e a Argentina. A declaração expressou a firme vontade de acelerar o processo de integração bilateral, e a ata estabeleceu o Programa de Integração e Cooperação Econômica, de caráter global, flexível e equilibrado, e previu tratamentos preferenciais perante terceiros mercados.

O segundo estágio do processo de integração Brasil-Argentina iniciou-se em 1988, com a assinatura do Tratado de Integração, Cooperação e Desenvolvimento, que teve como objetivo a consolidação do processo de integração bilateral por meio da instituição de um espaço econômico comum no prazo máximo de dez anos. Isso seria alcançado através da harmonização das políticas aduaneiras, comerciais, agrícolas, industriais, de transportes e de comunicações, e da coordenação das políticas monetárias, fiscais e cambiais dos dois países.

É importante registrar, aqui, o lançamento em junho de 1990, pelo presidente norte-americano George Bush, da *Iniciativa para as Américas,* proposta ambiciosa para a época, da criação a longo prazo de uma zona de livre-comércio hemisférica, do Alasca à Terra do Fogo. O Nafta, criado no final de 1992, parece ter sido o primeiro passo nessa direção.

Foi a combinação da necessidade econômica com a vontade política do Brasil e da Argentina que fez com que os prazos para o processo de integração, estabelecidos pelo Tratado de Integração, Cooperação e Desenvolvimento de 1988, fossem reduzidos pela metade, através da assinatura da Ata de Buenos Aires, em 6 de julho de 1990.

Até essa data, o processo de integração do Cone Sul desenvolveu-se em base estritamente bilateral, embora o Uruguai tenha sido convidado e tenha participado de todos os encontros relevantes entre os governos brasileiro e argentino. Foi após a assinatura da Ata de Buenos Aires que o Uruguai inseriu-se no novo contexto regional, sendo logo seguido pelo Paraguai.

A assinatura do Tratado de Assunção, em 26 de março de 1991, pelos presidentes da Argentina, Brasil, Paraguai e Uruguai, estabeleceu a forma das relações econômico-comerciais entre os quatro países, durante o período de transição 1991/1994, até o pleno surgimento do Mercado Comum do Sul — Mercosul. O Tratado de Assunção entrou em vigor no dia 29 de novembro do mesmo ano, após ter sido ratificado pelos poderes legislativos de cada país-membro.

O acordo obtido sobre a Tarifa Externa Comum e outras pendências, no início do segundo semestre de 1994, possibilitou aos presidentes da Argentina, Brasil, Paraguai e Uruguai, a saber, Carlos Menem, Itamar Franco, Juan Carlos Wasmoy e Luis Alberto Lacalle ratificarem, em 5 de agosto de 1994, quinhentos anos após a assinatura do Tratado das Tordesilhas, a implantação do Mercosul, começando por uma união aduaneira, a partir de janeiro de 1995.

O principal objetivo previsto pelo Tratado de Assunção foi a ampliação dos mercados nacionais dos seus membros, por meio da integração, para acelerar o desenvolvimento econômico, com justiça social. Esse objetivo deverá ser alcançado com um aproveitamento mais eficaz dos recursos disponíveis, a preservação do meio ambiente, o melhoramento das interconexões físicas, a coordenação das políticas macroeconômicas e a complementação dos diferentes setores da economia. São considerados também importantes a inserção competitiva dos seus quatro membros na economia mundial e o desenvolvimento científico e tecnológico dos seus membros.

A constituição de um mercado comum, denominado Mercado Comum do Sul, de acordo com o Tratado de Assunção, implicou:

- a livre circulação de bens, serviços e fatores produtivos entre os países, através, principalmente, da eliminação dos direitos alfandegários e restrições não tarifárias e de qualquer outra medida de efeito equivalente;

- o estabelecimento de uma tarifa externa comum e a adoção de uma política comercial comum em relação a terceiros Estados ou agrupamento de Estados, bem como a coordenação de posições em foros econômico-comerciais regionais e internacionais;

- a coordenação de políticas macroeconômicas e setoriais entre os Estados-partes – de comércio exterior, agrícola, industrial, fiscal, monetário, cambial e de capitais, de serviços, alfandegárias, de transportes e de comunicações e outras que se acordem –, a fim de assegurar condições adequadas de concorrência entre os Estados-partes; e

- o compromisso dos Estados-partes de harmonizar suas legislações, nas áreas pertinentes, para conseguir o fortalecimento do processo de integração.

O protocolo adicional ao Tratado de Assunção sobre a estrutura institucional do Mercosul, foi assinado em Ouro Preto em 16 de dezembro de 1994.

Em sequência, formam-se os primeiros contornos de uma União Aduaneira, posteriormente com a entrada em vigor, em 1º de janeiro de 1995, da Tarifa Externa Comercial (TEC).

Portanto, o Protocolo de Ouro Preto efetivamente lançou as bases da personalidade jurídica, atribuindo-lhe competências para negociar em nome próprio, fazendo acordos com terceiros países, grupos de países e organismos internacionais.

O jurista Luiz Olavo Batista, renomado nacional e internacionalmente (foi membro do painel de litígio da OMC) escreveu um artigo em 1996, cuja parte introdutória aqui reproduzo: "O Mercosul é a criatura do Tratado de Assunção, e insere-se em ordem jurídica territorial mais abrangente – a do direito internacional público e outras normas jurídicas de menor alcance, que o integram e completam".

Outro marco posterior importante do Mercosul foi o chamado Protocolo de Olivos, assinado naquela cidade, com o objetivo de solucionar controvérsias e de minimizar eventuais diferenças.

O BRASIL TEM MEDO DO MUNDO?
Ou o mundo tem medo do Brasil?

Diferentemente do bloco europeu (União Europeia), a integração dos países sul-americanos ganhou força não pela ameaça bélica, fonte motivadora dos blocos europeus, mas sim pela ameaça econômica. Unidos seríamos mais fortes já vislumbrando a força das associações regionais ou acordos comerciais.

Fora desse aspecto, creio que no caso do Brasil e Argentina tenhamos também uma forte componente política. Os governantes envolvidos no processo estavam sensibilizados pelo momento político que os antecedera, quando grupos militares tomaram o poder. Queriam assim que essa aliança fosse um mecanismo de proteção contra intervencionismo não republicano. Buscavam assim fortalecer os regimes democráticos de seus respectivos países e se proteger contra recaídas autoritárias pelas quais tinham passado.

Vale registrar que a Área de Livre-Comércio Sul-Americana foi uma resposta dos países da região ao anúncio da criação do Acordo de Livre Comércio da América do Norte (Nafta), e que foi reformulado em 2019 durante a administração do Presidente Trump passando a chamar-se United States–Mexico–Canada Agreement (USMCA).

Assim, fazia todo sentido a ideia de que os países da região poderiam ter políticas comuns no que fosse viável, e particularmente na área comercial. Em um mundo que cada vez mais privilegiava a política de blocos comerciais e de defesa de interesses comuns, ALCSA faria sentido.

Porém, a ALCSA nunca esteve próxima de cumprir seus objetivos e foi praticamente descontinuada. Se não foi para frente, pós-Covid torna-se quase impossível no curto e no médio prazo.

Aliás, nesses muitos anos em que atuei, quer no plano interno ou no da América Latina, via Ceal, não me lembro de ter período de tal distanciamento entre os países da região. Não só pela Covid-19, mas também pela ordem ideológica e que mostra com clareza como a questão política e a visão de mundo nos mantêm separados.

Essa visão atual difere substancialmente da que defendi em artigo escrito em parceria com Alberto Pfeifer para o livro organizado por Mário Marconini *A política externa brasileira em perspectiva: segurança, comércio e relações bilaterais.*[44]

Com o título "Política Sul Americana", nosso artigo é fruto de uma discussão que permitia identificar variáveis explanatórias ou categorias operacionais para a ação brasileira na região: (1) aspectos atinentes ao Estado e à ação de liderança do Brasil; (2) o Mercosul como central ao exercício avançado da política sul-americana brasileira; (3) o espaço regional de atuação: a referência conceitual da fronteira do Sul vis-à-vis a América Latina; e (4) a qualidade da democracia e de seus resultados efetivos para a população e sua política de segurança regional.

No que toca a nossa liderança natural, ela sempre fez sentido pelo nosso porte regional, como também pela dimensão do nosso parque industrial, nossa liderança na agricultura e pela sofisticação na área de serviços.

Lembro-me bem de que, apesar de esses fatores serem reconhecidos, quando chegava o momento da decisão, a questão da soberania acabava sendo o fator preponderante.

Como mencionamos em outra parte do texto, nos momentos de crise, não vamos nos unir (como ficou demonstrado na pandemia), como também pelas dificuldades de natureza financeira e de ordem ideológica e interesses de longo prazo. Nunca a América Latina, em passado recente, esteve tão afastada como na fase atual!

Assim, uma Zona de Livre-Comércio entre Brasil e Argentina, que havia sido cogitada em diferentes momentos da história política desses países, foi oficialmente lançada em 1986 pelos Presidentes Alfonsin e Sarney, com a adesão do Uruguai em 1989. Posteriormente, o Paraguai solicitou sua participação em 1991. Relembremos que na sua origem, o componente político e estratégico foi predominante.

---

44. Lex Editora e Aduaneiras.

O BRASIL TEM MEDO DO MUNDO?
Ou o mundo tem medo do Brasil?

Recebido com certo ceticismo pelos empresários e políticos dos quatro países, o Mercosul surpreendeu inicialmente pelo dinamismo comercial. Ajudado pelo plano de conversibilidade argentino de 1992, que reativou a economia portenha e funcionou como um forte indutor de importações, o comércio intrarregional deu sinais claros de crescimento. Empresários brasileiros encontraram um mercado argentino comprador ou, em diferentes produtos, fomos identificados como uma confiável fonte de suprimento pelos nossos vizinhos.

Quando esse ímpeto inicial deu sinais de fadiga, foi a nossa vez, em 1994, com a introdução do Plano Real, de reativar a relação de comércio e, também, de investimentos recíprocos. Ajudados pela valorização do Real em relação ao dólar, os argentinos ampliaram suas vendas ao nosso país, acumulando superávits comerciais. O Brasil passou a representar 30% do destino das exportações da Argentina. Entre 1990 e 1998, o comércio inter-regional dentro do Mercosul aumentou oito vezes, enquanto também se ampliava o comércio intrarregional, não na mesma proporção. Desde então, devido a sucessivas crises, a relação comercial deteriorou-se e, como indicamos, não foi possível ou viável ter políticas coordenadas para enfrentar desafios externos.

Os bons resultados comerciais foram seguidos de investimentos recíprocos que superaram a casa dos US$ 8 bilhões até a fase crítica de 2001.

Esse sucesso inicial talvez seja uma das razões a explicar as dificuldades posteriores. Faltou a continuidade de uma agenda que, além de implementar medidas acertadas em tratados ou reuniões multilaterais, também lançasse bases mais sólidas para consolidar o bem-sucedido esforço inicial. Por exemplo, a convergência macroeconômica, condição importante dessa consolidação, ficou no plano das boas intenções.

Mas antes de alongarmos a respeito dos principais fatos desde então, vamos analisar quais foram os fatores determinantes.

Na ausência de crescimento econômico, as crises externas agravaram o quadro interno. Contenciosos entre os países passaram a ocupar espaço crescente na agenda dos diplomatas. Não foram raras as vezes em que os mais altos escalões, principalmente do Brasil e Argentina, tiveram de intervir para acalmar os ânimos, buscando soluções paliativas para prevenir maior deterioração. As crises nos países asiáticos contaminaram os países chamados de emergentes, principalmente da América Latina. O Brasil foi atingido com substancial perda de reservas cambiais, reflexo do clima de desconfiança em relação à sustentação de nossa política econômica.

A situação intra-Mercosul agravou-se com a decisão brasileira de janeiro de 1999 de não mais sustentar a política cambial de bandas, após perdemos substanciais reservas em dólares em um curto espaço de tempo. Não podendo naquele momento realizar uma desvalorização competitiva, os argentinos, particularmente nos setores mais atingidos pelas exportações brasileiras, passaram a fazer enorme pressão junto ao seu governo para tomar medidas protecionistas e que acirraram o contencioso entre os dois países. Implementaram-se medidas protecionistas unilaterais que dificultaram a relação comercial. De uma certa maneira, esse cenário repetiu-se em 2019, quando ao seu final, e após a posse de Alberto Fernandes, o congresso argentino aprovou um conjunto de medidas protecionistas, buscando solucionar a severa crise cambial, inflação nas alturas, desemprego e ausência de crescimento.

Como sempre ocorre, os setores que se sentiram prejudicados, ou em desvantagem competitiva, expressaram publicamente seu descontentamento. Os que acreditam numa situação transitória atuam nos bastidores ou ficam silentes. Benefícios e conquistas passadas são esquecidas, como também vantagens estratégicas quanto ao futuro perdem relevância.

Com a crise cambial e a política instaurada para equacioná-la – e até então não resolvida – a relação bilateral deteriorou-se ainda mais. Desses meses de dificuldade, destaco a maior sensibilidade do setor privado e a demonstração de solidariedade brasileira aos argentinos.

O BRASIL TEM MEDO DO MUNDO?
Ou o mundo tem medo do Brasil?

O que ficou transparente em diferentes crises é que a percepção sobre a importância do Mercosul tem visões distintas. A percepção argentina é de que o mercado brasileiro é o que conta primordialmente. A posição do Uruguai e do Paraguai é similar, dada a dependência de suas economias em relação ao Brasil. Nós, brasileiros, temos uma visão mais estratégica pois entendemos que, numa economia mundial globalizada, onde os blocos econômicos são forças dominantes, somos mais fortes como Mercosul, que foi valorizado externamente. De qualquer maneira, o mercado argentino sempre foi de grande relevância para o setor manufaturado brasileiro, e destacadamente nosso maior mercado na América Latina

Assim é que devemos empreender, setor privado e governo, um grande esforço para consolidar e relançar o Mercosul.

As manifestações das diferentes autoridades brasileiras são afirmativas, no sentido de que o Mercosul deve continuar sendo prioridade na política externa brasileira. Parcela crescente de políticos e empresários tem se manifestado nessa direção. A crise da Argentina, e em menor escala no Brasil, nos aproximou. Devemos analisar esse momento e dar um passo à frente. Um recuo não nos traria nenhuma vantagem. Deixar ideologias à parte. Argentina e Brasil estão indelevelmente associados. Não é uma opção, mas sim uma necessidade de convivência harmônica.

A crise do coronavírus novamente será um grande teste na relação entre nossos países.

O Conselho Empresarial da América Latina – Ceal, criado em 1990, apresentou aos governos dos países-membros do Mercosul e seus vizinhos uma série de documentos, em 2004, contendo propostas de ação visando ao fortalecimento do bloco regional. Várias dessas sugestões foram aceitas e implementadas, evidenciando a consistência entre o pensamento estratégico do Ceal e as atitudes dos governos nacionais.

No caso do Mercosul, diversos compromissos foram mantidos, apesar das situações difíceis enfrentadas em variados momentos por seus membros. No plano político, o comprometimento com o Estado Democrático de Direito e a coesão interna do bloco, visando a negociações conjuntas com terceiros e à expansão aos vizinhos sul-americanos. No âmbito institucional, por um crescente, gradual e controlado processo de delegação de atribuições funcionais a pessoas e esferas apropriadas. No aspecto de infraestrutura, somando esforços direcionados à racionalização logística, de suprimento energético e de criação de rede de comunicações. No plano econômico, por meio da busca da harmonização e da coordenação macroeconômicas e pela busca do aperfeiçoamento da tarifa externa comum.

O Mercosul deve ser visto não como uma construção governamental do fim dos anos 1980, e nem como um projeto exclusivo do Estado. A integração regional do Mercosul deve constituir-se uma iniciativa cada vez mais ampla dos cidadãos dos países-membros.

Defendo que não deva haver descontinuidade, mas sim o aprofundamento da união aduaneira e eventual discussão, visando à constituição do Mercado Comum; o aperfeiçoamento dos procedimentos de negociação conjunta com terceiros; a retomada do Convênio de Crédito Recíprocos; a facilitação legal, fiscal e financeira do desenvolvimento da integração produtiva; a harmonização da fiscalização sanitária agropecuária; maior aproximação macroeconômica; o incremento da integração energética e física; a implementação de políticas de desenvolvimento sustentável comuns.

É fundamental aprender com as lições vividas. A redução do crescimento deixou patente a assimetria da evolução do Mercosul: inicialmente muito comércio, algum investimento, instituições insuficientes. Integração regional é um processo de criação de instituições, não de institutos, e que deve ter integral apoio político das respectivas sociedades. Por exemplo, não se deseja um tribunal do Mercosul, mas um mecanismo eficaz para a solução de controvérsias comerciais.

A agenda do terceiro estágio, o do Mercado Comum, deve ser considerada em função do quadro político-econômico dos principais países do acordo. Deve:

- Buscar antecipar e prevenir momentos de incerteza;
- Apontar caminhos e incorporar crescente participação social;
- Consolidar os princípios democráticos e o Estado de Direito;
- Buscar a exploração racional e sustentada dos recursos naturais;
- Orientar-se pela premissa da Paz;
- Apresentar um sustentáculo de solidariedade a crises econômicas conjunturais;
- Operacionalizar a interface única do bloco com outros países, regiões e organizações internacionais;
- Deixar claro o compromisso político com o aprofundamento e a expansão do bloco, a moeda única, o livre fluxo de produtos e fatores de produção, a integração externa conjunta;
- Fortalecer a institucionalidade e a supranacionalidade do projeto, dando ao Mercosul identidade própria e maior raio de ação.

Assim sendo, lembremos algumas iniciativas, ou mesmo enfatizemos/consolidemos políticas que deveriam ser implementadas:

Estrategicamente:

1. Continuar insistindo na convergência das políticas externas, atuando conjuntamente em negociações políticas internacionais dos países-membros, e evitando ao máximo práticas unilaterais;

2. Propiciar medidas que levem ao crescimento da participação política e econômica de Bolívia e Chile no Mercosul;

3. Com os países da Comunidade Andina, o objetivo final deve ser o de formar uma zona de livre-comércio integrada política e fisicamente entre os países da América do Sul, dentro da ideia original da ALCSA;

4. Terminar a negociação conjunta do Mercosul com a União Europeia e com o México, Canadá e Coreia. Eventualmente com o Japão;

5. Buscar a adoção de estratégias e táticas negociadoras comuns envolvendo todos os países da América do Sul, e, principalmente, com a Aliança do Pacífico;

6. Definir e implantar estratégias comuns do Mercosul para a ação política e econômica que aumente a cooperação e o comércio com os países da América Central, do Caribe, da Ásia e da África.

Institucionalmente:

1. No plano comercial, a adoção da marca "Mercosul", ao lado da marca do país de terminação do bem, para todos os produtos que envolvam etapas produtivas abrangendo pelo menos dois países da região;

2. Incorporar dispositivos claros tendentes a valorizar a personalidade internacional conquistada pelo Mercosul como parceiro político e econômico de grupos de países que o formam;

3. Que os Governos olhem de maneira pragmática e realista a questão da institucionalização do Mercosul, de modo a sinalizar claramente, no plano institucional e da interlocução externa e interna do Mercosul, um compromisso com a consolidação do bloco e com a sua participação consistente e coordenada nos foros negociadores de que fazem parte;

4. No plano da infraestrutura, acelerar a integração física e energética, com a participação de organizações internacionais e empresas estrangeiras (projetos conjuntos);

5. Na área educacional, promover a inclusão de ementas sobre o Mercosul e os países da América do Sul nos currículos escolares, da pré-escola ao terceiro grau;

6. No plano acadêmico, incentivar as instituições universitárias brasileiras a possuírem projetos ativos de cooperação com universidade sul-americana;

7. Buscar integrar os projetos de desenvolvimento de tecnologia (TI), inteligência artificial (IA) entre os órgãos especializados e institutos de pesquisa da região;

8. No plano político, é fundamental buscar, para certas decisões do Mercosul, o apoio da classe política e da população em geral, promovendo a conscientização e o debate interno sobre o bloco. Maior envolvimento dos diferentes Congressos;

9. No plano social, implementar projetos intergovernamentais que possibilitem a efetiva cooperação intrabloco, visando à redução de assimetrias entre as partes e da desigualdade social, por meio, como, por exemplo, da extensão dos programas brasileiros de vacinação e de estímulo à educação infantil a Paraguai e a Bolívia;

10. No campo cultural, fomentar iniciativas de estudo a divulgações culturais em busca de maior aproximação, preservando-se as respectivas identidades.

Economicamente:

1. Permitir a efetiva implementação e utilização de mecanismos de solução de controvérsias no Mercosul, seja por meio do uso de Tribunal Arbitral, ou pelo estímulo à solução privada de contenciosos;

2. Instituir mecanismos de controle e inspeção zoo e fitossanitária intergovernamental, responsável pela produção de normas e solução de controvérsias, incluindo os membros associados;

3. Facilitar os negócios no plano intrarregional, especialmente com a redução dos procedimentos burocráticos ao comércio de bens. Estimular *joint ventures* empresariais para mitigar efeitos concorrenciais perversos entre diferentes produtores de mesmos artigos ou bens;

4. Utilizar mecanismos de financiamento à produção que redundem em maior facilidade ao comércio intra e extra-Mercosul;

5. Garantir apoio do BNDES às empresas brasileiras que estejam dispostas a atuar nos países do Mercosul e da América Latina em geral.

Em 2003, sob inspiração do Presidente Fernando Henrique Cardoso, na XX Reunião do Conselho do Mercado Comum que se realizou em Buenos Aires, e com a aprovação de todos os sócios, foi sugerido e aprovado um grupo com diferentes composições entre empresários, acadêmicos e membros dos respectivos governos para proceder uma análise crítica do Mercosul e fazer uma reflexão prospectiva sobre o seu funcionamento. Foram convidadas 28 personalidades, às quais foi solicitado preparar um texto com seus pontos de vista sobre a situação do Mercosul e seu futuro.

Os resultados desse encontro foram registrados em um livro em 2003, com 496 páginas, com as contribuições recebidas e as conclusões a que chegaram os que puderam participar da reunião conclusiva realizada no Rio de Janeiro.

No final de novembro, quase um ano após a posse do presidente argentino, os dois presidentes se encontraram em uma reunião virtual numa cimeira na qual se buscava deixar os ressentimentos para trás em uma agenda positiva. O

O BRASIL TEM MEDO DO MUNDO?
Ou o mundo tem medo do Brasil?

diálogo durou cerca de uma hora e, do lado brasileiro, estavam o ex-Presidente José Sarney (figura simbólica importante na história do Mercosul, como vimos), o chanceler Ernesto Araújo e o Secretário de Assuntos Estratégicos da Presidência, o almirante Flavio Augusto Viana Rocha, que exerce função importante junto ao Presidente. Do lado argentino, além do Presidente Alberto Fernández, também participaram o chanceler Felipe Solá e o Embaixador da Argentina no Brasil, Daniel Scioli, que teve missão diplomática de maior relevância nessa reaproximação.

A data escolhida foi também simbólica, pois, em 30 de novembro de 1985, como mencionamos anteriormente, os Presidentes Alfonsín e Sarney tiveram o primeiro encontro entre os dois países para a Fundação do Mercosul. Aparentemente, a morte de grande futebolista argentino, Diego Maradona, foi importante na possível reaproximação. Lembro-me de que, em muitas causas nacionais e internacionais, o esporte tem funcionado como elemento importante para quebrar barreiras e abrir diálogos.

Segundo participantes da reunião, o governo argentino fez um grande esforço para superar declaração do presidente brasileiro e do próprio Presidente Bolsonaro que apoiou ostensivamente o candidato Macri. Do lado brasileiro, a reação foi muito positiva, e a consideração de que o restabelecimento do diálogo é fundamental. O Brasil propôs uma série de medidas na área de segurança, combate ao crime organizado e ao narcotráfico, circulação de pessoas durante a pandemia e revisão da Tarifa Externa Comum (TEC), bem como a desburocratização do Mercosul. Esse conjunto de medidas é da maior relevância para o futuro do bloco.

Impresso sob os auspícios do Instituto de Investigação de Relações Internacionais (IPRI), e com o apoio do Banco Interamericano de Desenvolvimento (BID), a leitura dos documentos apresentados durante os debates que se seguiram, apesar dos muitos anos já passados, ainda assim, mostra que a grande maioria das considerações então registradas não perderam sua atualidade.

Mais do que nunca, a discussão das relações Brasil e Argentina ocupou grande parte do noticiário econômico-político durante o primeiro ano do mandato do Presidente Jair Bolsonaro.

A crise que atingiu os argentinos nos últimos dois anos, e que levou à derrota de Maurício Macri nas eleições, deixou pesada herança para o presidente eleito Alberto Fernandes. Nosso presidente, apoiando ostensivamente o candidato derrotado, mais alinhado com suas ideias políticas e ideológicas, criou um ambiente tenso entre nossos países e que diferentes grupos políticos locais, econômicos e militares buscaram aliviar, tendo em vista a relevância de nossas relações comerciais, econômicas, políticas e institucionais.

Essa pequena digressão sobre nossos países levou-me, no final de 2019, a uma seleção dos pontos que me pareceram mais relevantes e mantiveram sua atualidade diante das dificuldades nas relações entre os países do Mercosul, particularmente nos últimos três anos.

Obviamente, reduzir quase 500 páginas não foi um exercício fácil, mas creio que complementam e colocam em foco uma temática relevante para todos aqueles que queiram se aprofundar na relevância do Mercosul e, assim, acredito que os objetivos daquele livro estão sendo atendidos.

1. Consolidação da União Aduaneira – a maioria dos autores consideram prioritário o esforço para a preservação e sua consolidação, pois representa uma atitude diplomática que fortalece o Mercosul no plano externo e um instrumento fundamental para a sequência do projeto de integração;

2. Aperfeiçoamento da estrutura institucional do Mercosul – com alguns dos participantes sugerindo a criação de um organismo que adotasse o modelo da União Europeia;

3. Para promover o fortalecimento da segurança jurídica das normas aprovadas, alguns autores sugerem reformas legais ou constitucionais para buscar superar os problemas jurídicos-institucionais e regionais do Direito;

4. Na área social, estão de acordo com a necessidade de fomentar maior cooperação na implementação de projetos para combater a falta de emprego e a pobreza, dentro de um contexto que extrapola a dimensão econômico-comercial do Mercosul;

5. Coordenação das políticas macroeconômicas impostas pelo quadro internacional, mesmo reconhecendo a grande complexidade, e a exigência de que políticas gradualistas sejam executadas, inclusive na área cambial, com metas fiscais de dívida e de inflação. Buscar-se-ia uma área de estabilidade macroeconômica;

6. Financiamento de projetos conjuntos, com fundos disponibilizados para esses projetos e, se possível, com linhas de crédito a favor dos associados de menor porte. Também se recomendam projetos de infraestrutura como forma de reduzir custos de transporte e aumentar a competitividade perante terceiros mercados;

7. Relacionamento externo – a relação entre o processo de integração e as grandes negociações econômico-comerciais deve ter participação ativa do Mercosul, mesmo considerando as dificuldades de negociação como bloco diante da complexidade da situação externa;

8. Destaque também para a necessidade de adotar medidas para promover a participação política e econômica da Bolívia e do Chile. Naquela ocasião, a situação da Venezuela não atingia a complexidade atual, e segue, aliás, sendo tema de grandes incertezas sem

que no curto prazo se vislumbre uma solução. A Venezuela chegou a fazer parte do Mercosul, mas foi afastada por não atender às cláusulas político-institucionais do acordo.

Essas considerações aqui registradas, evidentemente poderão ser alteradas pelos desdobramentos da Covid-19. Os primeiros sinais ao final de abril e no início de maio não foram mais favoráveis, pois as consequências do novo coronavírus afetaram de forma diferenciada os diferentes países do Mercosul. O Brasil, por sua maior população e diversidade regional, sofreu um impacto muito maior frente a seus vizinhos, que externaram suas preocupações com a questão do contágio, apesar de as fronteiras terem sido fechadas logo no início do agravamento da pandemia. Independentemente desse aspecto da contaminação, é evidente que o peso da economia brasileira tem forte impacto nos países vizinhos. Como um membro do grupo argentino comentou, quando o Brasil tem uma gripe, seus vizinhos pegam uma pneumonia. De qualquer forma, uma possível cooperação entre os países fica extremamente dependente da postura dos presidentes do Brasil e da Argentina, que têm de deixar ideologias de lado e buscar pontos em comum para benefício de seus países.

A inadimplência da dívida externa a partir de 2019 agravou o caso da Argentina, que entrou em *default* pela nona vez. As negociações com os credores resultaram em acordo.

No cenário de pandemia da Covid-19, em 4 de maio de 2020,[45] o presidente da Argentina anunciou que não continuará participando de novos acordos internacionais, com exceção dos dois mais importantes

---

45. Disponível em: http://glo.bo/3k4o43q.

acordos em discussão com a União Europeia e com a Associação Europeia de Livre Comércio (EFAT).[46] Essa decisão deve-se ao fato de que seu Presidente, Alberto Fernandez, indicou que agora a prioridade é concentrar-se no combate ao novo coronavírus. Isso implica que, por exemplo, diálogos com Canadá, Coreia do Sul, Líbano e Singapura não terão sua participação. Uma primeira interpretação do governo brasileiro não foi negativa, pois acreditam que pode facilitar a abertura do bloco, dando liberdade aos demais componentes para reformar o bloco, muito embora crie dúvidas sobre a Tarifa Externa Comum (TEC), um dos pilares do Mercosul.[47]

A decisão argentina de abandonar as negociações do Mercosul não deve afetar o acordo automotivo com[48] a Argentina, que havia sido renegociado em setembro de 2019. De qualquer forma, não houve unanimidade entre os diplomatas sobre se a decisão argentina será realmente um facilitador na TEC, o que somente o tempo dirá.

Em uma entrevista ao *Jornal Valor*, publicada em 02.12.2020, o Embaixador da UE, Ignacio Ibañez, em Brasília, indicou que o acordo comercial está em "stand by", à espera de ações concretas do governo brasileiro no combate ao desmatamento e às queimadas, como também medidas proativas em políticas de sustentabilidade. Ele reconhece, no entanto, que houve mudanças notáveis no comportamento do Executivo, mas o caso do desmatamento atingiu o maior nível desde 2008. De qualquer forma, sua mensagem foi positiva, mesmo entendendo os desafios dentro da própria comunidade europeia, o que se tinha percebido era uma certa divisão entre os seus membros.

---

46. Suíça, Noruega, Islândia e Liechtenstein.

47. Disponível em: https://bit.ly/3qCnTil.

48. Disponível em: http://glo.bo/2Nl2LyF.

Outro sinal positivo foi a visita ao Brasil de Xiana Méndez, economista espanhola, que é a principal assessora do socialista Pedro Sánchez para assuntos comerciais. Ela foi incisiva na sua avaliação que, para os espanhóis, não cabe qualquer hipótese de abertura da negociação, usando a questão do desmatamento como pretexto, apesar das reticências que aparecem quer dos governos ou, às vezes, do Parlamento, o que são reflexos da opinião pública, que também mascaram interesses protecionistas. Em novembro propôs em carta seu posicionamento em favor do acordo a ser sancionado. São sinais positivos que nos animam.

Mas na reunião virtual de 25 de março, comemorativa do 30º aniversário do Mercosul, constatou-se que não houve uma melhoria no diálogo entre nosso país e Argentina, onde a questão ideológica continua tendo um peso relevante.

A posição do Uruguai é a de defender cada vez mais uma posição de autonomia para celebrar acordos comerciais independentes do Mercosul.

Outro tema é a Tarifa Externa Comum, sempre muito controversa.

ELEIÇÕES NOS ESTADOS UNIDOS E SUAS REPERCUSSÕES

Relação Brasil-Estados Unidos no contexto da América Latina

Antes de uma discussão sobre o tema central deste capítulo, que tratará das mudanças esperadas no cenário internacional com a posse de Joseph Biden, pareceu-me oportuna uma visão histórica da relação Estados Unidos com a América Latina e, particularmente, no que se refere ao nosso País.

Os documentos e fatos selecionados são os seguintes:

- Doutrina Monroe – 1823-1920;

- Corolário Roosevelt – 1904;

- Comissão Mista Brasil-Estados Unidos – 1950;

- Aliança para o Progresso – 1961;

- Rockfeller Report of the Americas – Documento editado pelo The New York Times relatando a missão oficial da presidência da República do Estado para o Hemisfério Ocidental – por Nelson Rockfeller – 1965 – Trata do texto completo da Missão Rockfeller, controversa e de certa forma surpreendente de sua visita a 20 nações das América;

- Força Tarefa Brasil – Estados Unidos – elaborado por uma força tarefa independente patrocinada pelo Cebri – Centro Brasileiro de Relações Internacionais – agosto/2002.

Doutrina Monroe

A chamada Doutrina Monroe foi anunciada pelo presidente americano James Monroe (presidente de 1817 a 1825) em sua mensagem ao Congresso em 2 de dezembro de 1823.

> Julgarmos propícia esta ocasião para afirmar, como um princípio que afeta os direitos e interesses dos Estados Unidos, que os continentes americanos, em virtude da condição livre e independente que adquiriram e conservam, não podem mais ser considerados, no futuro, como suscetíveis de colonização por nenhuma potência europeia [...].
>
> (Mensagem do Presidente James Monroe ao Congresso dos EUA, 1823).

A frase que resume a doutrina é: "América para os americanos".

O seu pensamento consistia em três pontos:

- a não criação de novas colônias nas Américas;
- a não intervenção nos assuntos internos dos países americanos;
- a não intervenção dos Estados Unidos em conflitos relacionados aos países europeus como guerras entre esses países e suas colônias.

À época, a Doutrina Monroe representava uma séria advertência não só à Santa Aliança,[49] como também à própria

---

49. A Santa Aliança (alemão: Heilige Allianz; russo: Священный союз, Svyashchennyy soyuz; também chamada de Grande Aliança) foi uma coalizão que unia as grandes potências monarquistas da Áustria, Prússia e Rússia. Foi criada após a derrota final de Napoleão a mando do Imperador (Czar) Alexandre I da Rússia e assinada em Paris em 26 de setembro de 1815. A aliança tinha como objetivo conter o liberalismo e o secularismo na Europa na esteira das devastadoras Guerras

Grã-Bretanha (com quem os americanos haviam travado recentemente a Guerra de 1812), embora seu efeito imediato, quanto à defesa dos novos Estados americanos, fosse puramente moral, dado que os interesses econômicos e a capacidade política e militar dos Estados Unidos na época não ultrapassavam a região do Caribe. É muito importante ressaltar que os Estados Unidos nessa época ainda estavam longe de ser considerado sequer uma potência regional. De qualquer forma, a formulação da Doutrina ajudou a Grã-Bretanha a frustrar os planos europeus de recolonização da América e permitiu que os Estados Unidos continuassem a dilatar as suas fronteiras na direção do Oeste, passando a ser um referencial importante quando se discute a relação norte-americana com os países de nossa região.

Política expansionista

A partir do final do século XIX, os Estados Unidos deram um caráter imperialista à doutrina Monroe e começaram a fortalecer sua influência militar, econômica e política na região do Caribe, inclusive por meio de intervenções militares. O objetivo foi transformar esse mar das Caraíbas num *mare nostrum*, devido à sua importância estratégica.

Entre 1891 e 1912, realizaram uma série de intervenções militares: 1891, Haiti; 1895, Nicarágua; 1898, Porto Rico e Cuba; 1899, Nicarágua; 1902, Venezuela; 1903, República Dominicana e Colômbia; 1904, República Dominicana e Guatemala; 1906-1903, Cuba; 1907, República Dominicana; 1909-1910, Nicarágua; 1910-1911, Honduras; 1912, Cuba, Nicarágua e República Dominicana (fora do Caribe, a ação militar é tomada contra o Chile em 1891).

Revolucionárias Francesas e as Guerras Napoleônicas, e nominalmente conseguiu isso até a Guerra da Crimeia. Otto von Bismarck conseguiu reunir a Santa Aliança após a unificação da Alemanha em 1871, mas a aliança novamente entrou em colapso na década de 1880 devido aos conflitos de interesse entre austríacos e russos sobre a dissolução do Império Otomano.

O BRASIL TEM MEDO DO MUNDO?
Ou o mundo tem medo do Brasil?

Corolário Roosevelt

O Corolário Roosevelt foi um postulado de política externa, em adição à Doutrina Monroe, de autoria do presidente dos Estados Unidos Theodore Roosevelt. Conjugado com a Política do Grande Porrete, o Corolário foi o marco de um período de maior controle dos EUA sobre os países latino-americanos.

O Corolário Roosevelt foi expresso na Mensagem Anual do Presidente ao Congresso dos EUA de 1904. Os Estados Unidos se declararam dispostos a ocupar militarmente países que estivessem passando por uma crise devido a sua dívida externa. Na Mensagem, Roosevelt expressou sua convicção de que uma nação que consegue manter a ordem e cumprir suas obrigações não precisa temer a interferência dos Estados Unidos. No entanto, uma "nação civilizada" como os Estados Unidos teria de assumir o papel de "polícia do mundo", e ser obrigada a intervir, no caso de um enfraquecimento dos laços da sociedade civilizada em outros países.

O programa de Roosevelt de boa "Boa vizinhança"[50] operou um contexto completamente diverso do anterior, obrigando os Estados Unidos a mudarem de política. A grande crise de 1929 obrigou os norte-americanos a buscar novos mercados para que pudessem exportar produtos industriais, abrindo assim mercados para ajudar a economia norte-americana, fortemente abalada pela depressão dos anos 30.

Em 1943, o Presidente Roosevelt encontrou-se com o Presidente Getúlio Vargas em Natal (RN) para discutir a participação do Brasil na II Guerra Mundial. Naquela ocasião nosso Presidente negociou empréstimos a fim de modernizar o parque industrial brasileiro. Num primeiro momento, o Brasil se declarou neutro diante do conflito e, posteriormente, aderiu às forças aliadas quando vários brasileiros foram afundados em nosso litoral. Na sequência enviaram os nossos pracinhas

---

50. A política da Boa Vizinhança foi lançada pelo Presidente Roosevelt durante a Conferência Panamericana de Montevideo em dezembro de 1933.

que tiveram participação importante na Itália e na Batalha de Monte Castelo.

Comissão Mista Brasil-Estados Unidos

Formada no âmbito do Ministério da Fazenda, e integrada por técnicos brasileiros e norte-americanos, a Comissão Mista Brasil-Estados Unidos para o Desenvolvimento Econômico foi resultado das negociações entre Brasil e Estados Unidos iniciadas em 1950, durante o governo Dutra, visando ao financiamento de um programa de reaparelhamento dos setores de infraestrutura da economia brasileira. A Comissão foi criada oficialmente em 19 de julho de 1951 e encerrou seus trabalhos em 31 de julho de 1953. Era parte do plano norte-americano de assistência técnica para a América Latina conhecido como Ponto IV, tornado público em 1949, quando se formou no Brasil uma comissão composta por Eugênio Gudin, Otávio Gouveia de Bulhões e Valder Lima Sarmanho encarregada de estudar as prioridades para um programa de desenvolvimento do país. Essa comissão acabou estabelecendo como prioridades os setores de agricultura, energia e transporte, sem formular, contudo, um projeto específico de financiamento.

Em abril de 1950 surgiu a ideia de criar a Comissão Mista, e em meio ao encaminhamento das negociações, no mês de outubro, Getúlio Vargas foi eleito presidente da República. Em dezembro, seu futuro ministro das Relações Exteriores, João Neves da Fontoura, foi designado para negociar nos Estados Unidos os pontos pendentes para a concretização da Comissão. Nesse mesmo mês foi selado o acordo para a formação da Comissão. Com base em entendimentos prévios, o Brasil se dispunha a continuar exportando para os Estados Unidos alguns minerais estratégicos, em particular manganês e areias monazíticas. Em seu trabalho, a Comissão Mista valeu-se de estudos sobre a economia brasileira elaborados anteriormente pelas missões norte-americanas Cooke e Abbink, enviadas ao Brasil respectivamente em 1942 e 1948.

O BRASIL TEM MEDO DO MUNDO?
Ou o mundo tem medo do Brasil?

Como resultado do trabalho da Comissão Mista ficou estabelecido que seria criado o Banco Nacional de Desenvolvimento Econômico (BNDE), instituição encarregada de financiar e gerir os recursos para esses projetos captados no Brasil ou no Eximbank e no Bird, responsáveis pelo financiamento em moeda estrangeira. O BNDE foi criado em 20 de junho de 1952, pela Lei nº 1.628.

Durante o governo Vargas, apenas 181 milhões de dólares foram concedidos pelos bancos estrangeiros e nem todos os projetos receberam financiamento. De toda forma, a Comissão Mista e o BNDE ajudaram a introduzir no Brasil uma prática mais racional de gestão e aplicação de recursos públicos em investimentos econômicos e contribuíram para formar uma equipe de técnicos brasileiros aptos a elaborar projetos de desenvolvimento.

A Comissão Mista apresentou seu relatório final ao ministro da Fazenda, Eugênio Gudin, já no governo Café Filho, em novembro de 1954.

Aliança para o progresso

Origem:

A sua origem remonta a uma proposta oficial do Presidente John F. Kennedy, no seu discurso de 13 de março de 1961 durante uma recepção, na Casa Branca, aos embaixadores latino-americanos.

A Aliança duraria 10 anos, projetando um investimento de 20 bilhões de dólares, principalmente da responsabilidade dos Estados Unidos, mas também de diversas organizações internacionais, países europeus e empresas privadas.

A proposta foi depois pormenorizada na reunião ocorrida em Punta del Este, Uruguai, de 5 a 27 de agosto, no Conselho Interamericano Econômico e Social (CIES) da OEA. A Declaração e Carta de Punta del Este foram ambas aprovadas por todos os países presentes.

A Aliança para o Progresso inclui entre os objetivos acabar com o analfabetismo até 1970, fazer a reforma agrária, distribuir renda, evitar a inflação e promover a industrialização. Leonel Brizola, então deputado federal, demonizava a Aliança para o Progresso e a via como um aríete dos interesses intervencionistas americanos.

Extinção:

Inicialmente, a Aliança foi recebida com entusiasmo, chamada de o Plano Marshall da América Latina. Porém, o clima de otimismo demonstrado no início de 1961 pelas autoridades sul-americanas se transformou, em meados de 1962, em ceticismo ou total descrença. As autoridades sul-americanas desejavam receber recursos para financiar a infraestrutura e se irritaram com as exigências dos norte-americanos de que a região realizasse esforços fiscais para manter os orçamentos equilibrados.

Roberto Campos descreveu o sentimento local, em carta a um alto oficial do governo norte-americano datada de setembro de 1962, reclamando que os Estados Unidos estariam preocupados apenas com o "primado da estabilização", e não com o desenvolvimento econômico e social.

A Aliança foi extinta em 1969 por Richard Nixon.

Por ocasião da Aliança para o Progresso, o então Presidente Jânio Quadros pediu ao seu Ministro da Fazenda, Clemente Mariani, que o representasse em Punta Del Este, muito embora o Ministro já tivesse pedido demissão ao Presidente.

O longo do discurso de Clemente Mariani, na reunião de lançamento da Aliança para o Progresso (o Presidente John Kennedy esteve presente) é muito rico para se analisar o quadro geral da nossa região no início da década de 1960.

Desse documento, separei alguns parágrafos que me parecem relevantes, pois se identificam, de certa forma, com o quadro atual da região.

O BRASIL TEM MEDO DO MUNDO?
Ou o mundo tem medo do Brasil?

Desde hace más de cuatro siglos, luchamos en estas Sierras de América Latina, por construir en ellas una civilización similar a la de Europa, de la cual procedemos y, en muchos aspectos, hemos realizado esta ambición. Lo que no conseguimos en estos 150 años, durante los cuales los pueblos occidentales se caracterizaron por su proceso de desarrollo económico y social, fue uniformar los aspectos latinoamericanos de ese desarrollo.

La Carta de Punta del Este traduce la toma de conciencia de esa realidad. No nos basta con el desarrollo. Queremos el desarrollo con justicia social.

Por primera vez, en sus propósitos de asistencia a la América Latina, los Estados Unidos aceptaron la tesis de la cuantificación de las metas de crecimiento, en los exactos términos de la Operación Panamericana: tasa norma de crecimiento hasta el nivel de la autopropulsión, pero tasa que reduzca la diferencia de niveles de ingreso entre los países desarrollados y los subdesarrollados.

Puede también decirse que América Latina ha vuelto a ocupar el lugar que le corresponde en las consideraciones políticas de los Estados Unidos. Sobre esa base, todos convenimos en que el desarrollo es un problema de conjunto y que un país atrasado más allá de cierto punto puede constituirse en una amenaza para el desarrollo de los demás. De ahí la prelación que se asegura a los países de menor índice relativo de desarrollo. Porque en nuestro medio no aceptamos la división entre países grandes y pequeños. Lo que importa son los recursos que cada uno necesita y puede absorber para reducir el margen que lo separa dé los más desarrollados y uniformar hasta donde sea posible las condiciones de bienestar de América Latina.

Entendemos que las inversiones públicas deben apoyarse en planes y proyectos, para que, al concentrarse en la infraestructura social y económica, sienten las bases indispensables para la *aversion particular que, a su vez, complementara la tarea del Estado y, 'al vender bienes y servicios, es decir, pagando salarios, distribuyendo dividendos y cobrando precios, se constituira en habit instrumento de desarrollo económico y agente eficaz de la distribución de la renta.

El objeto que persigue el Mercado Común Latinoamericano se alcanzara con mayor rapidez se utilizamos el mismo criterio que pretendemos adoptar en nuestra acción planeada, en el ámbito de lo nacional. De ese modo, puesto que la Alianza para el Progreso tendrá forzosamente que desarrollarse en tres esferas de acción –la nacional, la latinoamericana y la panamericana–, porque sus diversos problemas se divides, en cuanto a los efectos de sus soluciones, en problemas a corto, mediano y largo plazo, urge que intentemos coordinar nuestra acción en esas tres esferas, de manera que las soluciones que se adopten no conduzcan a deformaciones ni a dificultades que obren contra el objetivo final de la integración. Procediendo de ese modo, y ayudados por los medios de producción que pone a nuestro alcance la ayuda de los Estados Unidos, Europa occidental y el Japón. mpodamos, sin optimismo exagerado, prever para nuestros países en progreso económico y social a un ritmo que há de abrir nuevos horizontes a nuestros pueblos.

En verdad, señor Presidente que, según dije antes, nuestras responsabilidades, al terminar esta Reunión, se nos presentan triplicadas.

Se trata, en efecto, de no perder la oportunidad que nos proporcionan la clarividencia política del Presidente Kennedy, el sentido de responsabilidad de la Nación norteamericana y el espíritu de comprensión de sus Delegados a esta Reunión. Raras veces en nuestro Continente ha sido llamada una generación a realizar una obra tan revolucionaria como la que tenemos ante nosotros: la de aumentar y redistribuir los ingresos nacionales, corrigiendo, sin perjudicar a las instituciones que apreciamos, antes bien realizando las, las desigualdades sobre las cuales se han construido hasta ahora las estructuras sociales y políticas de nuestros países.

Señor Presidente: Como actos precursores de esta Alianza que hoy establecemos, el espíritu de unidad de las Américas se habrá materializado en la Organización de los Estados Americanos, y en el Consejo Interamericano Económico y Social, hoy en vías de renovación. El Banco Inter-americano de Desarrollo fue el feliz agregado de nuestras instituciones. Trabajando en situación autónoma, aunque perfectamente engranada a nuestras aspiraciones, la Comisión Económica para América Latina nos articula con los organismos más amplios y de Ámbito Mundial a que pertenecemos. Nuestras Delegaciones han tenido la satisfacción de comprobar la perfecta armonía con que actúan esas entidades, a las cuales hemos encomendado la función de alta responsabilidad de constituir el comité de técnicos y los grupos ahora encargados de evaluar los programas de desarrollo de nuestros países.

Missão Rockfeller

A missão chefiada por Nelson Aldrich Rockfeller foi uma iniciativa do então Presidente Richard Nixon.

Antes de entrarmos propriamente nos ambiciosos objetivos da missão, seria interessante descrever quem foi Nelson Rockfeller.

O BRASIL TEM MEDO DO MUNDO?
Ou o mundo tem medo do Brasil?

Como consta da contracapa do livro *O amigo americano – Nelson Rockfeller e o Brasil*, Antônio Tota o descreve:

> Herdeiro de uma das maiores fortunas do mundo, membro da ala "liberal" do Partido Republicano, Nelson Aldrich Rockefeller foi governador do estado de Nova York por quatro mandatos, vice-presidente dos Estados Unidos e eterno aspirante ao primeiro posto da República ianque. Mas o que se revela neste saboroso perfil é a faceta menos conhecida de sua biografia: a de propulsor do capitalismo brasileiro. Rockefeller aproximou-se do país quando se tornou chefe do Office of Inter-American Affairs, a agência para assuntos interamericanos dos Estados Unidos (a qual trouxe Orson Welles e Walt Disney para o Brasil, e mandou Carmen Miranda na via inversa), organismo que tinha por missão afastar o governo Vargas do nazifascismo e, uma vez vencida a Segunda Guerra, garantir que o Brasil permanecesse no bloco de influência norte-americano. Com afinco, "boas intenções" e fortemente imbuído da ideologia de seu país e de sua classe, o político manifestou genuíno interesse pelo Brasil, e aqui se envolveu, inclusive como investidor direto, mecenas e empresário, nas mais diversas atividades, do cultivo da borracha ao planejamento urbanístico de São Paulo, do incentivo às artes à constituição de fundos de investimento que modernizaram o mercado de capitais local, sempre na tentativa de importar a eficiência e o American way of life como antídotos à expansão do comunismo.

Quanto à missão, separei alguns pontos relevantes.

The New York Times, prestigioso órgão da imprensa americana, editou um livreto (tipo *pocket book*), de 144 páginas, narrando todos os detalhes da missão, desde a assinatura da carta do então Presidente, dividido em cinco capítulos com as informações e dados colhidos durante a viagem.

Interessante, antes de entrarmos nas conclusões do relatório, julguei apropriado comentar a carta introdutória de Tad. Szule – correspondente daquele periódico para América Latina.

> A América Latina desenvolveu uma síntese – *love/hate* com EUA. O relatório de Rockfeller ofereceu recomendações específicas de que maneira os Estados Unidos poderiam, da melhor maneira, dar assistência a América Latina, para superar com uma herança de muitas décadas de desbalanceamento econômico e social.

Entrando propriamente no que considero a conclusão dessa missão ao Brasil que ele chefiou no governo Nixon, registro:

> In a prefatory letter to President Nixon, Governor Rockfeller does not skirt the issue of demonstrations and violence directed against the America Mission during its visits to several countries. They were, he notes, a manifestation of deep causes, which the United States must work to correct:
>
> 1. a general frustration, exacerbated by subversive forces, over the failure to achieve a more rapid improvement in the standard of living
>
> 2. blame for the United States because of its identification with the failure of the Alliance for Progress to live up to expectations
>
> 3. discontent with the failure of the people's own governments to meet their needs.

Chamo a atenção para uma observação geral exacerbada por forças subversivas a respeito do fracasso dos países da região alcançar mais rapidamente um padrão de vida.

Na conclusão, temos recomendações que creio que com o tempo não perderam sua atualidade:

> CURSO DE AÇÃO
>
> Foi com esse espírito que este relatório recomendou a reorganização da estrutura da política externa do governo dos Estados Unidos, mudanças fundamentais nas políticas de comércio e empréstimo dos Estados Unidos, renegociação de dívidas externas e uma divisão de trabalho mais realista no hemisfério.
>
> A capacidade das nações soberanas e dos povos livres de trabalharem juntos no crescimento mútuo é crucial para a sobrevivência – e crucial para a qualidade de vida daqueles que sobrevivem.
>
> A conquista dessa cooperação entre os povos deste hemisfério é o objetivo central deste relatório e de todas as suas recomendações específicas.

Creio que se fosse vivo, Rockfeller ficaria muito decepcionado com os resultados até aqui alcançados.

O BRASIL TEM MEDO DO MUNDO?
Ou o mundo tem medo do Brasil?

Força-Tarefa Brasil – Estados Unidos

Em 2002 o Centro Brasileiro de Relações Internacionais (Cebri) patrocinou uma Força-Tarefa Independente para analisar as relações Brasil – Estados Unidos, da qual fui seu coordenador.

O documento de 26 páginas, divulgado em agosto de 2002, teve um resumo executivo que transcrevemos a seguir:

> Importância dos Estados Unidos
>
> A indiscutível importância dos Estados Unidos para as relações internacionais do Brasil, ampliada a partir da condição de única superpotência daquele país nos últimos treze anos e da iminência de novos acordos de comércio decisivos para o futuro da economia nacional, exige um reexame das relações bilaterais e impõe uma série de ações com o objetivo de melhorar sua qualidade no futuro imediato. Por isso, com tal objetivo, o CEBRI constituiu uma força-tarefa, formada por empresários, intelectuais, diplomatas, políticos, sindicalistas, que apresenta à sociedade e ao governo brasileiros as seguintes sugestões:
>
> Imagens e Percepções Mútuas
>
> - Elaborar estratégias de divulgação do Brasil na imprensa, nas universidades, nas ONGs e em outras entidades públicas e privadas norte-americanas. Essas estratégias devem incluir, em particular, as fundações ou outras instituições públicas ou privadas que se dedicam a estudos latino-americanos e/ou brasileiros; estimular contatos com pessoas ou instituições norte-americanas que se fazem presentes no Brasil.
>
> - Estimular o ensino e a divulgação de informações relativas aos Estados Unidos, de forma a lograr um melhor conhecimento daquele país por parte do Brasil e dos brasileiros; em particular, a criação de núcleos especializados em assuntos estadunidenses é recomendável.
>
> - Estimular a discussão sobre a relação bilateral, em suas diversas vertentes, nos organismos não-governamentais existentes.
>
> Multilateralismo, Regionalismo, Unilateralismo
>
> - Buscar o apoio dos Estados Unidos para o multilateralismo em todas as esferas pertinentes das relações internacionais:

terrorismo, liberalização agrícola, protecionismo, educação e capacitação tecnológica, segurança e inteligência.

- Envidar esforços para evitar que o regionalismo substitua o multilateralismo como prioridade central da política externa norte-americana. Não existe evidência de que um regionalismo hemisférico possa resultar em concessões comerciais nas áreas que mais interessam ao Brasil ou tampouco que resulte em melhores relações em áreas políticas.

Democracia e Reforma nas Américas

- Centrar o diálogo bilateral sobre o tema em como compatibilizar a agenda interna democrática brasileira, que cada vez mais se voltará para os problemas sociais, com a agenda externa norte-americana pós 11 de setembro, que cada vez mais se distancia dos temas sociais globais.

Defesa e Segurança: Um Diálogo

- Propor um diálogo com os Estados Unidos que inclua o tema defesa e segurança e outros de interesse bilateral, assim contribuindo para dimensionar adequadamente a importância desse tema na relação entre os dois países.

- Propor, formal ou informalmente, um intercâmbio de ideias com outros países sul e latino-americanos no âmbito de foros como a Organização dos Estados Americanos e o Grupo do Rio. Tal estratégia situará o problema na esfera do direito internacional, legitimando assim futuras ações conjuntas.

Livre Comércio: Retórica ou Compromisso

- Aprofundar as críticas à política comercial norte-americana, tanto no que se refere ao protecionismo quanto à falta de empenho por parte dos Estados Unidos em favor do sistema multilateral.

- Privilegiar uma posição 'proativa' com Washington, demonstrando seu compromisso com um comércio livre, porém justo e equilibrado. É necessário esclarecer a opinião pública dos Estados Unidos nesse aspecto, possivelmente aliando-se às forças livre-cambistas e pró-consumidor daquele país.

- Manter coerência em suas reivindicações diante dos Estados Unidos, em particular com respeito à importância do Mercosul para sua inserção internacional e à necessidade de evitar seu esfacelamento.

Sistema Financeiro

- Fazer valer a necessidade de que os Estados Unidos tenham uma atitude condizente com o nível de responsabilidade que sua condição exige na área financeira para evitar tragédias sociais como a que a Argentina vive atualmente.

Meio Ambiente: Para Além da Amazônia

- Articular e agir positivamente nos foros multilaterais. Uma política defensiva, como aquela praticada em algumas das negociações ambientais, não reflete a real importância do país.

- Estar mais presente nas discussões em relação a quatro temas fundamentais: Protocolo de Kyoto, cláusulas ambientais nos acordos de liberalização comercial, Convenção sobre Diversidade Biológica e Convenção sobre o Comércio Internacional de Espécies Ameaçadas (CITES).

- Atuar de forma mais direta com organizações da sociedade civil norte-americana envolvidas na proteção e defesa do meio ambiente, de forma a esclarecer posições da sociedade e do governo brasileiro com respeito a temas ambientais.

Importância do Brasil para os Estados Unidos

Existe plena consciência de que os Estados Unidos são muito mais importantes para o Brasil do que o Brasil para os Estados Unidos. No entanto, existe também consciência da estatura internacional que o Brasil adquiriu nos últimos anos e em particular do renovado valor que setores influentes da opinião pública e da sociedade norte-americanas passaram a conferir ao Brasil (como demonstra o próprio relatório do Council on Foreign Relations sobre o Brasil). Não seria um exagero dizer que o Brasil e a elite brasileira estão atentos a quaisquer sinais de reconhecimento por parte de outros países, e em particular por parte dos Estados Unidos, dos progressos alcançados pelo país no passado recente. Além disso, uma das maiores frustrações brasileiras segue sendo uma certa apatia norte-americana sobre o valor "histórico" do Brasil para os Estados Unidos (por exemplo, nossa participação na Segunda Guerra Mundial e a iniciativa brasileira no contexto hemisférico no sentido de legitimar a campanha norte-americana no Afeganistão na sequência dos ataques terroristas de 11 de setembro):

É indiscutível que a influência brasileira sobre os EUA é muitas vezes inferior à americana no Brasil. Mesmo em comparação com a importância que outras culturas nacionais têm para os EUA, é inegável que ela é bastante inferior à de países da Europa ocidental (como Itália, Irlanda, Alemanha) ou mesmo das Américas (como o México). Mas também é preciso reconhecer que ela não é desprezível, tem aumentado e tende a crescer ainda mais.

O número de brasileiros que vivem e trabalham – em condições de regularidade imigratória ou não – passou por contínuo crescimento desde meados dos anos 80, quando crises econômicas e políticas fizeram do Brasil, pela primeira vez em sua história, uma nação com quantidade expressiva de emigrantes. Em algumas regiões dos EUA, como as vizinhanças de Miami, áreas de Nova Jersey próximas de Nova York, Boston (em que se somam à tradicional comunidade portuguesa local), São Francisco e Grande Washington, os brasileiros já constituem um grupo importante de trabalhadores e empresários. Em alguns desses locais, o português já é ensinado como disciplina eletiva em escolas públicas.

A presença já antiga da música popular brasileira – em especial a bossa nova, que influenciou diversos artistas americanos ao longo de quatro décadas – no panorama cultural americano também é ascendente: cada vez mais músicos brasileiros se apresentam em casas de espetáculos nos EUA, dezenas lá se radicaram e fazem sucesso em círculos influentes e recebem prêmios de reconhecido mérito, programas de rádio e TV por assinatura são dedicados à MPB. A situação é semelhante no que se refere ao cinema, com a melhor distribuição de filmes brasileiros em circuitos especializados e o aparecimento de cineastas e atores do País nas listas de finalistas para premiações expressivas. A popularização do futebol ("soccer") na sociedade americana, em especial entre crianças e adolescentes, também tem feito o Brasil mais conhecido e admirado entre cidadãos comuns nos EUA, dada a inquestionável liderança do País nesse esporte. O empenho de alguns animadores culturais brasileiros tem feito também que o Brasil venha aparecendo como nunca antes no mercado das artes plásticas nos EUA, inclusive com mega exibições em museus de primeira linha, como o Guggenheim, em Nova York, em 2001.

Entre 1996 e 2001, diversos novos centros de estudos sobre o Brasil foram inaugurados em instituições acadêmicas de prestígio nos EUA (Universidades de Stanford, Georgetown, Pittsburgh, Columbia e Woodrow Wilson International Center for Scholars), o que provavelmente ajudará a melhorar a compreensão da importância do Brasil entre formadores de opinião nos EUA.

- Existe consenso sobre a necessidade de sabermos o que queremos e de demandar dos Estados Unidos o que queremos. Nossas relações com os Estados Unidos são presumivelmente muito boas; falta-nos, porém, definir em que consistem essas boas relações, quais são seus pontos fortes e onde existem fragilidades que possam ser transformadas de forma a melhor servir o interesse nacional.

- A falta de atenção ao Brasil que se percebe na política externa americana deve-se em parte a imagens e percepções

O BRASIL TEM MEDO DO MUNDO?
Ou o mundo tem medo do Brasil?

equivocadas acerca do daquele país; deve-se também, porém, ao lugar que o Brasil ocupa no elenco de prioridades estratégicas dos Estados Unidos – sempre muito centradas nos temas da defesa e segurança nacional e, apenas num segundo momento, voltadas para questões de ordem comercial ou econômica. O Brasil não representa nenhuma ameaça à segurança nacional ou regional dos Estados Unidos e por isso permanece marginal do ponto de vista dos interesses prioritários norte-americanos – contrariamente a países como Cuba, Colômbia, Panamá, Venezuela, Nicarágua ou El Salvador (ainda que em diferentes contextos históricos).

- Tradicionalmente, o Brasil poderia ser retratado como um país retardatário no processo de inserção internacional. Talvez pela primeira vez o Brasil tenha agora a oportunidade de recuperar esse atraso e participar integralmente do processo de integração mundial, inserindo-se de forma a refletir seus reais interesses, sua real estatura e seu real potencial. O Brasil está presente e ativo numa série de questões globais, optando por atuar em bloco num ambiente de crescente influência dos valores da governança global, não obstante dificuldades conjunturais e políticas de toda sorte.

- A coincidência de visões e características comuns do Brasil e dos Estados Unidos como democracias que promovem crescimento econômico, integração econômica e relações de paz é reconhecida por autoridades de ambos os países. O Brasil tem todo interesse em forjar uma forte aliança com os Estados Unidos com o objetivo de apoiar líderes democráticos e resistir às tentações autoritárias que ameaçam ressurgir no continente sul-americano. O papel do Brasil, do Mercosul, e do Brasil no Mercosul, especialmente quando se recorda que foi o Brasil quem sugeriu e promoveu a adoção da "Cláusula Democrática" no âmbito do bloco, deveria ser levado em consideração como elemento estratégico central nessa aliança.

- O português firma-se como um idioma bastante difundido na costa Leste dos Estados Unidos, onde vivem cerca de 0,7 milhão de brasileiros, concentrados em estados como Flórida, Nova York, Nova Jérsei, Connecticut e Massachusetts, o maior contingente de brasileiros numa região fora do Brasil.

- As artes brasileiras, especialmente a música, situam-se dentre as manifestações culturais estrangeiras de maior acolhida no meio norte-americano; mencione-se também, por oportuno, uma maior presença do cinema brasileiro no mercado audiovisual norte-americano no passado recente.

Nessa apreciação histórica da relação entre Estados Unidos e América Latina, propositalmente não fiz referência a um passado mais recente.

No entanto, o que ficou evidenciado nas últimas décadas, foram períodos de alternância em que o nosso Governo hora era muito próximo dos EUA e em outros distantes e até inamistoso.

O curioso é que a relação pessoal entre nosso Presidente e seu atual correspondente nos EUA (Trump) desempenhou papel importante no que toca a empatia pessoal.

Assim, na minha visão, os governos militares mostraram um bom relacionamento com os EUA. Um comentário, nunca desmentido, de Juracy Magalhães, Ministro das Relações Exteriores do governo Castelo Branco: "O que é bom para os Estados Unidos é bom para o Brasil".

Quando da discussão dos candidatos à eleição em que Juscelino Kubitscheck foi escolhido, um chiste que existia era: "Chega de intermediários".

Mas Juscelino Kubitscheck teve problemas com o Fundo Monetário Internacional a respeito da condição de nossa política monetária. Jânio Quadros passou pouco tempo no poder (condecorou Che Guevara), e Jango não foi hostil aos americanos, muito embora seu governo, comprometido na visão de muitos grupos políticos que defendiam a maior participação do Estado na Economia e propunham um governo de esquerda, não tiveram a benção do Tio Sam.

Depois dos governos militares, alteramos bons e maus momentos.

Jose Sarney não era um internacionalista e teve pouca aproximação com os EUA.

Fernando Collor de Mello foi seu sucessor, mas durante o tempo que ficou no poder, até seu *impeachment*, teve uma atitude pró-americana e seus ministros eram todos bem relacionados com os EUA.

O BRASIL TEM MEDO DO MUNDO?
Ou o mundo tem medo do Brasil?

Itamar Franco, esteve presente na reunião de lançamento da Área de Livre-Comércio das Américas – Alca (que não vingou), acompanhado de Fernando Henrique Cardoso que o sucedeu. Esse certamente tinha uma visão internacionalista e de maior aproximação com os EUA, bem como seu Ministro de Relações Exteriores. Aliás, Fernando Henrique Cardoso desenvolveu uma boa relação pessoal com Bill Clinton, mas lembro dele comentar em uma reunião que deveríamos resolver nossos problemas sem uma ajuda externa e que a América Latina, não sendo prioridade para os Estados Unidos, absolutamente não o incomodava.

Lula sucedeu durante dois mandatos Fernando Henrique Cardoso e surpreendeu com uma boa relação com George W. Bush e mais tarde com Obama, que o encontrou num evento no exterior e teria registrado: "Esse é o cara", referindo-se à imagem do então Presidente no exterior. Diga-se de passagem, que em muitas de minhas viagens ao exterior, o fenômeno Lula era sempre citado, quer no passado ...como na fase da crise do mensalão.

Dilma Rousseff, esteve sempre muito distante dos temas internacionais e Michel Temer procurou uma nova reaproximação com os norte-americanos, inicialmente por intermédio de José Serra e depois com Aloizio Nunes Ferreira.

As eleições nos Estados Unidos e suas possíveis repercussões nas relações internacionais, particularmente no Brasil

Cada quatro anos, as eleições nos Estados Unidos, na primeira semana de novembro, são evento mundial por razões bem conhecidas: a relevância do país na economia mundial e no cenário das relações internacionais, e também sob o ângulo político, pois a democracia norte-americana é considerada um modelo, que serviu de inspiração para muitos países. Nunca esquecendo a atração que o país oferece sob os mais diferentes aspectos para nossa região, como ponto de atração turística, pela qualidade de seus museus e os diferentes espetáculos artísticos e culturais que atraem anualmente uma grande leva de brasileiros, principalmente a Nova Iorque e Miami, onde muitos têm sua segunda residência, como também em Los Angeles, Chicago e Houston, entre outros com ligações aéreas com São Paulo e Rio de Janeiro.

As eleições de 2020, antecipadamente já despertavam maior interesse interno e externo, por realizar-se em meio a uma pandemia. Em fevereiro de 2021 já havia ceifado mais de 499 mil[51] vidas de residentes dos EUA, sem falar na consequente crise econômica por ela criada. Também, o fato de Donald Trump, figura bastante polêmica, candidatar-se à reeleição (na história política norte-americana em passado recente, à exceção dele, Jimmy Carter e George Bush, todos presidentes foram reeleitos). Escolhido por quase unanimidade na convenção republicana, teve como opositor Joe Biden, selecionado pelo Partido Democrata depois de uma renhida disputa interna. Veterano político, foi vice-presidente de Barak Obama, sendo o candidato à Presidência norte-americana mais idoso, com 77 anos, e político reconhecidamente de pouco carisma e uma capacidade de comunicação limitada, mas com reconhecida bagagem parlamentar.

Quando a disputa eleitoral teve início na convenção dos democratas, muitos não acreditavam em sua vitória e, muito menos, que pudesse fazer concorrência a Donald Trump. Até o agravamento da Covid-19, as chances que lhe eram conferidas eram mínimas, e a popularidade do Presidente Trump parecia torná-lo um candidato imbatível. Provavelmente o seria, se não fosse a pandemia e a maneira que com ela lidou.

Trump mostrou-se um presidente rebelde a todas as medidas adotadas por diferentes países no devido tempo e sua contestação à Organização Mundial de Saúde – OMS, a quem acusava de atrasar-se na definição da pandemia e a favorecer a China, a ponto de pedir seu desligamento do órgão mundial.

---

51. Dados de 25.02.2021.

O BRASIL TEM MEDO DO MUNDO?
Ou o mundo tem medo do Brasil?

Creio que esse desprezo e agressividade lhe custaram caro, apesar dos 74 milhões de votos que obteve. Moisés Naim, renomado articulista editor-chefe da Revista *Foreign Policy* e que escreve regularmente para *O Estado de S. Paulo*, perguntou, em artigo publicado em novembro, como justificar que Trump, apesar de tudo, tenha obtido mais de 70 milhões de votos. De qualquer forma, Joe Biden obteve mais de 7 milhões de votos que Trump.

Aliás, até aquele momento a arrecadação de fundos para Biden estava muito abaixo de Trump. Quando os índices de Biden começaram a reagir, sua arrecadação aumentou proporcionalmente.

Outro fato relevante é que Joe Biden acertou na escolha de Kamala Harris, senadora pela Califórnia com belo currículo político, e com suas credenciais de ser negra, com paternidade asiática e latina, casada com judeu.

Assim, na medida que os meses foram passando, a candidatura de Biden foi se fortalecendo. Mesmo nos dois importantes debates havidos (o primeiro foi um desastre da comunicação) a candidatura dele se consolidou e não houve o colapso esperado frente a Trump. Por sua agressividade, associada ao uso de todas as manobras possíveis para enfraquecer o candidato democrata (seus assessores pintavam Biden como um homem senil e que não aguentaria as pressões da presidência) inclusive, usando e abusando de faltar com a verdade, acabaram por funcionar negativamente. Joe Biden, ao contrário, transmitiu a imagem de equilíbrio, de bom senso, não se irritando com as provocações do adversário. Como se diz no Brasil "ficou na sua".

Outro ponto marcante dessa eleição foi a votação pelo correio, motivada pela pandemia, tiveram o número recorde de votantes, lembrando que nos Estados Unidos a votação não é obrigatória. A dificuldade de contagem de votos acabou se tornando para Trump um de seus argumentos para contestar o resultado do pleito.

Certamente, em outras eleições, disputas acirradas aconteceram, mas não na dimensão e controvérsia de 2020, que polarizou os Estados Unidos. Mas, terminada a contagem de votos, os presidentes derrotados cumprimentavam seu concorrente vencedor e a partir daí as disputas passavam para o Congresso ou, eventualmente, na Suprema Corte (vitória de Bush Filho contra Al Gore), e facilitaram a fase de transição abrindo as necessárias informações para a nova equipe.

A primeira declaração do Presidente eleito, Joe Biden, foi: "Serei um Presidente para todos os americanos", mas, pelo visto, Trump continuará dando suas caneladas, jogando pesado e pensando em 2024. Seu partido, apesar de ter facções que não o aprovam, e com a maioria do Senado em disputa, mesmo continuando sem maioria na Câmara de Deputados, não facilitará a governabilidade do presidente eleito. Sob o aspecto político, a vida de Biden também não será fácil, pois no seu próprio partido também há divisões ideológicas, com um grupo mais à esquerda. A resistência de Trump em assumir a vitória de Biden unificou temporariamente as duas linhas de pensamento dos democratas dentro do partido.

O gabinete que ele terá de compor será da maior relevância e totalmente diferente da maneira de governar de seu antecessor: manipulador e centralizador em todas as decisões, sempre querendo dar a última palavra.

Ainda sobre as eleições, vale registrar alguns números expressivos das despesas que totalizaram US$ 14 bilhões, quebrando todos os recordes. Somente para comparar, o custo de 2016 foi de US$ 6,5 bilhões. Somando os custos da eleição de 2012, o total foi de US$ 12,8 bilhões. Portanto, a eleição atual custou mais que as duas anteriores.

A demora na divulgação dos resultados superou em tempo todas as anteriores, indicando claramente a complexidade do sistema eleitoral norte-americano (não tem um Tribunal Superior Eleitoral como no Brasil) e seus diferentes Estados têm autonomia na condução do processo e na sua apuração. A cada quatro anos o sistema é criticado por cientistas políticos, mas forças conservadoras não têm permitido ou estimulado mudanças e, obviamente, os Estados menores também não.

Numa primeira análise surpreende o fato que latinos sempre votaram nos democratas, mas desta vez ficaram divididos, apesar da política migratória de Trump, principalmente no que toca os mexicanos e os de origem da América Central, votaram expressivamente em Trump, inclusive, também para a surpresa de muitos, a participação feminina.

Imediatamente após a vitória nas urnas, e antes mesmo das contestações, avaliava as possíveis mudanças que Biden adotará.

Cabe mencionar a restauração do papel dos Estados Unidos na ordem internacional que eles mesmos ajudaram a criar. Voltar a participar da OMS, OMC (não chegaram a sair, mas a enfraqueceram), Acordo de Paris (meio ambiente), reforma na OTAN e maior proximidade estratégica com Japão e Coreia irá incentivar o multilateralismo. Com relação à China, no curto prazo, não estão previstas substanciais mudanças no relacionamento com os asiáticos, pois seu partido compartilhou muito das iniciativas de Trump e que, em essência, traduziam uma atitude de falta de apoio aos chineses que hoje deixam muito evidente ser uma potência que está buscando uma posição de liderança incontestável. De qualquer forma, é possível imaginar que a relação será conduzida sem hostilidade e, considerando que os dois países devem ter políticas comuns sobre a questão climática e ambiental, bem como no comércio internacional, com suas regras voltando a fluir com os necessários ajustes. Grande crítica dos EUA à China é a ausência de um sistema político democrático e falta de liberdade de expressão.

A partir de janeiro de 2021, com todos os litígios superados, e com a posse oficial de Biden, tivemos uma visão mais clara do que esperar do 46º Presidente dos Estados Unidos. A equipe definida foi muito bem recebida, com pessoas experientes na gestão pública, como Janet Yellen na Secretária da Fazenda, que contou com total aprovação (foi do Federal Reserve Board).

Para Biden, a eleição de democratas em dois assentos no Senado pelo Estado da Geórgia, será determinante para o funcionamento do seu governo.

De qualquer forma, o sentimento é de que as políticas que vierem a ser adotadas não serão hostis ao Brasil, apesar do nosso Presidente ter se declarado um grande fã de Trump, admirador de sua personalidade, e ter retardado o reconhecimento de sua vitória nas urnas. A relação histórica entre os dois países está muito acima de interesses institucionais e pessoais. Ressalto que os estoques de investimentos dos Estados Unidos no Brasil está avaliado em US$ 82 bilhões. Já, os estoques brasileiros nos Estados Unidos são de US$ 45 bilhões.

Creio que um mecanismo que o Brasil deva utilizar é o de fazer com que sua voz seja ouvida de forma competente no G20, como já descrito.

As repercussões sobre a economia brasileira, e principalmente sobre nossa política externa quando escrevia este texto, ainda estavam muito longe de apontar sinalizações mais claras, porém era evidente que a questão climática estará no topo da agenda bilateral dos países.

Não devemos ter ilusões de que o Presidente Biden irá deparar com enormes prioridades internas e externas e definir uma política mais clara no combate à Covid-19, em que os Estados Unidos continuam apresentando números alarmantes. Em sequência, a questão do emprego e lutas para que o Congresso aprove um segundo pacote, para liberar recursos para que a economia possa continuar sua recuperação. Os mercados emitiram sinais positivos quando da confirmação de sua eleição , que foi bem recebida pela maioria dos países ocidentais.

Vale registrar o pensamento do Prefeito de Londres Sadiq Khan: "It's a time do get back and build bridges and not walls".

O que assistimos nos Estados Unidos foi Trump lançando acusações sem qualquer comprovação de fraudes no processo eleitoral, inédito na política norte-americana, dando assim mal exemplo para o resto do mundo. Uma das características de um líder populista como Trump é de ter o dom de levar eleitores a ignorar dos fatos e não apoiar medidas que não estejam de acordo com seus objetivos políticos.

O analista político Francis Fukuyama, muito respeitado nos Estados Unidos e no mundo democrático, em entrevista ao *Globo*, em 3 de novembro de 2020, comentou que "Trump desafiou o Estado de Direito como nenhum outro, representando desafio para as instituições".

Martin Wolf, comentarista respeitado mundialmente, escreveu um artigo publicado em 3 de novembro de 2020 no *Valor Econômico*: "Os EUA representava o modelo supremo de democracia liberal bem sucedida, e foi o líder das nações que compartilhavam esse valor. Foi peça central na busca de soluções para resolver os grandes problemas mundiais". A esperança é de que Joe Biden possa recuperar o multilateralismo.

Assim, observadores da política mundial refletiram que independentemente do Presidente que foi escolhido, os EUA continuarão tendo grande peso na economia e na política mundial.

No que toca ao Brasil, temos negativamente lembrado no debate da TV com Trump a questão amazônica e a responsabilidade do nosso país pelo desmatamento e queimadas, mencionando um fundo de US$ 20 bilhões para apoiar a floresta amazônica com ameaça de sanções econômicas, caso não viessem a prevenir incêndios criminosos.

A imprensa nacional e internacional, antes mesmo do resultado da eleição de Biden, deixou claro que o Brasil parece não ser o pária que nosso chanceler gostaria, conforme pronunciamento em outubro, quando da formação de novos diplomatas. Terá de deixar claro seus compromissos com a preservação da floresta amazônica. Aliás, já se observa nos últimos meses mudança de postura do país nesse sentido, e citamos como exemplo o convite feito pelo General Humberto Mourão aos diplomatas credenciados no Brasil para sobrevoarem região.

Outro ponto que entrará na pauta de Biden, e que sempre esteve presente nos governos de partido democrata, é a questão dos *direitos humanos* (lembro as diferenças entre Jimmy Carter e o governo Geisel) como também a sempre sensível questão do direito trabalhista e, obviamente, a corrupção. Convém lembrar que nos acordos comerciais feitos pelos Estados Unidos com países da região, como no caso do Nafta, Chile e países da América Central, esses sempre foram pontos relevantes. Muitos analistas entendiam que seria um dos empecilhos para que a Área de Livre Comércio das América – Alca fosse viabilizada. Os países da região rechaçariam essas exigências norte-americanas.

Alguns comentaristas mais argutos acreditam que a lua de mel, com a eleição de Biden, será de curtíssima duração. A derrota abateu o populismo, mas é cedo para celebrar sua desaparição. Dentro do próprio partido democrático a vida de Biden não será fácil pois nos últimos anos a ala mais radical, e com visões sociais, vem aumentando. Kamala Harris terá assim papel de grande relevância.

Quando Dilma Rousseff sofreu o *impeachment* em setembro de 2016, quem se pronunciou em nome dos Estados Unidos foi o então vice-presidente Biden, reconhecendo que o processo teria ocorrido de acordo com a Constituição brasileira e com a tomada de poder pelo vice Michel Temer, que na sua posse declarou: "O Brasil continuará a ser um dos parceiros mais próximos dos EUA na região, porque em democracias as parcerias não são baseadas na relação entre 2 líderes, mas no duradouro relacionamento entre os dois países".

Conclusão

Antes de entrar propriamente nos comentários finais, seria interessante posicionar-me em relação aos EUA. Iniciaria registrando que minha geração foi fortemente influenciada pelos valores, sua cultura e democracia aberta, que foram fonte de inspiração para muitos países da região e adotada por sua grande maioria.

O BRASIL TEM MEDO DO MUNDO?
Ou o mundo tem medo do Brasil?

No meu caso específico, acrescentaria que meu pai, engenheiro civil, formou-se pela Universidade de Michigan em 1924, e minha mãe, fluente em inglês, trabalhou no escritório da Fundação Rockfeller no Rio. Portanto, tinha em casa um *background* muito influenciado pela cultura e costumes americanos. A música americana teve minha predileção, bem como a de muitos de minha geração, admiradores de Frank Sinatra, Ella Fitzgerald, Sara Vaughan, Nat King Cole, Count Basie (que vi tocar em NY), Chat Baker, Billy Ekkstein, Billie Holiday, entre muitos outros. No cinema era fã incondicional de Doris Day, Katharine Hepburn, Lauren Bacall, Marilyn Monroe, para não me estender muito mais.

Profissionalmente, depois de me formar, trabalhei durante dois anos no Citibank (na época First National City Bank), um dos mais credenciados e operativos no Rio. De lá saí em 1958 para trabalhar na Deltec, fundada por operadores norte-americanos (Dauphinot, Archer e David Beaty III) que buscava implementar as técnicas do mercado de capitais no Brasil. Foram pioneiros no trabalho de incentivo às empresas na abertura de seu capital, formando uma base de acionistas brasileiros para consolidar o capitalismo democrático no País. O pressuposto era que o capitalismo popular e uma governança apropriada entre os controladores e minoritários fortaleceria o regime democrático. Esse conceito, desde o início, fascinou-me, pois essa formulação de uma base de democratização do capital fortaleceria a economia de mercado e nos afastaria do "canto das sereias", dos que pregavam um regime predominante com a presença do Estado, sem falar nos muito defensores de um regime socialista. A Deltec, discreta, mas eficaz, sempre apoiou todas as manifestações favoráveis à economia de mercado, e essa foi a instituição à qual estive profissionalmente ligado durante muitos anos antes de aceitar o convite para estruturar a Comissão de Valores Mobiliários – CVM em 1977. Tendo me formado na Faculdade Nacional de Ciências Econômicas (Universidade do Brasil), minha educação em nível superior foi fortemente influenciada pelos meus então professores: Roberto Campos, Octavio Bulhões, Antônio Dias

Leite, Paulo Lyra e Casimiro Ribeiro, entre outros, de formação liberal que criaram as bases dos regimes democráticos abertos e da economia de mercado.

Posteriormente, como Presidente do Conselho Empresarial da América Latina – Ceal, e com visitas e encontros frequentes com empresários de nossa região, pude constatar que, apesar de todos os possíveis arranhões, o regime democrático de uma economia aberta, superava completamente as possíveis alternativas no nosso continente.

Esse longo preâmbulo foi para deixar claro que não houve, por formação ou convicção, nenhum viés antiamericano e, muito pelo contrário, um profundo respeito e admiração pelo que o povo norte-americano conseguiu.

No entanto, devo registrar que, nos últimos anos, minha admiração pelos nossos vizinhos do norte foi esmorecendo, que se agravou no governo de Donald Trump, principalmente no que toca aos temas sociais. A desigualdade de renda no país é uma das questões principais; o tratamento dado aos emigrantes latinos e a maneira que seus filhos(as) foram tratados; a questão racial que foi largamente evidenciada em diferentes episódios policiais, como também a carência de oportunidades de seus cidadãos de ascender na escala social, sem falar na questão climática nunca priorizada.

Também no quesito educação, evidentemente ficamos muito surpresos com a semelhança dos problemas que também encontramos em nosso país, principalmente no que toca à educação básica.

Durante uma reunião em Washington há alguns anos, um importante político chileno, com carreira em seu governo e postos diplomáticos no exterior afirmou: "tudo que aprendemos e fomos induzidos por boas razões a seguir, agora estão tentando nos convencer o contrário".

A demora na contagem de votos e o sistema arcaico, não só nas convenções partidárias, como também no próprio sistema em que os delegados é quem escolhem o presidente, deixam muito a desejar. O fato que as divisões ideológicas, verificadas principalmente na votação de 2020, e a dificuldade de construir um diálogo construtivo entre os democratas e republicanos, põe em dúvida esse sistema bipartidário, que praticamente vem alternando o comando do país. Também, o mandato de dois anos de deputados não lhes dá tempo suficiente para construir e apoiar projetos de média-longa duração. Políticos que ficam em um curto período no cargo, preocupam-se basicamente em não desagradar seus eleitores e conseguir manter-se no Congresso. Nosso sistema de multipartidos está no outro extremo, mas também de difícil aceitação, como a realidade nos tem mostrado.

Muito se discutiu pelas nossas bandas o que seria melhor para o Brasil, a reeleição de Trump ou a eleição de Biden?

Os que apoiavam Trump argumentavam sobre sua relação pessoal com Jair Bolsonaro e que estaria evitando um regime socialista nos EUA, alguns até falando em comunistas. No entanto, ambas as argumentações parecem ser desprovidas de qualquer base. Em seu período presidencial de quatro anos, e de todas as declarações favoráveis ao nosso país, *o bottom line* desse companheirismo Trump X Bolsonaro não produziu resultados. Quanto ao argumento que o comunismo chinês atravessaria fronteiras, parece-me destituído de qualquer fundamentação sólida com o mundo. De qualquer forma, o fato de Bolsonaro não ter reconhecido imediatamente a vitória de Biden, esperando a confirmação final após as contestações, não me parece relevante para que a relação entre os dois países seja enfraquecida.

No possível contencioso com nosso País, estou convencido de que a questão da preservação da floresta amazônica será fator fundamental, mas não fator determinante.

Reitero que a relação entre nossos países é muito mais importante e estratégica para ser dominada por um único assunto, por mais relevante que seja.

Assim, é fundamental insistir nas boas relações com os Estados Unidos, assim como também manter um relacionamento com China, Rússia, Índia, México e Argentina, que deve ser preocupação constante do Presidente e ministros, particularmente do Itamaraty.

Reitero que nossos problemas não dependem dos outros, e sim de nós mesmos, de Brasília, do poder executivo, parlamento e dos diferentes órgãos do Judiciário.

Portanto, não daria tanta ênfase a nossa dependência norte-americana que hoje, do ponto de vista comercial, é muito mais dependente da China, onde nem sempre temos conseguido um relacionamento respeitoso.

As ligações internacionais e a maior presença do Brasil no cenário internacional são da maior relevância, como procurei registrar ao longo do texto, não apenas por meio de fatos, como também de dados e depoimentos de empresários e de diferentes autoridades.

CONTRIBUIÇÃO ESPECIAL: DA INDIFERENÇA AO MEDO?

de *Merval Pereira*[52]

A história de nossa política externa, marcada por ações competentes do Itamaraty numa linha originária do Barão do Rio Branco, foi perdendo a importância a partir do governo Dilma e, hoje, chegou à insignificância internacional com a gestão do ex-ministro das Relações Exteriores, Ernesto Araújo.

Fomos perdendo o rumo de uma política de multilateralismo e a capacidade de sermos mediadores em nossa própria região, da qual somos líderes naturais. Liderança da qual abrimos mão a partir do momento em que, no governo Lula, passamos a aderir acriticamente ao grupo de países de esquerda da América Latina e a marcar nossa presença no mundo através de posições ideológicas, e não dos nossos interesses de Estado.

Houve épocas em que os interesses brasileiros estavam acima das ideologias. Até mesmo na ditadura militar, nossa política externa teve a capacidade de reatar relações diplomáticas com a China de Mao Tsé Tung e de reconhecer as ex-colônias

---

52. Jornalista e escritor, membro da Academia Brasileira de Letras. É colunista de *O Globo*.

portuguesas como independentes, apesar da ligação com Portugal e da atuação de grupos comunistas na libertação.

Diferentemente do governo Lula, em que se estabeleceu uma política Sul-Sul, que minimizava a relação com os Estados Unidos, então nosso principal parceiro econômico, agora, no governo Bolsonaro, constituiu-se uma relação carnal com os Estados Unidos na qual se maximiza sua importância em detrimento de países governados por ideologias diferentes das do atual governo, como Argentina ou China, hoje nosso principal parceiro econômico.

Desde sempre, o Brasil buscou fixar sua política externa com base no pacifismo, na capacidade de fazer fronteira com 10 países sem nenhum problema grave ao longo dos anos, na liderança natural na América do Sul. Por seu tamanho, por seu mercado interno, por sua situação geopolítica, por sua economia potencialmente pujante, ainda entre as 10 maiores do mundo, o Brasil qualificou-se a ser parceiro importante no mundo globalizado.

Contudo, o espírito das posições que expressamos ao longo de nossa história foi se perdendo através dos tempos, e hoje já não fazemos mais parte do grupo de países pelos quais passam os grandes temas do mundo globalizado: meio ambiente, direitos humanos, Oriente Médio.

Historicamente, sempre almejamos um papel mais influente nos organismos internacionais. Tivemos algumas vitórias, como com o embaixador Roberto Azevedo na presidência da Organização Mundial do Comércio (OMC), mas, também, diversos fracassos diplomáticos. O maior, até hoje, é o não pertencimento ao Conselho de Segurança da ONU, reivindicação que vem desde o fim da Segunda Guerra Mundial, da qual o Brasil foi o único país da América Latina a participar ao lado dos Aliados.

Após a II Guerra Mundial, o presidente Roosevelt recomendou que o Brasil fosse analisado como possível sexto membro do Conselho de Segurança, mas houve resistência da União Soviética e da Inglaterra. O Brasil já tivera uma experiência negativa na Conferência de Haia, entre o final do século XIX e início do XX, em que as potências europeias definiram que algumas nações, por razões de poder, deveriam ter mais influência no processo decisório do que outras.

Mas há experiências positivas a se notar. É verdade que fazemos, hoje, parte dos BRICS, união de Brasil, Rússia, Índia, China e África do Sul, e também do G-20, grupo que reúne as 20 nações mais influentes e que, nesse mundo interconectado pela tecnologia, tem sido um foro ampliado do G-7.

O papel do Brasil já foi central na política de meio ambiente internacional, uma pedra fundamental da sociedade ocidental, importância que fomos perdendo gradualmente à medida que a questão deixou de ser prioritária para o nosso governo, quando entrou em conflito com os principais organismos internacionais e associações ambientalistas, desconectando-se de políticas públicas contemporâneas.

Desconectar-se da modernidade, aliás, é característica de governos brasileiros, que já fizeram reserva de mercado para proteger a indústria tecnológica nascente, gerando distanciamento das grandes cadeias de produção internacional, com subsídios a indústrias, que, por isso, perderam a competitividade em um mundo cada vez mais interconectado e globalizado. Temos ilhas de excelência que só confirmam a regra.

Como toda experiência radical como a que vivemos na pandemia da Covid-19, essa também provocará mudanças sensíveis no olhar da humanidade, desde a revalorização das relações interpessoais depois de meses em quarentena, até a rearrumação da geopolítica internacional, com os principais atores revendo posições e buscando suprir deficiências que ficaram expostas, algumas surpreendentes, como a dependência do Ocidente, até mesmo dos Estados Unidos, dos equipamentos e medicamentos de saúde que são fabricados, majoritariamente, na China. A produção local de produtos estratégicos, e não apenas de saúde, passou a ganhar espaço prioritário no planejamento das principais nações.

O BRASIL TEM MEDO DO MUNDO?
Ou o mundo tem medo do Brasil?

A globalização financeira e econômica, que levou ao paroxismo de o capitalismo ocidental aproveitar-se da inexistência de políticas de proteção ao trabalho e aos direitos humanos de uma ditadura como a China, e outros países asiáticos, para aumentar seus lucros, levará, certamente, à nova visão geopolítica, e o capitalismo terá, inevitavelmente, de se voltar para a proteção social dos cidadãos a fim de sobreviver num mundo em que a desigualdade de renda ficou obscenamente exposta, e outros defeitos voltaram a se exibir, como o egoísmo, o racismo, a xenofobia. A Covid-19 veio para nos lembrar a fragilidade do ser humano e ressaltar a dependência que cada um tem do outro.

O meio ambiente, que já ganhara uma importância que apenas os tresloucados não admitiam, agora que o mundo parou por meses, ficou explícita sua essencialidade para o planeta e a clareza de que a poluição produzida pelo capitalismo selvagem reduz a possibilidade de existência da espécie humana.

Nesse novo quadro internacional, o Brasil se apequenou de vez, tornando-se um pária entre as nações ocidentais. Um país que, por incúria e negligência de um governante insano, colocou-se no *ranking* dos mais atingidos pela pandemia, com o risco de ser um dos mais infectados e com maior número de mortes do planeta, leva a que as fronteiras sejam fechadas à sua gente e a seus produtos, já atingidos pela péssima fama das políticas ambientais do governo. O Brasil tem medo do mundo? Ou o mundo passou a ter medo do Brasil?

Parte 3:
INVESTIMENTO SEM FRONTEIRAS

INVESTIMENTO DE PESSOAS FÍSICAS E INVESTIDORES INSTITUCIONAIS NO MERCADO DE CAPITAIS NO EXTERIOR

Quando analisamos as condicionantes inibidoras a uma participação mais ativa e consistente de empresas brasileiras no exterior, que tem flutuado em função de aspectos conjunturais, o mesmo não se pode dizer a respeito das aplicações de pessoas físicas no exterior.

Seria perfeitamente explicável que aqueles que acumularam certo nível de riqueza (poupança acumulada) buscassem diversificação para compor um portfólio que estivesse sintonizado com oportunidades existentes em outros mercados de ações, renda fixa, *bonds*, diferentes tipos de fundos etc.

Esse fluxo de recursos teve maior aceleração diante do comportamento de diferentes variáveis da economia brasileira, e diante também do quadro político. Lembro que, quando da discussão da reforma da Constituição, havia o temor dos caminhos pelos quais estaríamos sendo conduzidos e como os valores de mercado seriam revistos.

Sem pretender esgotar aqui o assunto, chamaria a atenção sobre alguns dos aspectos que mais podem influenciar essa partida para o exterior:

- *Câmbio*, em especial o dólar, sempre foi um referencial importante e, quando nossa moeda esteve em diferentes momentos supervalorizada, criaram-se condições mais favoráveis para investir no exterior;

- *Ativos locais* supervalorizados ou pouca confiança na rentabilidade projetada das empresas listadas em Bolsa;

- *Taxa de juros* atraentes no exterior, considerando o tipo de risco envolvido em termos comparativos. A substancial queda da taxa de juros, que ao final de 2020 estava na casa dos 2%, com uma inflação pelo IPCA estando em 3,5%, levou muitos investidores a fazer aplicações no exterior, em busca de melhores resultados.

- *Risco político* é fator relevante para alocação de investimento. Muitos investidores, em diferentes momentos da conturbada cena política local, prevalecente em boa parte de passado mais próximo, sentiram-se mais confortáveis em alocar parte de seus recursos no exterior. Desconfiança na nossa moeda e, também, em alguns momentos, nas instituições;

- Falta de *previsibilidade*. Alteração de políticas e de regulações preestabelecidas, comprometendo decisões anteriormente tomadas;

- *Globalização* traz o fator de os mercados se tornarem globais e de as informações entre os diferentes mercados estarem circulando em tempo real, o que estimula, assim, em muito, o fluxo de capitais;

- *Legislação*. Olhando pelo retrovisor, quando comecei na Deltec (1958), era raro que os intermediários financeiros tivessem estruturas transparentes para aplicação de recursos de poupança de investidores nacionais no exterior. Não era estimulado, e até certo ponto "malvisto", alguém que fizesse aplicações no exterior por meio do mercado paralelo. Não era permitido que investidores brasileiros fizessem aplicações fora e não lhes era concedido um registro formal pela autoridade monetária.

Lembro-me bem de que, quando a Deltec ofereceu no Brasil um fundo de investimento para aplicações no exterior (*Fond d'Investissement pour l'Amérique Latine*), seus conselheiros locais reagiram muito negativamente e boicotaram a iniciativa. Não era "politicamente correto" investir no exterior. Bem indicativo de como se encarava o investimento de brasileiros no exterior: crime lesa-pátria!

Quando o Bacen regulamentou as operações para aplicações no exterior, que não mais passaram a ser "clandestinas", ampliou-se, gradualmente, esse fluxo de recursos, não só por essa faculdade, como também pelo fato de já estar instalado no país um grande número de intermediários financeiros, particularmente bancos dos Estados Unidos e de países europeus. Isso sem falar nas "boutiques financeiras", que também passaram a oferecer seus serviços para que aplicadores diversificassem suas aplicações no exterior. Portanto, o mercado globalizado oferecia oportunidades para todos aqueles que se dispusessem a correr riscos fora de nossas fronteiras. Sempre lembrando que houve, também, abertura muito maior para que os fluxos do capital entrassem mais livremente. O *private banking* passou a ter, também, uma componente importante para assessorar aquele que quisesse aplicar no exterior.

Os números das aplicações de brasileiros no exterior hoje estão disponíveis pelo Banco Central, com informações adicionais. Afinal, todos aqueles que têm recursos registrados são obrigados a preencher a Declaração de capitais brasileiros no exterior no Imposto de Renda.

Os investidores institucionais (principalmente de fundos de pensão) inicialmente não estavam autorizados a aplicar parte de seus ativos no exterior. No entanto, a resolução do Conselho Monetário Nacional (CMN) nº 3.792, de setembro de 2009, permitiu que até 10% desses recursos pudessem ser direcionados a aplicações externas. Apesar dessa possibilidade, segundo dados disponíveis da Associação dos Fundos de Pensão, essas aplicações não são, ainda, relevantes no percentual de seus ativos, mas com bom potencial de crescimento.

A variável Covid-19 e a grande depreciação do real no primeiro semestre de 2020 criam sérias dúvidas sobre a atratividade de investir no exterior. Também, outro fator foi a perda de valor de ativos no Brasil e a atratividade de preços que diversos analistas apontaram. Mas, apesar de um câmbio menos favorável, ainda assim, no primeiro semestre, muitos dirigiram suas aplicações ao exterior.

Quem investe no exterior leva em consideração seu patrimônio disponível, a liquidez desejável, a necessidade de diversificação entre mercado interno e externo. Obviamente, o câmbio tem papel importante nessa alocação no exterior e na análise entre oportunidades locais ou no estrangeiro. O fator confiança é fundamental para alocação de recursos, seja aqui ou lá fora.

Terminamos este capítulo registrando que, apesar da forte desvalorização cambial do país no primeiro semestre, com a taxa de câmbio a R$ 6,00 para US$ 1,00 (com posterior pequena valorização no segundo semestre), ainda assim, em função da queda substancial da taxa de juros no primeiro semestre de 2020, houve maior interesse dos investidores brasileiros na busca por aplicações no exterior. Houve uma grande elevação do setor nas aplicações externas. E, segundo o Bacen, brasileiros tinham registrado US$ 38,8 bilhões investidos no exterior, principalmente em fundos de investimentos multinacionais e fundos de índices (ETFs).

CAPITAL ESTRANGEIRO NO MERCADO DE CAPITAIS

Desde os meus primeiros passos profissionais, estive ligado à atividade de busca de investimento externo para o nosso mercado de capitais. Independentemente do período vivido, sempre tivemos forte motivação para buscar poupança externa. Interessar investidores estrangeiros em Bolsa ou em títulos de dívida, não só aumentaria o nível de poupança, que aqui seria somado ao existente por parte dos investidores locais, como criaria condições para maior oferta de oportunidades para as empresas que considerassem olhar o mercado como fonte de recursos.

Inicialmente, e falo aqui do final da década dos anos 1950, quando comecei a trabalhar como analista da Deltec Investimentos, Crédito e Financiamento, empresa criada por funcionários das casas bancárias do Wall Street, havia necessidade de ter um papel educativo. Era necessário vender aplicações de capitais no Brasil e, em sequência, apontar as oportunidades existentes para aqueles que se dispusessem a diversificar seus recursos em um mercado ainda não desbravado. Naquela época, não existia, ainda, a nomenclatura de país emergente, que surgiria apenas mais tarde.

Convém salientar que não existia legislação específica que facilitasse o investidor em Bolsa e em fundos de investimentos.

O BRASIL TEM MEDO DO MUNDO?
Ou o mundo tem medo do Brasil?

Pelo que me lembro, os procedimentos regulatórios da antiga Superintendência da Moeda e do Crédito (Sumoc), ou, mais tarde, quando foi criado o Bacen, em 1965, eram praticamente idênticos, quer o investidor fosse adquirir o controle ou parcela relevante de uma campanha brasileira, ou quer, alternativamente, fosse adquirir X ações da Belgo Mineira, da Brahma ou da Villares, ou de qualquer outra empresa em Bolsa.

A preocupação das autoridades monetárias residia no fato de que, no fluxo de empréstimos, seria possível contratar a saída, quando contratada a entrada. Quando alguém aplicava em ações, não sabia quando e com quanto ela sairia. Questão de previsibilidade do *cash flow*. O empréstimo, você sabe quando será liquidado. O investimento em ações, não há controle sobre quando sairá e a que valor.

Também havia um componente nacionalista. O temor da desnacionalização da empresa pela compra de ações ao portador. Lembro-me bem de que, durante meu mandato como primeiro presidente da CVM, insistimos muito, junto ao Bacen, na flexibilização do Decreto-lei nº 1.401, de 1975, para que houvesse um mecanismo que desse alguma flexibilidade comparativamente à referida legislação. O esquema era muito complexo e desestimulador! Por exemplo, o aplicador não podia comprar ações diretamente e, sim, através de um fundo de investimento especialmente criado, e que teria de ser administrado (ou coadministrado) por meio de uma instituição local (banco de investimento), que era o responsável perante as autoridades financeiras locais.

Nessa altura, o nível de envolvimento dos potenciais investidores era maior, e algumas instituições nacionais tinham como função básica divulgar informações sobre as empresas listadas na Bolsa e as oportunidades existentes.

Recebíamos visitas periódicas de algumas instituições que queriam melhor entender o potencial do mercado. O Banco de Investimento do Brasil (BIB), uma associação da Deltec com o Banco Moreira Salles, foi um dos primeiros a buscar investimentos no exterior tão logo a legislação foi divulgada. Queríamos avaliar o interesse de instituições estrangeiras na nova regulação, principalmente aquelas que já tivessem mostrado interesse na possibilidade de aqui investir. Os investidores institucionais europeus eram os mais presentes, e os do EUA, praticamente ausentes. Foi como no caso do Robeco da Holanda (um dos maiores gestores de fundos da Europa) que decidiu aplicar US$ 15 milhões em um fundo batizado com o nome Robrasco.

Um dos pioneiros *country funds* criado por investidores norte-americanos foi o *Brazil Fund*, lançado pelo *First Boston Corporation* e liquidado em 2005. Foi o primeiro veículo destinado a receber recursos de investidores estrangeiros no mercado com oferta pública pela Merril Lynch. Sendo uma Corporation, elegeram um conselho do qual fizeram parte alguns brasileiros ilustres. Foi uma história bem-sucedida e que está detalhada no meu livro *Mercado de Capitais, passado, presente e futuro*, reproduzida a seguir:

> O mercado era inacessível. O Brasil e outros países em desenvolvimento da região tinham uma economia praticamente fechada. Pouquíssimos investiam no exterior, e a recíproca era verdadeira. Somente a partir dos anos 1970 houve o início da abertura do mercado. Só para se ter uma ideia, em 1976, quando o Brasil abriu a bolsa para aplicação de capitais estrangeiros, amparado pelo Decreto-Lei nº 1.401/1975, viajei à Europa, na qualidade de vice-presidente do Banco de Investimentos do Brasil (BIB), para oferecer aplicações na bolsa brasileira. O processo que foi aprovado pelas autoridades era extremamente complexo e burocrático, não permitindo aplicações diretas em ações, mas sim por meio de um fundo de investimento especialmente criado com tal finalidade.
>
> Pude constatar que alguns países, inclusive a França, não permitiam que seus cidadãos investissem no exterior, o que somente era autorizado mediante consulta prévia ao Banco da França.
>
> O mesmo acontecia na Alemanha e na Itália. Os países mais receptivos, do ponto de vista de aplicação no exterior, estavam no Reino Unido. Investidores e fundos norte-americanos não mostravam maior interesse pelo nosso mercado, tanto que não constituíram a base dos primeiros fundos de investimento criados no Brasil. Edimburgo, por exemplo, era a meca dos grandes fundos de investimento com tradição no interesse pela aplicação de seus

O BRASIL TEM MEDO DO MUNDO?
Ou o mundo tem medo do Brasil?

recursos em outros mercados. Sempre foram importantes investidores no exterior, com certo pioneirismo no investimento em mercados emergentes. O fundo Rotterdamsch Beleggings Consortium (Robeco), da Holanda, foi o pioneiro a se interessar pelo mercado brasileiro, e conferiu ao BIB a gestão durante muitos anos do fundo Robrasco, especialmente criado para receber seus recursos, até que a inflação descontrolada desmotivou-os a permanecer no país.

Estava em viagem preparatória no exterior acerca do interesse de estrangeiros no mercado quando a legislação (Decreto-Lei nº 1.401) foi sancionada. Bastante complexa, pois entre outras coisas não permitia que o investidor estrangeiro aplicasse diretamente nas empresas negociadas em bolsa. Seria por meio de um fundo de investimentos especialmente criado para tal finalidade e gerido por instituições financeiras nacionais, contrato de gestão etc. Havia diferentes tipos de contrato, regulando a relação entre o investidor e gestor, custódia etc.

Em Londres, fui informado de que finalmente a legislação havia sido sancionada, com as complexidades indicadas. Com a ajuda de uma ex-secretária, que por coincidência trabalhava no nosso consulado em Londres, preparamos toda a documentação, adaptando-a à Robeco (e que requereu horas de trabalho no Hotel Savoy) para ir a Holanda e apresentá-la aos gestores da empresa. Mr. Brower foi muito receptivo e, para facilitar minha vida, dispôs-se a encontrar-me no aeroporto de Amsterdã – Schiphol, para discutirmos a possível aplicação.

Quando ainda estava na metade do primeiro dos diferentes documentos que haviam sido preparados em Londres, ele interrompeu-me e disse o seguinte: "Doutor Teixeira, estive no Brasil, visitei uma instituição e o conceito que ela tem no mercado. Não existe nenhuma documentação ou papelada que possa nos proteger. É uma relação de confiança que estamos estabelecendo. Volte ao seu país, simplifique o que for possível, e estamos dispostos a investir US$ 15 milhões".

Acabamos criando o fundo especializado (Robrasco), no qual formamos um conselho de administração em que eles estavam presentes, além de representante da Phillips, e de Arie de Geus, da Shell, que muito nos ajudou com seus cenários alternativos (foi pioneiro nesse tipo de abordagem).

O processo mais efetivo de internacionalização do mercado brasileiro começou no fim da década de 1980, sendo seu marco inicial a edição da Resolução CMN nº 1.289/1987 e de seus anexos. A partir da década de 1990, a economia do país deu sinais de aceleração, abrindo-se para o mercado externo e permitindo a atuação de investidores estrangeiros no território nacional.

O Brazil Fund foi organizado com o apoio do governo brasileiro, dentro do esforço de abrir nosso mercado de capitais para os investidores estrangeiros. Foi o primeiro veículo destinado a investir em ações brasileiras, registrado para uma oferta pública nos Estados Unidos.

Iniciou suas operações em abril de 1988, em sequência a uma oferta de 12 milhões de ações vendidas a US$ 12,50 cada. O The First Boston Corporation foi selecionado pelo governo brasileiro como um dos líderes de *underwriting* na campanha da divisão de mercado de capitais da Merril Lynch Inco. O Brazil Fund era um fundo de investimentos fechado e tinha suas ações negociadas na Nyse.

Inicialmente, fiz parte de seu conselho consultivo, juntamente com o Carlos Moacyr Gomes de Almeida, Geraldo Hess, Julien Chacel e Otto Bohn. Posteriormente, passei para o seu conselho de administração, acompanhando Ronaldo Nogueira, meu colega de faculdade e um profissional de longa data ligado ao mercado de capitais, e que criou a IMF Editora. Hoje, seu filho, Ronnie Nogueira, edita a bem-sucedida *Revista RI – Relações com Investidores*.

Em 2005, seus acionistas optaram por liquidar o fundo, distribuindo seu patrimônio de forma líquida aos acionistas.

Desde então, constatamos um mercado financeiro e de capitais progressivamente interconectado.

A globalização, ou mundialização, como alguns preferem, tem duas vertentes. A primeira é que algumas atitudes que eram toleráveis no mercado fechado – no qual as regras do jogo eram acertadas, pois se tratava de uma espécie de clube fechado – mudaram, o que é obviamente positivo. São novos padrões de comportamento e novas regras aos quais os agentes de mercado devem se submeter. A questão da governança corporativa, por exemplo, é uma adaptação de conceitos adotados em outros países e que está sendo continuamente assimilada. Para concorrer, os mercados devem ter uma governança determinada no levantamento de recursos.

Outra vertente nos mercados está ligada ao fato de que, efetivamente, temos dois níveis de atores. De um lado, aqueles que atuam de fato e estão sujeitos às regras do jogo, pois já têm um porte que os obriga a usar uma posição adequada, com políticas compatíveis com as regras da globalização. Por outro lado,

O BRASIL TEM MEDO DO MUNDO?
Ou o mundo tem medo do Brasil?

há os que continuam operando em mercados locais, sem acesso aos mercados globais e que, portanto, não se sentem obrigados a regras de conduta mais exigentes. Com o tempo, ficarão marginalizados, a menos que se ajustem às novas exigências.

Episódios dos últimos cinco anos mostram que empresas que passaram a ter ações negociadas no mercado externo (particularmente EUA) têm de se sujeitar às regulações desses mercados, principalmente, da SEC e do Departamento de Justiça (DOJ).

Em 1983, foi criada a *Organization of Securities Commission* (Iosco), congregando as comissões de valores mobiliários de todo o mundo, com o objetivo de uma troca de ideias e de experiências sobre seus respectivos mercados. A CVM foi uma das fomentadoras dessa iniciativa, e uma das primeiras reuniões realizou-se no Brasil, anteriormente à criação formal da Iosco.

Com o objetivo de buscar a convergência de normas contábeis, em 2001 surge o International Accounting Standards Board (Iasb, cujos objetivos foram delineados em sua fundação por seus trustes (curadores), liderados por Paul Volcker). O Iasb vem envidando esforços no sentido de propor normas adequadas para aceitação universal e aumentar a utilidade e credibilidade das demonstrações financeiras das empresas que emitem valores mobiliários em diferentes mercados internacionais.

Fiz parte de seu primeiro conselho curador como único representante da América Latina, onde desenvolvi um bom relacionamento com Paul Volcker.

Esses esforços visavam a adotar padrão de excelência na mensuração e na divulgação de ativos, exigibilidades, patrimônio e resultados, como pré-condição para mercados de capitais mais fortes e eficientes que contribuirão para que empresas capitalizadas cada vez mais proporcionem a geração de renda e de empregos.

Além disso, o quadro para as normas contábeis globais já está em vigor em grande parte do mundo. Dentro do G20, 3/4 dos países estarão fazendo uso doméstico dos padrões IFRS.

Mesmo que os EUA não permitam o uso doméstico dos padrões IFRS, investidores norte-americanos investiram mais de US$ 7 trilhões em empresas que utilizam padrões IFRS. Muitas empresas americanas têm subsidiárias que produzirão relatórios/balanços em conformidade com o IFRS, enquanto cerca de 500 empresas estrangeiras listadas nos mercados americanos indicam usar tais padrões.

> Por essas razões, o Iasb está empenhado em manter as normas IFRS tão convergentes quanto possível ao US Gaap. O Iasb afirma que, se o Conselho de Normas de Contabilidade Financeira (Fasb) trouxer boas ideias antes dele, então irá roubá-las o mais rapidamente possível. Eles afirmam não ter vergonha de tal atitude, e boas ideias de contabilidade não podem ser patenteadas!
>
> É o caso da governança corporativa na Europa. Nos EUA Canadá e Grã-Bretanha, onde o capital da maioria das empresas de capital aberto é pulverizado, o fulcro da governança corporativa é o de proteger os acionistas dos administradores. Na Europa continental e na América Latina, onde a figura do acionista controlador predomina, a prioridade da governança corporativa é a de proteger os acionistas minoritários do controlador. Convém lembrar que temos assistido a muitos casos de abuso das minorias, que da mesma forma devem ser evitados.

A legislação original foi modificada quando, ao final da década de 1980, com a Resolução CMN nº 1.289/1987, Ary Oswaldo Mattos Filho, que presidiu a CVM de 1990 a 1992, conseguiu que flexibilizassem as regras para aplicação em Bolsa e em fundos de investimento, o que abriu novos horizontes para o mercado.

Quando da crise que a Bolsa viveu entre 1971 a 1975, considerada um novo "encilhamento", o mercado ficou praticamente destruído. Uma das conclusões a que Mário Henrique Simonsen, então Ministro da Fazenda do governo Ernesto Geisel, chegou é de que o mercado estava precisando de maior institucionalização e da presença de aplicações estrangeiras e de investidores institucionais ou individuais, o que seria da maior relevância.

Simultaneamente, foi revista a Lei das S/As e criada a Comissão de Valores Mobiliários (CVM) como mecanismos para recriar o mercado. Não só pelo aporte de recursos, como também pela introdução de um grupo de analistas financeiros que aportassem novas técnicas e sistemas de análise para o mercado, o que efetivamente acabou acontecendo gradualmente. Algumas dessas instituições instalaram-se no país por intermédio dos bancos que os representavam e passaram a produzir análises sobre os papéis de mercado, facilitando sua divulgação.

Lembro-me ainda de que, em 1961, a Deltec, quando do lançamento do Índice Deltec, que acompanhava o comportamento das ações das principais companhias com ações negociadas em Bolsa, foi pioneira no lançamento de um estudo com a retrospectiva das empresas negociadas em Bolsa, comparativamente nos últimos cinco anos, e com a relação preço-lucro na cotação em Bolsa.

No entanto, o investidor estrangeiro sempre teve um viés negativo quanto à compra de ações brasileiras, pois, regra geral, eram ações preferenciais, sem direito a voto (que só existiria caso ela não pagasse dividendos prioritários após três anos). E havia a desconfiança em nossa moeda por causa de uma inflação elevada e persistente.

A legislação brasileira facultava que até 2/3 do capital da empresa não tivesse direito a voto. Outro fator limitador era uma governança corporativa precária, que não estava atualizada com os padrões praticados nos mercados mais desenvolvidos. Com o tempo e as recomendações, principalmente de investidores estrangeiros, houve importante aprimoramento da legislação.

Essa situação mudou, não só com o aumento da presença de investidores institucionais no mercado, o que passou a demandar maior quantidade e qualidade nas informações, como também com a ampliação dos direitos dos acionistas minoritários. Havia queixas de que as companhias brasileiras em Bolsa não praticavam políticas equitativas entre *stakeholders* e *shareholders*.

Obviamente o desejo era o de ter por aqui as regras de governança predominantes no seu país de origem, para assim minimizar seus riscos. A criação do Novo Mercado (NM) pela Bolsa de São Paulo, em 2000, veio, em parte, atender esse desejo, criando um *status* especial para as companhias que aderissem a esse segmento diferenciado, assegurando-lhes, no lançamento de ações no Nível 1, ter direito a voto. Portanto, esse conjunto de empresas que eventualmente se dispusesse a esse novo segmento, a partir do ano 2000. Particularmente entre 2004 e 2005, um número apreciável de companhias que abriu seu capital, mediante os chamados IPOs (*Inicial Public Offering*), o fizeram lançando ações ordinárias.

Das empresas que foram ao mercado nesse período, parcela predominante das ofertas acabou sendo subscrita por investidores estrangeiros. Mas não só no mercado primário destaca-se a importância da presença dos investidores estrangeiros. Tinham, também, forte presença nos pregões da Bolsa, e as estatísticas reveladas com grande frequência pelo Bacen e pela B3 mostram, assim, o aumento ou a diminuição de sua presença, que acabam afetando diretamente os índices Ibovespa.

Uma das iniciativas do Novo Mercado foi a criação da CAM – Câmara de Arbitragem do Mercado, da então BVSP, e que tinha como propósito ser o local para eventuais litígios entre acionistas das empresas associadas ao NM. Presido a CAM desde o seu efetivo funcionamento, em 2001.

A B3, atual denominação da ex-BM&FBovespa, após a fusão com a Central de Custódia e Liquidação Financeira de Títulos Privados (Cetip), tem marcado forte presença na divulgação de aplicações no mercado financeiro mundial. No exterior, o faz por meio de seus escritórios de representação, como em Londres, onde tem tido boa receptividade para as diferentes instituições financeiras à disposição dos investidores, com derivativos, opções, mercados futuros, que têm tido aceitação superior às próprias ações.

Em um país carente de poupança, como o Brasil, e com uma necessidade importante de capitais para seu crescimento, a participação do capital estrangeiro é de fundamental relevância. Para tanto, a previsibilidade e respeito às regras do jogo e sua economia de mercado são fatores predominantes para atração de capital estrangeiro e, como sempre, o fator educacional deve estar presente com muito esclarecimento.

O BRASIL TEM MEDO DO MUNDO?
Ou o mundo tem medo do Brasil?

Um mercado pouco explorado e com bom potencial de desenvolvimento é o da Ásia Pacífico, principalmente China, Japão, Coreia e Taiwan, independentemente de a União Europeia e de os Estados Unidos serem sempre procurados e servidos por várias instituições.

A desvalorização de 32% do real (entre 31.12.2019 e 30.11.2020) poderia ser um dos fatores de atração do capital estrangeiro, havendo confiança nas instituições e na superação da crise do novo coronavírus e da grave situação política, que gerou incertezas adicionais. O binômio confiança e previsibilidade deve estar sempre presente.

No entanto, a partir de meados de 2019 e início de 2020, não foi o que aconteceu. Com a queda da taxa de juros, saíram do mercado de renda fixa os investidores estrangeiros, os quais fizeram modestas aplicações no mercado de ações. Em meados até julho, o saldo ainda permanecia negativo. Os investidores estrangeiros, mesmo assim, foram responsáveis por comprar 36% da oferta de ações em 2020.

Sinal positivo, mesmo considerando riscos com a elevação dos preços das ações e sem considerar a possível queda da rentabilidade das empresas pelos efeitos da pandemia, aumentaram as pessoas físicas que passaram a investir nos mercados de ações.

Em 2020, as ofertas públicas se aproximaram de R$ 120 bilhões, contra R$ 89,6 bilhões em 2019, com tendência de que no primeiro trimestre de 2021 a oferta de ações se mantenha firme.

CONTRIBUIÇÃO ESPECIAL: FUNDAÇÃO DOM CABRAL TEM A PALAVRA[53]

A Fundação Dom Cabral, faz muito anos, vem acompanhando de perto o movimento de internacionalização das empresas brasileiras. E constatou que o avanço da participação dessas empresas nos estudos,[54] assim como o grau de internacionalização, tem evoluído de forma gradual ao longo desses anos:

- 2006: 24 empresas com índice médio de internacionalização de 12,9%;

- 2018: 69 empresas com índice médio de internacionalização de 21,6%, ou seja, crescimento de 67,4% em 13 anos.

Ao longo das 13 edições, as empresas brasileiras aumentaram gradualmente seu índice de internacionalização (acréscimo de aproximadamente 1 ponto percentual a cada ano), o que mostra uma inserção lenta, porém crescente nos mercados internacionais.

---

53. Capítulo escrito em parceria com a Fundação Dom Cabral. Agradecimentos especiais a Lívia Barakat, Viviane Barreto de Azevedo Lamego e Antonio Batista.

54. Trajetórias FDC de Internacionalização das Empresas Brasileiras, *Ranking* FDC das Multinacionais Brasileiras e *Ranking* FDC das Transnacionais Brasileiras são os estudos que a FDC realiza desde 2006.

O BRASIL TEM MEDO DO MUNDO?
Ou o mundo tem medo do Brasil?

A edição mais recente do estudo,[55] lançada em 2020, reúne análises históricas das 149 empresas de grande e médio porte que passaram pela pesquisa e que, em alguns casos, são altamente internacionalizadas. Alguns exemplos de empresas participantes, com relevância nacional, que se destacaram em suas estratégias de internacionalização foram: Embraer, Stefanini, WEG, Marcopolo, Fitesa, Iochpe-Maxium, Metalfrio, Gerdau, Tigre, Localiza, Randon, CI&T, Alpargatas, JBS, Mafrig, Vale, Odebrecht, Intercement, Braskem, DMS entre outras. Juntas, essas multinacionais marcam presença em 89 países, em todos os continentes do mundo, com exceção da Antártida.

Em 2018,[56] quando questionadas sobre os planos para os próximos dois anos nos mercados em que já atuavam, 71,0% das empresas participantes da pesquisa planejavam grande expansão, enquanto 21,8% planejavam manter as atividades estáveis naqueles mercados, e apenas 3,6% pretendiam retrair suas operações. Além disso, 50,7% planejavam entrar em novos países nos próximos dois anos, o que indica que o movimento de internacionalização das empresas brasileiras deveria continuar crescente.

Entre 2016 e 2018,[57] os dez principais países com presença de subsidiárias próprias e/ou franquias das empresas participantes foram Estados Unidos (53 empresas), Argentina (38 empresas), México (29 empresas), Colômbia (28 empresas), Chile (27 empresas), Uruguai (25 empresas), Peru (24 empresas), China (21 empresas), Reino Unido (20 empresas) e Paraguai (18 empresas). Percebe-se, portanto, uma forte predileção das participantes nos mercados das Américas, em especial para o primeiro destino de suas subsidiárias ou franquias, o que está relacionado à proximidade geográfica e cultural. Entre 2011 e

---

55. Trajetórias FDC de Internacionalização das Empresas Brasileiras – Edição Especial.

56. Trajetórias de Internacionalização das Empresas Brasileiras 2018.

57. Trajetórias FDC de Internacionalização das Empresas Brasileiras – Edição Especial.

2018, a Colômbia foi o país que mais recebeu empresas brasileiras (16 empresas), seguido da China e do Peru (13 empresas cada). Nos estudos da FDC, como seria de esperar, a China aparece como importante parceiro comercial do Brasil. Das 55 empresas que atuam no exterior por subsidiárias próprias, a China é o seu principal destino fora das Américas.[58] A edição especial[4] mostra ainda que a Ásia é uma das regiões que teve menos evasão de empresas brasileiras no período de 2011 a 2018, possivelmente em função da maior inserção nas cadeias globais de valor e acesso a insumos de menor custo. Quando analisadas as empresas de médio porte, 73% não atuam em outros países, e 21% atuam com representantes comerciais para apoiar as exportações.[59]

Com a crise da Covid-19, os movimentos de internacionalização têm caído e temos observado uma tendência maior de concentração das operações no mercado doméstico, não apenas no Brasil, mas em todo o mundo. A UNCTAD (United Nations Conference for Trade and Development)[60] estima que os fluxos de investimento direto no exterior (IDE) devem cair entre 30 e 40% em 2020-2021. A crise também deverá afetar fortemente o resultado financeiro das 5 mil maiores multinacionais do mundo, que devem ter uma queda de 30% em suas receitas em 2020, de acordo com a UNCTAD.

Um relatório da FDIintelligence,[61] mostra que o Brasil era o quarto principal destino do mundo para investimentos de capital em 2019, tendo apresentado crescimento de 103% em relação ao ano anterior. Entretanto, essa tendência também foi profundamente afetada com a crise da Covid-19. De acordo com o Banco Central, no mês de abril de 2020, os ingressos líquidos em investimentos diretos no país (IDP) somaram US$234 milhões, ante US$5,1 bilhões em abril de 2019, o que

---

58. Trajetórias de Internacionalização das Empresas Brasileiras 2018.
59. Internacionalização de Médias Empresas – FDC, 2019.
60. Disponível em: http://bit.ly/3aAq8gz.
61. Disponível em: https://bit.ly/2ZttNX0.

representa uma queda de 95,4% em um ano. Ainda segundo o Banco Central, os investimentos diretos brasileiros no exterior também têm apresentado declínio desde o início da crise da Covid-19. Em abril de 2020, os fluxos líquidos de IDE apresentaram desinvestimentos da ordem de US$ 4,8 bilhões.

A Fundação Dom Cabral alerta para o fato de que as empresas desenvolvam competências para planejar, avaliar e repensar seu processo de internacionalização para melhor aproveitar as oportunidades que possam surgir do mercado global. A transformação digital, que já vinha acontecendo e ganhando espaço nas empresas em todo o mundo, mostra-se como uma aliada para atuação internacional em tempos de recessão global e grande concentração local dos investimentos. Diferentes modelos de negócio facilitados pelas novas tecnologias representam alternativas interessantes para viabilizar a inserção global das empresas brasileiras. Por exemplo, o *e-commerce* facilita as vendas no exterior e poderá apoiar enormemente as exportações, que devem ganhar mais relevância com a desvalorização do real. Tecnologias como impressoras 3D e inteligência artificial podem vir associadas a sistemas de produção em outros países em parceria com empresas locais, com pouca ou até nenhuma necessidade de equipe técnica e gerencial advinda do Brasil. O avanço das tecnologias da comunicação e a maior flexibilidade nos modelos de trabalho, impulsionadas pela transição rápida para o *home office*, também darão mais flexibilidade para a gestão de equipes multilocalizadas e reduzirão a necessidade de expatriações e de viagens de negócio recorrentes. Tudo isso tem mostrado que é possível atuar globalmente, apoiando-se em parcerias estratégicas, comunicações mais frequentes e maior confiança nos times locais. A diversificação internacional dos negócios pode reduzir os riscos de dependência excessiva do mercado doméstico e proporcionar acesso a mercados que apresentem recuperação mais rápida.

Épocas de grandes incertezas levam as pessoas a buscarem segurança. Ainda que com os diversos paradoxos presentes no cenário global, confiança é um ativo cada vez mais importante. Nunca se utilizou tanto a tecnologia e as pessoas se fazem cada vez mais fundamentais. Tecnologia é um meio para apoiar a implementação de estratégias criadas por pessoas. Em relatório de 16 de maio de 2020, com o título "Returning to work in the future of work – Embracing purpose, potential, perspective and possibility during Covid-19", a Deloitte convida as organizações a reexaminarem se realmente existe um conflito entre tecnologia e o humano e como é possível endereçar um aparente paradoxo e encontrar caminhos para permanecer humano em um mundo voltado para a tecnologia.

O ambiente virtual coletivo suscitou a necessidade de os líderes se prepararem para comandar neste "novo normal" e para engajar suas equipes em trabalho remoto. O momento demanda cuidar das pessoas e fazê-las ter mente aberta para aproveitar as oportunidades que a crise pode trazer para o negócio. A palavra crise em chinês é composta por dois ideogramas, um significa perigo, o outro, oportunidade. O ponto de partida é estar preparado para conseguir diferenciar uma coisa da outra.

No que tange ao setor da Fundação Dom Cabral, de educação executiva, observamos um forte impacto do contexto atual. Pesquisa realizada pela Unicon – Consortium for University-Based Executive Education, de 14 de abril de 2020, com escolas de negócios de todos os continentes, sobre os Impactos da Covid-19 na Educação Executiva, mostra que as escolas maiores esperam um declínio maior no número de matrículas/ inscrições do que as menores. Sobre o impacto financeiro esperado pelas escolas de negócio no exercício 2020, o consolidado da pesquisa aponta que 37% das escolas estimam uma queda de receita entre 31 e 40%, e 34% das escolas estimam uma queda superior a 40%.

A CNN Business publicou uma matéria no dia 22 de abril de 2020, com o título "She paid $68,000 to do an MBA at Cambridge. Now she´s studying via Zoom in India", onde relata a frustração de Srishti Warman que sonhou por tantos anos cursar seu

O BRASIL TEM MEDO DO MUNDO?
Ou o mundo tem medo do Brasil?

MBA na Judge Business School, da Universidade de Cambridge e, após ter começado o curso em setembro de 2019, não poderia imaginar que seis meses depois estaria na Índia terminando seu curso na modalidade *on-line*, direto da casa de seus pais, na cidade de Chandigarth, uma cidade ao norte de Délhi.

De maneira geral, em março de 2020, as escolas precisaram transformar entregas presenciais em modalidade *on-line* em um final de semana. Esta ação, talvez, seja a menor parte da transformação. Existem desafios maiores, por exemplo: como demonstrar a proposta de valor da escola no ambiente de aprendizagem digital? As escolas precisarão se adaptar a uma nova realidade que veio para ficar. Restrições de mobilidade e padrões sanitários devem fazer com que as escolas adaptem sua proposta de valor para o meio digital, considerando a modalidade *blended* (presencial + *on-line*).

A mudança mais importante, segundo Dan LeClair, Presidente da Global Business School Network, são as inovações para apoiar o *peer-to-peer learning*, ou seja: como fazer com que os alunos de MBA ou participantes de um programa de desenvolvimento organizacional se sintam parte de times e aprendam entre si neste novo contexto? O *networking* é parte importante da proposta de valor. É importante ressaltar a importância da troca de experiências entre os alunos/participantes, que vai além da transmissão de conhecimento. Este é um elo que está solto ou perdido em vários programas *on-line*. LeClair conclui que a equipe no ambiente digital é aprimorada pelo presencial e acrescenta que as escolas precisam focar em: "como garantir o atingimento dos objetivos que os alunos tinham quando iniciaram o programa?". O que vai mudar é o meio.

O novo contexto também proporcionou uma democratização de conteúdos por meio de plataformas *on-line*. A FDC disponibilizou uma plataforma aberta e gratuita, que dá acesso aos conteúdos produzidos por seus professores, especialistas e convidados, com o objetivo de promover reflexões que contribuam com o desenvolvimento social. O novo contexto reforça a estratégia da FDC de colocar o participante no centro do processo de aprendizagem e desenvolvimento. Os participantes e as organizações deverão buscar, cada vez mais, as escolas de negócio para apoiá-los na curadoria de conteúdo e na aplicação, para acessar redes e para buscar desenvolvimento para a solução de problemas. O contexto atual reforça a sinalização de "individualização" do processo de desenvolvimento às necessidades do participante e do *lifelong learning*.

Apesar de todos os desafios impostos pelas questões atuais, a FDC acredita que só existe saída considerando colaboração, solidariedade, ética e confiança. Os momentos mais desafiadores nos convidam a revisitar os valores. A resposta está neles. Estes têm sido norteadores para as estratégias da FDC para o momento atual e futuro, seja nas práticas, programas em andamento e para a readequação de portfólio para o momento atual. A FDC acredita (e implementa em seus programas) que, para promover crescimento sustentável, é necessário cuidar de todos os *stakeholders* envolvidos.

Parte 4:
QUESTÃO DE OLHAR

Parte 4:
QUESTÃO DE OLHAR

A PERCEPÇÃO DO BRASIL NO EXTERIOR

A percepção humana é assustadoramente limitada; acreditamos estar vendo o todo, quando na verdade só vemos uma fração.

(Empédocles)

Percepção não é realidade, mas diz muito sobre a imagem que se transmite a quem está de fora. Ainda existem lugares-comuns sobre o País, tais como brasileiro tem "fama de ser cordial, mas superficial", de ter "medo do mundo", "complexo de vira-lata", despreparo para encarar a competição internacional. Creio que deixaram de nos confundir com a Argentina, e não mais achar que a capital do Brasil é Buenos Aires. Também, as facilidades hoje existentes para comunicação nos fizeram mais conhecidos mundo afora. Não mais somos reconhecidos exclusivamente em temas de futebol, carnaval e mulatas.

Infelizmente, outros fatores negativos afetaram nossa imagem recentemente, principalmente no que toca à questão da proteção à Amazônia e ao desmatamento descontrolado. Isso sem falar de algumas frases e comentários presidenciais de nosso mandatário que tiveram repercussão muito negativa e do fator segurança individual, que continua sendo ponto deletério.

No entanto, o espaço que ocupamos no conhecimento e no imaginário de pessoas com certo grau de inspiração e curiosidade está muito longe de nos fazer conhecidos pelo que de

O BRASIL TEM MEDO DO MUNDO?
Ou o mundo tem medo do Brasil?

positivo realizamos, sobressaindo, na imprensa mundial, majoritariamente o noticiário negativo que, nos últimos anos, infelizmente prevalece.

Sempre defendi que a opinião sobre o nosso país se forma de dentro para fora, e não ao contrário. Temos, reconhecidamente, um espírito crítico devastador, e quem nos visita se surpreende: quando perguntados, damos grande ênfase aos nossos problemas, e, com alguma dificuldade e, se solicitados com certa insistência, somos capazes de nos lembrar de alguns aspectos positivos, de algumas coisas boas que mostram que, em muitos setores, fizemos progressos.

O sociólogo Paulo Delgado, em trecho de seu texto "Brasil, Nobel do Pessimismo":

> O Brasil tem de se dedicar um pouco mais a valorizar o que sabe fazer. Pois a qualidade de tudo o que é descoberto ou inventado hoje, especialmente tecnologia, deveria ser objeto de contratos de como deve ser seu uso, e não de discursos patrióticos sobre se aquilo é ou não oportuno. Tudo o que é serviço será digital, toda a poluição será monitorada, e não é possível imaginar um país sem unidade interna, política e empresarial, para criar sua própria legislação sobre o uso do que comanda o mundo moderno.[62]

Vale a pena citar o comentário presente no livro *Reflexões sobre a Política Externa Brasileira*, editado pelo Instituto de Pesquisas em Relações Internacionais (Ipri) da Fundação Alexandre de Gusmão.

> Num mundo integrado pelas comunicações e com as redes cada vez mais abrangentes da mídia, a dimensão da imagem pública do país assume importância fundamental. Não cuidar de forma prioritária, específica e profissional desse tema tem graves custos em termos de dificuldades crescentes à ação diplomática e ao diálogo governamental, decorrentes de uma deterioração da imagem do país. Essa questão requer uma dupla estratégia; em primeiro lugar, seria necessário fazer-se um esforço de mudança

---

62. DELGADO, Paulo. Brasil, Nobel do pessimismo. Disponível em: http://bit.ly/2O-XyhmZ. Acesso em: 11 dez. 2019.

da imagem do país que se deteriorou muito no período recente. Tal mudança teria dois momentos: enquanto se processam uma estabilização econômica e a retomada do crescimento, dar-se-ia incentivo para uma estratégia limitada destinada a evitar uma maior deterioração, e preparar-se-ia uma estratégia ofensiva para o momento de retomada do crescimento. O segundo aspecto seria contemplar um esforço permanente de divulgação do Brasil no exterior, integrando todas as suas dimensões possíveis. Um esforço dessa natureza requereria não somente uma instância administrativa própria, como a contratação de serviços especializados. Recomenda-se, portanto, a criação de uma unidade no Itamaraty que concentraria informações sobre o Brasil e que se ocuparia da imagem do país e de um programa específico, no orçamento do MRE, com a dotação necessária para a contratação de serviços especializados, no Brasil e no exterior.[63]

Tendo participado de reuniões no exterior com alguma frequência, sejam institucionais ou em contato com o mundo de negócios, principalmente no campo financeiro, reparamos que a gestão política não era comentada, a não ser excepcionalmente quando do regime militar de 1964 e que, ainda assim, externamente houve uma unanimidade de crítica. Para minha surpresa e alguns grupos específicos mais radicais, a receptividade foi positiva, reconhecendo que não nos restava alternativa naquele momento.

Fora desse período, lembro-me bem de que a maior dificuldade que encontrei nesses contatos foi a questão inflacionária que, inclusive, em seus períodos mais críticos, causou uma certa perplexidade nos nossos interlocutores. A pergunta constante era sobre a possibilidade de investir e conviver com um país que não tinha uma moeda confiável. Principalmente para os investidores de longo prazo era um fator de forte inibição para considerar o país uma alternativa de aplicação de capitais. Felizmente, nos últimos anos, parece que estamos trilhando por uma inflação "civilizada".

No campo cultural, principalmente na área musical, popular e erudita, artistas brasileiros sempre tiveram

---

63. P. 159.

O BRASIL TEM MEDO DO MUNDO?
Ou o mundo tem medo do Brasil?

excepcional acolhida no exterior, principalmente após o aparecimento da Bossa Nova, que consagrou um novo ritmo no espaço musical internacional, projetando nomes como Tom Jobim, Chico Buarque, Vinícius de Moraes, Carlos Lyra, João Gilberto, Caetano Veloso, Maria Betânia entre outros. Com ampla projeção internacional também podemos citar Heitor Villa Lobos, Tarsila do Amaral, Cândido Portinari, Nélson Freire, Guiomar Novaes, Carlos Gomes, Francisco Mignone, Radamés Gnatalli, João Carlos Martins e, notadamente, o arquiteto Oscar Niemeyer.

Na Literatura, Machado de Assis, Jorge Amado, Clarice Lispector, Carlos Drummond de Andrade, Monteiro Lobato, para citar alguns...

Tivemos fases positivas na área econômica na chamada época do "milagre brasileiro", com taxa de crescimento extraordinária, em que parecia que nosso país realmente havia acertado o ritmo de um crescimento sustentável e que, infelizmente, por uma série de razões, na maior parte, de natureza política, não se confirmaram, apesar de havermos experimentado alguns períodos com taxa de crescimento satisfatória.

Os dois mandatos de Fernando Henrique Cardoso e Luiz Inácio Lula da Silva, do ponto de vista externo, foram, por diferentes razões, de convívio positivo, apesar dos sobressaltos que ambos tiveram, durante seus mandatos, principalmente por crises externas (crise da dívida dos países latino-americanos, no caso de FHC, e as consequências da crise dos Lehmann Brothers a partir de 2008, no caso de Lula).

Mas o sentimento geral que posso registrar, nesse período em que acompanhei mais de perto nossa imagem no exterior, é que ainda continuaremos sendo vistos como o país do futuro, não conseguindo materializar o enorme potencial que o país possui e que, por uma série de razões, nunca se transformou numa realidade. Entre esses fatores, foram sempre lembrados: a excessiva fragmentação política, partidos em demasia sem uma linha ideológica claramente definida, carência sensível na área de educação, gestão econômica financeira que não mostrou consistência ao longo de diferentes períodos, problemas estruturais graves na área de transporte e infraestrutura em geral, gastos desordenados, problemas críticos na área de saneamento e mobilidade urbana. Mais recentemente, a situação fiscal das contas do país e um déficit crescente, assustavam economistas internacionais e potenciais investidores.

Ainda assim, como mencionamos anteriormente, apesar de todos os pesares, temos um potencial de crescimento que grande parte da nossa opinião pública realiza e focamos principalmente nos problemas que temos e não nas modificações que já conseguimos realizar. Nesse inventário somos sempre devedores e, quem sabe, não lançamos os créditos devidos.

Em anos mais recentes, os problemas de corrupção, que sempre existiram, tomaram proporções inimagináveis, mostrando uma ruptura nos padrões de comportamento ético envolvendo quadros políticos, e, em geral, o comportamento perverso em diferentes empresas estatais, que foram verdadeiramente saqueadas.

A Operação Lava Jato, que teve grande repercussão internacional, provocou um enorme impacto na vida política, afetando um grande número de empresas, comprometidas com os desmandos éticos ao desviarem, de forma clandestina, recursos para partidos políticos, principalmente para o financiamento de suas campanhas políticas, com o chamado Caixa 2.

Assim, algumas dessas empresas que estavam à frente desse processo criminoso foram obrigadas a reduzir suas operações, entrando algumas em liquidação extrajudicial, ou mesmo encerrando suas atividades.

Quando se imaginava que a corrupção, ferozmente combatida pela Operação Lava Jato, tinha sido controlada, tivemos mais uma enorme frustração com o aparecimento de vários casos de irregularidades por parte de governos estaduais que, aproveitando-se da ausência de licitações públicas durante a pandemia, fizeram aquisições superfaturadas de equipamentos produzidos no exterior, que seriam destinados a salvar vidas de brasileiros. Lamentável!

Outro problema que ganhou projeção internacional, por boas razões, foi o de segurança interna, com um número impressionante de assassinatos, insegurança nas grandes cidades, policiais assassinados e um grande número de assaltos e perdas patrimoniais.

Obviamente, esse quadro é uma questão aberta no país e não contribui para a vinda de turistas, além de representar um custo adicional de proteção aos investidores que consideram aplicar recursos no país. O turismo internacional está muito longe de contribuir com nosso crescimento e explorar o que temos a oferecer.

Há de ressaltar que, malgrado não tenha sido possível manter uma taxa de crescimento no país compatível com suas necessidades prementes, inclusive para gerar empregos, a administração econômico-financeira conseguiu que mantivéssemos a questão inflacionária sob controle que, como dissemos anteriormente, foi um grande obstáculo para atrair investimentos.

Realmente, a nossa baixa taxa de poupança em torno de 15%, e que já esteve na casa dos 22% do PIB é problema crônico, e fato que influencia negativamente o nosso crescimento, não suprindo as demandas de investimento com recursos necessários. Ressalto, também, a relevância do capital estrangeiro para o nosso desenvolvimento.

A questão cambial tem sido bem administrada, e o real não perdeu valor substancial – embora perdas recentes possam ser principalmente atribuídas ao comportamento externo do dólar – deixando de ser uma fonte de preocupação maior. Mario Henrique Simonsen, Ministro da Fazenda, de 1974 a 1979, lembrava que a inflação maltrata, mas o câmbio mata.

A gripe coronavírus trouxe forte impacto sobre a taxa de câmbio, devido às implicações econômico-financeiras e políticas da Covid-19 nos diferentes países afetados. No nosso caso, principalmente a partir de março, a consequência foi forte desvalorização da nossa moeda.

Graças à manutenção de grandes reservas cambiais e superávits sucessivos na balança comercial, mesmo malgrado todas as dificuldades internas, ainda assim o fluxo de capitais vem colaborando para o balanço de pagamentos, possibilitando um déficit suportável.

Citaria, ainda, um outro fator positivo, independentemente de todos os problemas indicados, e aqui fortemente localizados. Creio que está consolidada a percepção de que o país precisa implementar um conjunto de reformas para que possamos readquirir um crescimento econômico compatível, potencializando o que de positivo temos internamente, para materializar esse nosso incrível conjunto de recursos mal explorados ou ainda inexplorados. Para tanto, a grande dificuldade que enfrentamos, que não é incomum em países com processo democrático ainda incipiente, é a consciência por parte dos políticos da necessidade de acelerar essas reformas, na ideia de que o mundo está à nossa espera. Dado ao que estamos assistindo nesse processo de aceleradas mudanças mundiais, é mister que haja a consciência de que estamos correndo contra o tempo e de que precisamos ter foco no que é mais relevante ser resolvido no curtíssimo prazo. Não podemos gastar tempo em desvio de atenção para temas de pouca ou nenhuma relevância e focar realmente no que é essencial nas nossas prioridades, como, por exemplo, as diferentes reformas na pauta do governo (previdenciária e tributária).

Devemos enfatizar que a Reforma Previdenciária foi uma das grandes conquistas do primeiro ano do mandato do Presidente Bolsonaro e que conseguimos levar adiante um projeto que se arrastava por mais de 30 anos.

Em resumo, diria ter havido uma grande e substancial alternância na maneira pela qual o Brasil é percebido no exterior. No final dos anos 1950, quando fiz minhas primeiras incursões no exterior, lá prevalecia certa curiosidade a respeito do país, e o desconhecimento era a característica principal. Vender o país era difícil, não só pelo desconhecimento, mas também pelo fato de nosso mercado de capitais ainda ser extremamente incipiente, e as alternativas para aplicação em Bolsa limitadas. O aparato institucional não era estimulante. Inexistiam regras de governança corporativa, e os mecanismos institucionais para investimentos de características transitórias, que diferiam dos investimentos permanentes, eram muito complexos.

Em outras palavras, tínhamos juntos descontentamento e grande complexidade. Não havia uma política que estimulasse a vinda de capital.

Vale lembrar que, também, não existia a mobilidade para circulação de capitais que vieram a caracterizar os mercados mundiais nos últimos 30 anos, com legislações mais amigáveis para acolher investimentos externos.

Em anos mais recentes, principalmente a partir de 1976, buscou-se uma legislação mais acolhedora para as aplicações em Bolsa, mas, mesmo assim, ainda bastante complexa na sua operacionalidade.

A partir da mudança do século, observou-se uma sensível alteração da circulação de capitais. A abundância de capitais era perceptível e veio abastecer os chamados "países em desenvolvimento", que passaram a receber um maior volume de recursos, incluindo-se, aí, os países da América Latina, recompostos das suas finanças depois da grande crise da dívida que caracterizou o final dos anos 1990, inclusive com a moratória do Brasil.

O aparecimento de várias instituições internacionais que vieram aqui localizar-se, como a M. Stanley, JP Morgan, Merryl Lynch, Credit Suisse, entre outros, acompanhando quase em tempo real o que por aqui acontecia de importante, com a presença destacada de grandes fundos de investimentos internacionais, em busca de oportunidades que nossos diferentes mercados, seja nos de títulos da dívida ou nas ações, inclusive de *private equity*, com os grandes players internacionais desse setor marcando presença.

No período em que passei em Nova York como *visiting scholar* no segundo semestre de 2016, na Universidade de Columbia, ao identificar-me como brasileiro, aqueles mais familiarizados com as nossas sucessivas crises políticas e seus desdobramentos na área econômico-financeira sentiam um misto de tristeza e decepção. Afinal de contas, um país com todo nosso potencial não conseguiria reencontrar e tomar as iniciativas que lhe permitissem voltar a crescer com taxas sustentáveis, eliminando as desigualdades sociais.

Apesar de todas as dificuldades que enfrentamos, ainda conseguimos, como mencionado anteriormente, ser um receptor positivo de capital estrangeiro, destacadamente, o maior da América Latina.

Efetivamente, o chamado Investimento Estrangeiro Direto (IED) teve um fluxo positivo de US$ 59 bilhões, em 2018, de acordo com dados da UNCTAD. Mas a sensação prevalecente é que esse número poderia ser multiplicado algumas vezes, fosse esse nosso quadro interno. Em 2019, malgrado uma conjuntura externa e interna mais favorável, ainda assim o fluxo de IED no Brasil foi positivo em 75 bilhões de dólares, com crescimento de 26% em relação ao ano anterior, segundo a UNCTAD,[64] ajudando a mitigar os efeitos de outras contas nacionais, permitindo que o déficit em transações correntes ficasse em novas condições perfeitamente aceitáveis, apesar de uma queda do saldo da balança comercial. Em 2020, devido a fatores conhecidos, esse número teve uma redução, mas continua com saldo positivo.

Importa destacar nesse quadro a marcante presença de investimento chinês no País. Em 2018, mesmo tendo diminuído 19% em relação ao ano anterior seu apetite por investimentos na nossa região, desde 2005 o Brasil recebeu 11 projetos,

---

64. Disponível em: https://bit.ly/3pAxKDZ.

O BRASIL TEM MEDO DO MUNDO?
Ou o mundo tem medo do Brasil?

com o total de US$ 28,9 bilhões, montante inferior ao que foi destinado à Venezuela (19 projetos, US$ 67,2 bilhões).

Atualmente, diria que a fase de desconhecimento sobre o Brasil foi minimizada, mas ainda existe muito por ser feito. Difícil ter uma imagem externa diferente daquela que formamos. Difícil também imaginar percepções externas diferentes das aqui prevalecentes, dados os contatos com a realidade brasileira e com nossos formadores de opinião, fora a atuação de uma imprensa que desempenha, como seria de sua atribuição, um papel crítico.

Os mercados se movem não somente por fatos acontecidos ou mensuráveis. É de grande relevância, também, o fator "tendências", ou seja, o que estaria projetado ou em discussão. É a projeção do futuro trazida a valor presente.

Se acontecer que reformas estruturais sejam viabilizadas, haverá, gradualmente, uma mudança de atitude em relação aos investimentos no país, o que também vai, obviamente, depender do quadro internacional.

Como comentamos, essas decisões, seja do lado dos empresários ou dos investidores individuais, é fortemente dependente de aspectos conjunturais internos e externos.

A aplicação dos indivíduos no exterior tem no seu cerne aspectos de classificação de sua poupança, incentivada ou diminuída pela existência de fatores externos e internos prevalecentes. Por exemplo, se os preços dos ativos internos estiverem, na opinião dos investidores, desincentivadores, há estímulo para se considerar investimento externo. O mesmo se refere às aplicações de renda fixa, fortemente dependentes da taxa de juros praticada internamente em comparação com as praticadas em outros mercados. Em 2019, com a sensível redução da taxa de juros no país, os investidores estrangeiros que se beneficiaram das taxas altamente positivas perderam espaço. Houve saída de investidores tanto dos títulos da dívida como também da bolsa. A recíproca é verdadeira, ou seja, se ativos ou juros estiverem em um nível atraente em âmbito interno, diminuem-se os incentivos de aplicação no exterior. É óbvio que a variável política tem enorme peso numa situação ou noutra.

Ao final de 2019 vivíamos um quadro inédito com taxa de juros em seu nível mais baixo em décadas e que permitiu uma sensível redução do CDI (Taxa preferencial de juros fixados pelo Copom/Bacen), que fez com que esse diferencial projetado caísse substancialmente, estimulando o mercado de ações e de novos lançamentos.

Quanto ao câmbio, temos sempre de olhar com muito cuidado e não fazer previsões sobre o seu comportamento e do impacto nas decisões de investimentos (isso, obviamente, influência o comércio internacional e a repatriação de capitais).

A substantiva queda na taxa de juros que, em 2016, estava na casa de 14% e, no mês de agosto de 2020, caiu para 2,00%,[65] o que levou que muita aplicação de renda fixa perdesse predominância anterior na carteira de títulos brasileiros. Do outro lado, investidores nacionais e que também têm aplicações em renda fixa, estão migrando para a bolsa e também investindo no exterior para diversificar seu portfólio, em busca de maior rentabilidade.

No início de dezembro, começaram a surgir os primeiros sinais de que a taxa de inflação projetada já estava superando por boa margem aquela taxa fixada pelo Copom em 2%, e se reacendiam algumas preocupações quanto à volta de uma inflação maior que a inicialmente projetada.

Quanto à decisão empresarial de investir no exterior, além dos fatores anteriormente citados que também se aplicam às pessoas jurídicas, o comportamento da demanda interna e externa é fator determinante.

Indo a exemplos práticos e óbvios, a abertura do mercado interno com reduções tarifárias, para a participação de

---

65. Mantida até a reunião do Copom de 10.12.2020.

O BRASIL TEM MEDO DO MUNDO?
Ou o mundo tem medo do Brasil?

produtos estrangeiros e mercados globais, obrigavam as empresas locais a alterar sua atitude em relação às suas motivações de concentrar sua atuação exclusivamente no mercado interno. Muito embora essa abertura, ocorrida no governo de Fernando Collor de Mello, no início da década de 1990, tenha ficado muito aquém das tarifas praticadas em outros países da região, ainda assim foi sinal de alerta para que as empresas alterassem suas políticas, inclusive considerando parcerias aqui ou no exterior, como também para que tomassem posições mais agressivas quanto ao mercado externo. A questão do câmbio é outro fator determinante para essas políticas terem momentaneamente maior ou menor peso na decisão empresarial.

Quando a questão da pandemia estiver sob controle, um novo capítulo vai se abrir na relação do Brasil com o resto do mundo e na forma como seremos vistos pela imprensa internacional no que muitos chamam de "novo normal". Incertezas que vão perdurar? As vacinas e seus resultados serão fatores determinantes.

No final de 2020, o sentimento que prevalecia era de que dificilmente nossa imagem no exterior seria alterada no curto prazo. O mais provável é que poderemos reiniciar um processo de reconstrução de nossa imagem.

No exterior, em dias finais do mês de novembro, houve uma sensível elevação de casos de Covid-19 em alguns países centrais da UE e, em muitos casos, foram obrigados a tomar novamente medidas radicais para conter essa segunda onda. O mesmo aconteceu nos EUA, onde recentes registros ao final de novembro eram dramáticos, mesmo sem a morbidade anterior. No Brasil, não chegamos a ter essa segunda onda, pois a primeira estava ainda declinando, mas sem indicar que havíamos chegado ao piso, quando os números voltaram a crescer, quer de contágio, quer de óbitos. O período eleitoral mascarou os números efetivos, mas ficou evidente que a questão de vacinas tornou-se elemento fundamental para vencer a pandemia.

IMPRENSA NACIONAL E INTERNACIONAL

Papel dos meios de comunicação nacionais e estrangeiros na divulgação da temática das relações internacionais do Brasil

Pelas diferentes razões que mencionamos ao longo do texto, não seria de se esperar que houvesse uma cobertura ampla a respeito das nossas relações com o mundo externo e de nossa vivência internacional.

Por aqui, as coberturas jornalísticas internas sobre a temática internacional acontecem predominantemente para cobrir assuntos específicos, como política, comportamento da economia e acontecimentos extraordinários que, por uma razão ou outra, merecem espaços nos diferentes veículos, por serem do interesse dos leitores.

No passado, nossos grandes periódicos tinham correspondentes no exterior. Entretanto, a perda de importância da mídia escrita no mercado de comunicação fez com que esses jornalistas voltassem ao País.

Hoje, são as agências de notícias internacionais que suprem principalmente o noticiário externo. Há, também, acordos de jornais com seus similares no exterior, sejam eles jornais ou revistas, como é o caso do *The Economist* com *O Estado de S. Paulo*. Assim, a pauta é comandada pelos assuntos do momento,

O BRASIL TEM MEDO DO MUNDO?
Ou o mundo tem medo do Brasil?

não havendo muito espaço para o noticiário que, na opinião dos seus editores, possa ser do interesse dos seus leitores.

A internet e as redes sociais também não se ocupam de uma cobertura mais ampla. Estão também limitadas aos temas atuais. Na TV, a situação é diferenciada, pois a Globo, que detém uma substancial parcela de público da TV aberta ou por assinatura, tem alguns importantes correspondentes no exterior, que dão cobertura a temáticas diferenciadas daquelas vivenciadas, como, por exemplo, entrevistas com personalidades do mundo acadêmico, cultural etc.

Agora, com a entrada da CNN no mercado nacional, trazendo em sua bagagem forte presença em diferentes temas mundiais, abre-se maior espaço para o noticiário internacional em nossa mídia televisiva.

Devido à baixa audiência, tiveram curta duração duas tentativas feitas pela TV Cultura e pela Globo News, com correspondentes de jornais e de agências noticiosas estrangeiras localizadas no Brasil, para discutir a visão do país no exterior.

Temos de encarar a realidade. Raríssimas vezes me deparei com o noticiário no exterior, em jornais ou na TV, positivo. No entanto, alguns fatos dessa natureza passam despercebidos e não ganham espaço nos noticiários.

Outro fator é que vários brasileiros que vão ao exterior, em muitos casos, fazem propaganda negativa do país. Não estou defendendo que escondamos nossas mazelas, mas um certo equilíbrio entre o positivo e o negativo tem de ser buscado.

O mesmo acontece com aqueles que nos visitam e nos entrevistam. Estamos sempre dando ênfase aos aspectos negativos e aos nossos problemas. Quando provocados, conseguimos salientar aspectos positivos.

Minha experiência no exterior é exatamente o contrário. Eles salientam sempre aspectos positivos do País, e os problemas só aparecem quando perguntados.

Há alguns anos, em reunião com chilenos do setor público e privado, depois de uma grande narrativa dos aspectos positivos na área político-econômica, não consegui resistir à "epifania" e perguntei: "Vocês não têm problemas?". Pelo visto, tinham sim, que acabaram eclodindo agora nas manifestações populares e repressões violentas que obrigaram o governo a promover mudanças radicais e um plebiscito constitucional.

Talvez um texto do Embaixador Luiz Felipe Lampreia, de 1999, traduza bem o que eu sinto em relação ao tema:

> Hoje contamos com uma imprensa livre e vigorosa, que tem cumprido uma função muito relevante nessa mudança de vida nacional. Não posso deixar de observar, no entanto, que, talvez em função da magnitude dos desafios internos no Brasil, os nossos meios de comunicação dedicam um espaço excessivamente limitado aos temas das relações internacionais do país.
>
> Além de realismo, é preciso trabalhar com claro sentido de história. O que de um dado momento talvez se afigure como uma avenida luminosa pode transformar-se, pouco depois, em obscuro beco sem saída. Daí a necessidade de buscarmos invariavelmente, em nosso relacionamento externo, o maior grau possível de autonomia. Este sempre foi e continua a ser um parâmetro básico da diplomacia brasileira.
>
> Autonomia não se confunde com isolamento ou autossuficiência, mas com a preservação de margens de escolha e manobra suficientes para que sejamos capazes de seguir os caminhos delineados pela vontade e pelos interesses da nação a que servimos.[66]

É importante lembrar que, no caso da Covid-19, que teve início na Ásia, e, em sequência, disseminou-se na Europa e nos Estados Unidos, a imprensa foi determinante para que a pandemia fosse divulgada, e os exemplos da Lombardia, Milão, Bérgamo, na Itália, além de outros países europeus, e, posteriormente, Nova York, ocupassem espaço preponderante no noticiário.

Infelizmente, nossa imagem foi abalada pela questão da agressão ao meio ambiente e pelo governo, que fez declarações

---

66. Discurso do Embaixador Luiz Felipe Lampreia para a turma de formandos do Instituto Rio Branco em 1999.

O BRASIL TEM MEDO DO MUNDO?
Ou o mundo tem medo do Brasil?

e adotou políticas regressivas e polêmicas, cuja repercussão impactou negativamente na imprensa nacional e no exterior. Aliás, as estatísticas divulgadas sobre as queimadas foram, obviamente, muito desfavoráveis e amplamente exploradas pela nossa imprensa local.

A pandemia agravou esse quadro pela insistência da presidência em política polêmica de combate ao vírus e com trocas de Ministros da Saúde. O fato de o Brasil estar no topo da lista de países afetados pela Covid-19 definitivamente é indicativo de que o país não aprendeu a lição com o que aconteceu no exterior.

O QUE ESTEVE NOS JORNAIS

O jovem conhece as regras, mas o velho conhece as exceções.

(Oliver Wendell Holmes)

Dizem que os jornais estão com os dias contados. Sou ávido leitor das notícias diárias impressas. Assino quatro jornais de circulação nacional que, diariamente, me fazem companhia matinal. Além da leitura, também tenho o hábito de guardar recortes de jornais. O tema mais presente nessa minha coleção de pensamentos publicados está relacionado com a temática das relações internacionais e o papel do empresariado brasileiro.

Assim, selecionei algum material que me pareceu relevante no contexto do livro.

- Longa entrevista concedida pelo Presidente Fernando Henrique Cardoso à Rádio Eldorado e transcrita pelo Estadão em 15 de maio de 1997, intitulada "A diplomacia empresarial é insubstituível";
- "Multis brasileiras terão 10 anos para pagar dívidas", em *O Estado de S. Paulo* (3 de setembro de 2013);[67]
- "Multinacionais brasileiras", do caderno Especial do *Valor Econômico* (31 de outubro de 2012);

---

67. Disponível em: http://bit.ly/37uF51K.

O BRASIL TEM MEDO DO MUNDO?
Ou o mundo tem medo do Brasil?

- "Empresas brasileiras agora investem na aquisição de estrangeiras no país", em *O Estado de S. Paulo* (25 de dezembro de 2011);

- "Manifesto da diplomacia empresarial", escrita por Marcos Troyjo para o *Valor Econômico*;

- "O isolacionismo brasileiro", em *O Estado de S. Paulo*, redigida por Gustavo Franco, em 26 de agosto de 2018;

- "A política externa do governo Bolsonaro está no caminho certo?", *Folha de S. Paulo* (18 de janeiro de 2020).

O que esses artigos têm em comum e por que razão estão relacionados dentro dos objetivos deste livro? Começando pela longa entrevista de Fernando Henrique Cardoso, o Presidente ressalta a relevância nas funções presidenciais da diplomacia internacional. O nosso ex-mandatário tinha essa sensibilidade, e fui testemunha de seu envolvimento pessoal em temas que colocaram em risco nossa associação com o Mercosul, em momentos críticos de nossa convivência comercial com os nossos parceiros, principalmente com a Argentina.

Por último Fernando Henrique Cardoso nos lembrava que a relação entre países não deve se circunscrever a temas exclusivamente comerciais. Constatamos hoje que, com a liberdade cambial e mercados abertos, o fluxo de investimentos aumentou brutalmente, não só pelos chamados investimentos diretos (FDI) que o Brasil tem buscado intensamente, como também os chamados *portfolio investments*, que ocupam espaço relevante nas bolsas e mercados financeiros, influenciando sua tendência e volatilidade.

O tema globalização, levantado pelo jornalista Ruy Mesquita na ocasião, continua na ordem do dia. Alguns apregoam que estamos entrando na fase da desglobalização. Outros preferem chamar de reglobalização. Na realidade, a eleição de Trump com seu revisionismo, críticas aos acordos comerciais e à OMC, guerras tarifárias e a volta do protecionismo, às vezes camuflado, sem falar na emergência da China como grande protagonista no cenário mundial, criaram um conjunto de novos fatores cujas consequências ainda levaremos algum tempo para medir.

Alguns estão alinhados com os objetivos desse meu trabalho. Temos, de um lado, a questão tributária como fator relevante na decisão das empresas brasileiras em investirem no exterior, assim como esse comportamento está muito ligado não só a questões relacionadas ao mercado interno, como, por exemplo, queda de demanda e comportamento de câmbio estimulando importação, como também aquisições oportunísticas que possam vir a acontecer quando do aparecimento de boas oportunidades. Não está ainda claro em que medida reduções no IR para empresas americanas aprovadas nos Estados Unidos, em 2018, e os desincentivos políticos daqueles que investem no exterior venham a ser uma nova variável nesse complexo tabuleiro internacional. O Presidente Trump não abriu mão até o início de 2020 de suas práticas de estimular as empresas americanas e estrangeiras a investir mais nos EUA.

O artigo de Marcos Troyjo que, quando começamos este texto, ocupava a Secretaria Especial de Comércio Exterior e Assuntos Internacionais no Ministério da Economia e eleito por unanimidade presidente do Banco dos BRICSs, continua com grande atualidade. Olhando nos 15 anos passados, é difícil discordar de que muitos dos aspectos por ele indicados não estejam ainda presentes. Entre alguns, citamos: a 4ª Revolução Industrial; fluxos financeiros anárquicos; blindagem protecionista (trumpismo); dificuldade de continuar financiando desenvolvimento colocando papéis do governo; necessidade de maior participação no comércio internacional; baixa representação do país na imprensa internacional (só aparecemos com as crises); papel das necessidades brasileiras insatisfatórias; dificuldade de comunicação em inglês, entre outros. É necessária a leitura integral do artigo para constatar que ainda continuamos tratando dos mesmos problemas e que continuaremos a ter necessidade de uma política de longo prazo como procuramos salientar ao longo desse estudo.

Ainda do analista político e professor Marcos Troyjo, vale a pena citar parte de seu artigo publicado em setembro de 2018 no *Problemas Brasileiros*:

> No Brasil, confundimos política externa, diplomacia e inserção internacional. Não são a mesma coisa. Diplomacia é atividade entre Estados, restrita a chancelarias. Para a política externa, é preciso agregar outros elementos, como é o caso da política de defesa. E inserção internacional significa a sintonia fina entre atores do setor privado, governo e diplomacia para aumentar a riqueza de um determinado país.[68]

O economista Gustavo Franco, que foi presidente do Banco Central de 1997 a 1999, traduziu tudo isso no isolacionismo brasileiro. Ele estatisticamente aponta que em 1960 a nossa conta corrente do comércio de exportações e importações era de 18% como percentagem do PIB. Na China respectivamente 9,5 e 8,7%. Nos 20 anos seguintes o que temos: a Coreia com maior abertura cresceu para 38,3% em 1970 e para 67,2% em 1980. O Brasil não avançou e ficamos em 19,2% em 1980. Em 2010 a Coreia chegou a 82,5% enquanto o Planeta Terra chegou a 47,7%. Nosso grau de abertura em 2017 foi de 18,3%, praticamente igual a 1960.

Números recentes indicam que a participação do Brasil na economia global atingiu, em 2018, seu pior nível em 38 anos. A fatia do país em bens e serviços é de 2,5% (sétima queda seguida), que já fora de 4,4% em 1980 e de 3,1% em 2011, segundo o FMI.

Grande parte dos analistas ligados ao tema das relações internacionais, quando das discussões provocadas por alguns poucos órgãos da imprensa, indicavam que o próximo presidente teria um cenário externo frágil para buscar uma maior participação do Brasil no cenário internacional e pouco

---

68. Disponível em: http://bit.ly/3uddHz1. Acesso em: 4 ago. 2019.

tempo para uma agenda positiva e realista para o país, devido a um quadro internacional adverso, agravado pelo conflito entre Estados Unidos e China, e no que toca ao grande país oriental, um crescimento bem mais modesto para os próximos anos, com consequências internas e externas ainda não dimensionadas. Infelizmente, essas projeções acabaram por se tornar realidade, agravadas pelo devastador coronavírus que surgiu na China.

Nos primeiros dias desse novo governo, o Presidente Bolsonaro deu grande ênfase às relações do Brasil com os Estados Unidos e Israel. Seu chanceler foi muito criticado pelos que discordavam da nova política do Itamaraty em total dissonância com o que vinha sendo praticado anteriormente. Ele ressaltava, negativamente, o multilateralismo/globalismo, a modesta posição do país nas discussões de temas internacionais, necessidade de maior diálogo do Itamaraty com a sociedade e a revisão do acordo do Mercosul.

Assim, a questão da política externa brasileira nunca esteve tão discutida e questionada em função das polêmicas que se iniciaram desde a posse, no Itamaraty, do Ministro Ernesto Araújo. No início de 2020, a *Folha de S.Paulo* de 18 de janeiro, colocou em debate a política exterior bolsonarista, fazendo a pergunta: "A política externa do governo Bolsonaro está no caminho certo?". A questão foi encaminhada ao Embaixador Rubens Ricupero e ao analista de relações internacionais, Alberto Pfeifer, para que cada um expusesse um ponto de vista distinto sobre a atuação do Itamaraty ao longo do governo.[69]

Para Ricupero,

> A diplomacia bolsonarista tem dedo podre, erra sistematicamente ao avaliar situações. É por isso que o presidente acerta mais quando recua do que quando avança. É enorme a lista de absurdos abandonados ou corrigidos: oferta de bases aos EUA, anúncio de saída do acordo do clima de Paris; intenção de mudar a embaixada de Tel Aviv para Jerusalém; declarações hostis aos

---

69. Disponível em: https://bit.ly/2MagYOq.

chineses e aos árabes; nomeação frustrada de Eduardo Bolsonaro como embaixador em Washington; e apostas em alianças falidas (Macri, Salvini, Netanyahu, o chileno Piñera, o venezuelano Juan Guaidó).

O Embaixador vai além e complementa a dura visão crítica quanto à atuação internacional do governo Bolsonaro:

> A personalidade política cultivada pelo presidente, por seus filhos e por assessores se caracteriza pela agressividade interna e externa. É o oposto das qualidades "diplomáticas" exigidas pela convivência internacional. Infelizmente, o chanceler agrava, em vez de compensar essa "antidiplomacia".

Pfeifer, em contrapartida, apresenta visão favorável, enaltecendo "o pragmatismo e a coerência" empenhados pelo governo.

> Bolsonaro propôs a condução liberal da economia, aprimorando o funcionamento da lógica de mercado e da livre iniciativa, e a redução do papel do Estado. Sua pauta político-social é de matriz conservadora, da primazia dos valores cristãos ocidentais, do combate ao comunismo e do enfrentamento da criminalidade e da corrupção. Sua postura nos foros multilaterais tem seguido essa orientação no campo dos comportamentos morais.

E termina dizendo:

> Dando-se o devido desconto do noviciado da gestão, a conclusão é que o encaminhamento é satisfatório. Houve avanços na pauta econômica e política. Nas relações internacionais, o único erro fatal é a irreversibilidade, que leva à cessação do diálogo e ao conflito. Atos equivocados mostraram-se reparáveis, tais como a postura açodada em relação à questão venezuelana e a mudança de sede da embaixada em Israel.

Em discurso na Firjan em 28 de agosto de 2019, o Ministro Ernesto Araújo deixou clara a sua visão de política externa e o papel dos empresários.

> Acho que continuo aprendendo isso a cada dia, assim como os demais membros da equipe – porque isso também é outro elemento que estamos aprendendo: acho que, pela primeira vez,

temos um governo no Brasil que trabalha em equipe, que é uma equipe, e não um sistema de atribuição de funções de acordo com determinados arranjos políticos; sem prejuízo de toda qualidade de políticas que houve no passado, a despeito de um sistema que tinha essas características, e sem prejuízo de todas as pessoas que sempre trabalharam nesses esquemas anteriores, entre as quais eu modestamente também me incluo, claro (trabalhei durante 30 anos no serviço público), mas hoje a gente se dá conta que esse era um dos problemas do Brasil, um dos problemas que tentamos superar.

Nesse quadro anterior, de uma distribuição do Estado de acordo com esquemas de poder, o Itamaraty e a política externa eram uma espécie de "corpo estranho", um órgão que estava ali e que não atrapalhava, que "organizava viagens" e que, de vez em quando, tinha uma participação maior ou menor em política comercial, em outros esquemas, mas que era muito visto pela própria sociedade brasileira como um corpo estranho. Isso é outro compromisso que tenho desde que fui indicado: fazer do Itamaraty uma parte do projeto nacional, uma parte do governo, e não uma "espaçonave que por acaso pousou em Brasília".

Voltando um pouco ao tema das fontes do conhecimento: hoje é paradoxal, porque temos acesso, graças à tecnologia, a fontes praticamente inesgotáveis e imediatas de informação e de conhecimento, e, no entanto, nós não as usamos, ou as usamos mal, inclusive porque vamos nos dando conta (outra tarefa que, todos os dias, temos de ir aprendendo) do quanto há de manipulação nessa circulação de informações.

Ao transcrevermos parte do discurso, buscamos colocar em discussão posições que são exclusivas dessas personalidades, mas que encontram eco em muitos outros "experts" e em diferentes entidades, sendo a maioria sempre crítica à "nova" política externa!

Em entrevista que realizei com o chanceler no Palácio do Itamaraty, em fevereiro de 2020, ele comentou:

> [...] o sistema político, que é justamente uma das grandes coisas que estamos tentando romper nesse governo. Eu acho que o sistema político-patrimonialista, que nos gere há tanto tempo, produz um país com medo do mundo; um país acanhado.

O BRASIL TEM MEDO DO MUNDO?
Ou o mundo tem medo do Brasil?

> [...] (nossos políticos são totalmente isolados do mundo) porque é um sistema que é muito confortável para a elite política, que acaba controlando, de alguma maneira, os frutos econômicos. O sistema tradicional aqui ainda vigora, mas estamos tentando quebrar. Então, eu acho que essa capacidade do sistema, ao longo dos séculos, de criar uma possibilidade de as elites controlarem a economia, mesmo tendo uma economia estatal, plenamente através de todo tipo de manipulação, legislação, regulamentação, produz um país acanhado. Tudo faz parte dessa mentalidade, desse sistema político. Tínhamos, realmente, uma grande economia, mas comandada por um aparato político muito corporativo e muito primitivo de certa maneira, onde nós realmente nunca tivemos uma política de ideias; tinha que ser uma política de cargos. Os políticos estão ali para conseguirem algum cargo que vai possibilitar a ele ter uma obra, que vai carrear recursos, sustenta-se em troca de um favor por outro. Estatais, mais estatais, menos estatais, mas sempre uma economia de alguma maneira estatizada.

Como não poderia deixar de ser, em nossa mídia, quer falada, escrita ou televisiva, foi dedicado espaço majoritário à crise da Covid-19 e seu impacto no Brasil e nos diferentes países. Nesses meses de combate à pandemia, o desgaste entre o Presidente e a imprensa se aprofundou de tal maneira que o jornal *Folha de S.Paulo* e o Grupo Globo anunciaram suspensão de cobertura jornalística de Bolsonaro na sua saída diária do Palácio da Alvorada.

A exemplo dos comentários que registramos em item anterior sobre nossa imagem externa, seu relacionamento com a imprensa estava a léguas de distância para nos ajudar.

Parte 5:
AS MÚLTIPLAS FACES DA INTERNACIONALIZAÇÃO

O BRASIL NO MAPA DAS MIGRAÇÕES

Migrar por necessidade está na raiz do nomadismo da humanidade. Estudos históricos contam que, nas eras pré-civilizacionais, os agrupamentos humanos não eram sedentários por terem sempre de buscar alimentos em novas localidades. Foi graças ao desenvolvimento de técnicas agrícolas e pecuárias que os grupos humanos começaram a conhecer o sedentarismo. Contudo, passados milênios desde a era pré-civilizacional, parte da humanidade, ainda, tem de migrar por necessidade. E, surpreendentemente, a busca por alimentos permanece como um dos motivos para que grandes grupos se desloquem.

Mas não é só isso. Agreguem-se à insegurança alimentar o fundado temor de perseguição por motivos de raça, religião, nacionalidade, grupo social ou opiniões políticas ou, ainda, quadros graves e generalizados de violação de direitos humanos.

Essas motivações se fazem tão presentes desde o último século que acabaram por receber uma nomenclatura específica para designar tais movimentos internacionais de pessoas que são deslocadas de forma forçada do local em que residiam. Trata-se do termo "refugiado".

Há, igualmente, migrações voluntárias. Entre os motivos, podem ser citados busca por melhores remuneração e qualidade de vida, afinidade pessoal, ou turismo. Independentemente do motivo que leva o ser humano a migrar, o fato é que, em 2019, a maior fonte de capital externo a países em desenvolvimento não foram os investimentos estrangeiros diretos, mas, sim, as remessas de dinheiro de migrantes para seus países de origem, segundo dados do Banco Mundial, atingindo valores próximos a US$ 700 bilhões.[70]

Segundo o Inter-American Dialogue, *think tank* sediado em Washington DC, as remessas familiares para países da América Latina e Caribe cresceram 10% em 2018, uma das maiores taxas registradas desde a crise financeira da década anterior. Segundo o grupo, as elevadas taxas de remessas internacionais contrastam com as pífias taxas de crescimento econômico que, no mesmo ano, por exemplo, tiveram média de aumento de 1,9% para os países da região. No Haiti, a relação entre remessas internacionais e PIB chegou a 37%, em 2020.[71]

No entanto, se, por um lado, o turismo tende a ser bem quisto, a instalação de estrangeiros em outros países nem sempre é bem recebida.

Números

De acordo com o Alto Comissariado das Nações Unidas para Refugiados (Acnur), até o final de 2019, 79,5 milhões de pessoas foram forçadas a se deslocar (1% da população mundial). Desse total, 26 milhões são classificados como refugiados. Do total, 68% deles são provenientes de cinco países: Síria, Venezuela, Afeganistão, Sudão do Sul e Mianmar. No geral, 73% escolhem deslocar-se para países vizinhos. Nesses casos, trata-se de Turquia, Colômbia, Brasil, Paquistão e Uganda.[72]

Em 1951, a Convenção da ONU relativa ao Estatuto do Refugiado da ONU definiu, no Artigo 1º, o termo, referindo-se à pessoa que:

---

70. Fluxo de dinheiro de migrantes já supera investimento externo. *Valor Econômico*, São Paulo, 10 set. 2019.
71. https://www.bbc.com/portuguese/internacional-56342515
72. ACNUR. Disponível em: http://bit.ly/37vZPWJ.

> [...] temendo ser perseguida por motivos de raça, religião, nacionalidade, grupo social ou opiniões políticas, se encontra fora do país de sua nacionalidade e que não pode ou, em virtude desse temor, não quer valer-se da proteção desse país, ou que, se não tem nacionalidade e se encontra fora do país no qual tinha sua residência habitual em consequência de tais acontecimentos, não pode ou, devido ao referido temor, não quer voltar a ele.[73]

Em 1967, a Organização criou protocolo diplomático relativo aos refugiados, incidindo a quem escapava dos flagelos da 2ª Guerra Mundial. Assim, os refugiados passaram a receber maior proteção, não podendo ser deportados para o país de origem.

Ainda segundo dados do Acnur, há um total de 45,7 milhões que são deslocados internos (vivem em abrigos provisórios, fugindo de conflitos, desastres ambientais etc.). Fora dessa conta, estima-se que haja 4,2 milhões de apátridas, ou seja, pessoas que não são reconhecidas por nenhum Estado nacional.

Resumindo, até o final de 2019:

- 79,5 milhões de pessoas forçadamente deslocadas;
- 26 milhões de refugiados;
- 45,7 milhões de deslocados internos;
- 4,2 milhões de apátridas;
- 2 milhões em situação de asilo.

Do total de refugiados:

- 5,6 milhões retornaram para o país de origem; e
- 107.800 foram reassentados e aceitos por um terceiro país.

Na conjuntura de um mundo globalizado, as questões referentes aos deslocamentos transnacionais vêm ocupando

---

73. ONU. Convenção relativa ao Estatuto dos Refugiados. 1951. Artigo 1º (2). Disponível em: https://bit.ly/3aArzLZ. Acesso em: 10 set. 2019.

maior espaço na política externa dos países, principalmente aqueles mais procurados pelos refugiados.

O Brasil no mundo

No Brasil, esse processo de reposicionamento dos países e seu redirecionamento de população na economia política global desperta cada vez maior interesse nas discussões das migrações internacionais. Pena ser fato que, no nosso país, temas referentes às nossas relações internacionais em geral, institucionais ou individuais, nunca ocuparam espaço relevante, seja na pauta de nossas elites ou dos nossos congressistas. É fato, igualmente, que mandamos mais pessoas para fora do que recebemos, tema este que, sim, sempre chamou a atenção da nossa imprensa. Não obstante todos esses fatores, e mesmo distantes das regiões de conflito no mundo, ainda assim somos o sexto país que mais recebe pedido de refúgio no mundo.

2018 foi o ano em que o Brasil mais recebeu pedidos de refúgio: 80 mil, sendo 75% de Venezuelanos. Em menor número, também de angolanos, nepaleses, haitianos e sírios. Há escassez de políticas públicas, reservas financeiras e de pessoal qualificado. Papel importante para mitigar os problemas dos refugiados é feito pela sociedade civil, igrejas, escolas e universidades.

Como estamos distantes geograficamente das principais regiões de conflito do mundo, que estão na África e na Ásia, a questão dos refugiados não nos sensibiliza. Em função disso, quem consegue escapar das zonas de conflito tem um perfil diferenciado: boa formação educacional, sendo que mais de 30% possuem nível superior! Trazem conhecimentos e saberes que podem ser úteis para o País, mas sua absorção pela nossa comunidade está dificultada pelo momento de desemprego que estamos enfrentando.

O nosso país é historicamente formado por imigrantes: conquistadores e trabalhadores portugueses, africanos escravizados e, posteriormente, imigrantes europeus, que aqui chegaram no período das grandes migrações (1880-1930).

Em menor proporção, recebemos também de outras regiões de origem, como Sul e Sudeste da Ásia e do Oriente Médio. Vale lembrar, igualmente, os migrantes fugidos da 2ª Guerra Mundial, militantes políticos da Europa e da América Latina, que escaparam de crises políticas em seus respectivos países (Argentina, Venezuela, Chile e Bolívia).

Similarmente, o Brasil foi foco de emigração durante o período da ditadura militar (1964-1985), quando vários militantes políticos foram forçados a sair do país e exilar-se no estrangeiro.

A partir da década de 1980, o Brasil reposicionou-se na economia política mundial como exportador de migrantes, enquanto, também, atraía migrantes da América Latina, Ásia e África, fosse por questões políticas, fosse por busca de melhores oportunidades de trabalho.

Estudos recentes trazem a discussão entre migrações transnacionais e a contínua preocupação dos Estados-Nação na seleção de imigrantes desejáveis e indesejáveis. Nesse sentido, o fluxo de migração em alguns países cria uma questão referente à adaptação e à acolhida. Em algumas situações específicas, o tema foi (e vem sendo) tratado como "problema social", inclusive com certa dose de histeria pelos residentes nacionais, havendo manifestações xenófobas dos mais variados tipos.

Os EUA continuam sendo um país que exerce forte atração para os brasileiros que buscam um futuro na terra do Tio Sam. Em 2018, 4,4 mil brasileiros migraram para os EUA legalmente, para trabalhar ou estudar, representando alta de 27,3% em relação ao ano anterior[74] No entanto, a rigidez da política migratória implementada pelo Presidente Donald Trump tornou a vida dos brasileiros que optam por entrar naquele país de maneira clandestina muito difícil. O número de repatriados em 2019 foi recorde: quase 18 mil! Em fevereiro

---

74. Brasileiros buscam sonho americano pela porta da frente. *O Globo*, Rio de Janeiro, 8 set. 2019.

de 2020, mais de 370 brasileiros já haviam sido obrigados a retornar ao Brasil.[75]

Dada a magnitude dos processos de migrações internacionais e a intensificação de circulação de estrangeiros oriundos pelos mais diversos motivos, os Estados, principalmente os mais procurados pelos migrantes, aumentam o grau de fiscalização e controle de fronteiras, criando categorias de migrantes "legais" e "regulares", de um lado, e "ilegais", "irregulares" ou "indocumentados" e "sem papeis", de outro. Curiosamente, durante a pandemia da Covid-19, os Estados Unidos fecharam as fronteiras para a entrada de brasileiros desde o mês de maio de 2020, sem previsão de reabertura. Alega-se que a doença não está controlada no Brasil, o que traria riscos ao difícil combate do novo coronavírus no território norte-americano. Na mesma época, o governo Trump anunciou a interrupção de emissão de *green cards* por 60 dias.

A mudança no cenário internacional, acelerada pela globalização, estimula o populismo ao redor do mundo, levando no seu bojo a repulsa aos estrangeiros, transformando-os em vilões por "roubar empregos" e "desconfigurar" as entidades nacionais. A posição não faz sentido, pois a busca de pessoas em nova vida nunca passou de 3% nos últimos 50 anos.

Saída de brasileiros da pátria-mãe

Os dados sobre brasileiros no exterior não são completos, devido a fluxos ilegais de migração. Alguns dados, contudo, ajudam a compreender um pouco o cenário atual. Segundo pesquisa de 2018 do Departamento de Assuntos Econômicos e Sociais da Secretaria das Nações Unidas, cerca de 1,5 milhão de brasileiros habitavam foram do país na primeira metade de 2017, residindo a maioria em países europeus.

No Velho Continente, os brasileiros migravam sobretudo para Portugal e Espanha. Os que tentavam entrar ilegalmente, via aérea ou terrestre, enfrentavam uma alta taxa de rejeição

---

75. Ver mais em: http://bit.ly/2NK6OnP.

nas áreas de fiscalização rígidas e, em alguns casos, havendo abusos por parte das autoridades dos países onde pretendiam ingressar. Canadá e Austrália também foram países procurados e que no passado aceitaram nossos emigrantes.

Em anos mais recentes, a emigração para Portugal tem atraído fluxos crescentes da nossa classe média, devido à conjuntura doméstica de alta taxa de desemprego, também havendo, em vários casos, famílias que optam por deixar o país devido às condições precárias de segurança em algumas capitais brasileiras. Em 2018, muitos brasileiros foram barrados na fronteira, sendo que o maior número se encontra na faixa etária entre 35 e 39 anos. Existem 105.423 brasileiros com títulos de residência em Portugal, sendo 62.575 mulheres.

Entrada de estrangeiros à pátria-mãe

O Brasil é uma soma de imigrações. Nossa população resulta de uma interconexão e mistura de múltiplas origens de sangue e nacionalidade. Sem entrar na discussão sobre o tema da "democracia racial", que rende longas e acaloradas argumentações, é interessante lançar um breve olhar sobre os principais grupos que aqui vieram buscar morada em décadas anteriores, até com certo grau de estímulo por nossos governantes na ocasião.

- **Imigração italiana**

Até 1920, o Estado de São Paulo havia recebido aproximadamente 70% dos imigrantes italianos que vieram para o Brasil. Grande parte com destino às fazendas de café devido ao fato do Estado ter subsidiado o custo das passagens. Em 2013 viviam em São Paulo aproximadamente 15 milhões de italianos e seus descendentes, representando 34% da população do Estado. Os primeiros imigrantes datam de 1870. O fim da escravidão foi fator determinante para a vinda de imigrantes.

- **Imigração japonesa**

A imigração japonesa no Brasil teve início "oficialmente" no início do século XX, em 1908. O Brasil atingiu a maior população de origem japonesa fora do Japão, com cerca de 1,5 milhões dos chamados nikkeis. Hoje estão totalmente adaptados à vida brasileira, assim como os italianos, espanhóis, alemães e portugueses.

- **Imigração espanhola**

Nos séculos XIX e XX houve um grande fluxo migratório espanhol para o Brasil, representando o terceiro maior contingente que escolheu o país como segunda pátria.

- **Imigração portuguesa**

Obviamente não poderíamos deixar de falar na imigração portuguesa, que chegou ao Brasil com o descobrimento em 1500, com os primeiros colonos. No entanto, a migração para o Brasil tornou-se significativa no século XVIII, com o desenvolvimento da mineração na economia colonial, quando aqui chegaram centenas de milhares de colonos. Após a independência, na primeira metade do século XIX, a imigração ficou estagnada. Voltou a crescer na segunda metade do século, alcançando seu ápice na primeira metade do século XX, quando aqui aportaram anualmente 25 mil portugueses.

- **Outros fluxos**

Vale a pena mencionar a migração alemã, ocorrida nos séculos XIX e XX para várias regiões do país, principalmente no sul. Estima-se que, entre 1824 e 1972, cerca de 260 mil alemães entraram no Brasil, a quinta maior nacionalidade que mais migrou para o nosso país.

A imigração judaica teve início com a colonização do Brasil, quando judeus sefarditas e cristãos-novos se estabeleceram nas colônias.

Importante destacar a imigração árabe, ocorrida principalmente a partir do final do século XIX. A maior parte dos imigrantes era de origem libanesa. Curiosamente, hoje existem mais libaneses em São Paulo do que na capital do Líbano, Beirute!

Em alguns momentos de um passado mais recente, houve maior migração adicional portuguesa quando da Revolução dos Cravos e, episodicamente, maior fluxo de argentinos, chilenos, paraguaios, peruanos, e, principalmente, bolivianos, quando de crises econômicas (ou mesmo políticas) em seus respectivos países e que buscaram, em nosso país, oportunidades para melhores dias. Pelo que me recordo, as chamadas "migrações regionais" não provocaram ruídos ou queixumes dentro do país por uma suposta "invasão de estrangeiros", e, em geral, foram bem acolhidos.

O que anotei, adicionalmente, foi que, em muitos casos, e que até hoje se constatam, são as oportunidades oferecidas principalmente a bolivianos, explorados em trabalhos informais e, em algumas situações, em condições sub-humanas, com salários miseráveis e condições de trabalho inaceitáveis.

Tivemos, também, a migração mais relevante de haitianos e, principalmente, de sírios, devido às grandes crises civilizatórias em seus respectivos países nos últimos cinco anos.

Grupos empresariais mobilizaram-se para ajudar os imigrantes, além do envolvimento das diferentes igrejas.

No caso dos sírios, tendo em vista a existência de uma comunidade local de compatriotas, sua adaptação, seja pelo aprendizado de nossa língua ou pela busca de empregos foi facilitada. Os haitianos, conforme informações disponíveis, também têm sido absorvidos, seja em trabalhos na área de serviços da cidade, seja no campo.

A localização geográfica de nosso país explica o fato de o grande fluxo de imigração mundial não nos atingir. A porta de entrada, quando de um maior fluxo, foi pela nossa fronteira norte. Obviamente, a questão do idioma também tem sido fator que dificulta essa migração e busca de trabalho.

O drama dos venezuelanos

As péssimas e desumanas condições humanitárias que vêm sendo constatadas na Venezuela, principalmente após o falecimento de Chaves, e sua sucessão por Maduro, vieram colocar a questão migratória em uma dimensão que até então não havíamos constatado. No caso da Venezuela, mais de 3,6 milhões estão deslocados desde 2015, a maioria vivendo em países da América Latina e Caribe. É o maior fluxo na história da América Latina. Poucos são reconhecidos como refugiados, mas, sim, como migrantes econômicos. No entanto, o colapso do país não é uma crise comum, assemelhando-se a uma catástrofe humanitária. Mantendo-se o atual fluxo migratório da Venezuela, estima-se que em 2020/2021 o número seria superior aos imigrantes que saíram da Síria após o início da guerra.

O Brasil abriu as portas para o contingente de migrantes vizinhos, que se concentra, por razões fronteiriças, no norte do País, particularmente no Estado de Roraima, em especial na cidade de Pacaraima.

Conforme dados disponibilizados pelo Acnur à nossa pesquisa, em setembro de 2020, 4.518 pessoas refugiadas e migrantes viviam em abrigos em Roraima,[76] e 1.350 participaram do programa de interiorização voluntária.[77] Até 30 de agosto de 2020, o número contabilizado era de 102.504 solicitantes de refúgio venezuelanos e de 148.782 venezuelanos e venezuelanas com visto temporário ou definitivo de residência no Brasil.[78] São pessoas sem perspectiva de retorno ao seu país no curto e médio prazo.

Estive em Pacaraima em maio de 2019. Testemunhei que o número de venezuelanos que chegou à fronteira, de forma crescente, criou grande problema social e humanitário naquela cidade. O estado não estava preparado ou estruturado para dar uma acolhida apropriada a esses migrantes. A região geograficamente se isola do resto do Brasil e, com isso, tem escassas oportunidades econômicas. O fluxo populacional cada vez maior evidencia a grande vulnerabilidade das pessoas que estão chegando, afetando a capacidade de absorção

---

76. Disponível em: https://bit.ly/2Nl5E2t.

77. Disponível em: https://bit.ly/3awo3lI.

78. Disponível em: http://bit.ly/3ufdBXK.

das comunidades fronteiriças, principalmente de serviços públicos.

Eles deixaram tudo para trás, em busca da sobrevivência, vindos de um país completamente devastado pela fome, sem condições mínimas de uma vida digna, em decorrência das crises nos hospitais, falta de remédios e da perda total do valor de sua moeda, com uma inflação que atingiu, recentemente, números superiores a um milhão por cento anual, com desemprego e redução do PIB, que hoje é um terço do alcançado anteriormente. Hoje, mais de 30% das negociações são feitas em dólar.

Nesse contexto, o governo do presidente Temer liberou recursos extraordinários, como também mobilizou diferentes Ministérios para colaborar no processo de absorver esse fluxo de irmãos venezuelanos e engajar o sistema ONU buscando fortalecer suas ações. O mesmo teve prosseguimento durante o governo de Bolsonaro.

O Alto Comando das Nações Unidas para os Refugiados (Acnur), órgão das Nações Unidas com atuação destacada em diferentes países, vem desempenhando papel de grande relevância nos países onde os fluxos migratórios foram mais críticos, e com uma atuação destacada no norte do País, em total consonância com os militares locados na região. A Acnur apoia os três pilares da política federal: documentação, emergência assistencial e ações de integração. Os venezuelanos têm duas opções: refúgio ou permissão de residência temporária. Fundamental é o programa de integração buscar voluntários para a interiorização, transferindo os já regularizados em Roraima para outros estados brasileiros, onde existem melhores e maiores possibilidades de integração. Faço parte de um segmento multidisciplinar chamado Comitê Mobilizador, que visa facilitar a acolhida de venezuelanos no nosso País.

Somos internacionalmente reconhecidos como um país acolhedor. Entretanto, aqui, alguns refugiados, particularmente venezuelanos, não vêm encontrando facilidades para integrar-se à nossa sociedade, e, mesmo em algumas situações, ocorrem manifestações hostis.

Vale lembrar que o Brasil sempre teve papel pioneiro e de liderança na proteção internacional dos refugiados. Foi o primeiro país do Cone Sul a ratificar a Convenção relativa ao Estatuto dos Refugiados de 1951, no ano de 1960, e foi ainda um dos primeiros países integrantes do Comitê Executivo do Acnur, responsável pela aprovação dos programas e orçamentos anuais da agência.

Trabalha em total consonância com outras entidades filantrópicas, como: Cáritas, Cruz Vermelha, Médico sem Fronteiras, AVSI (ONG italiana que tem um contingente expressivo em Pacaraima). Como também mencionei anteriormente, diferentes religiões também estão representadas. Dignas de menção as diferentes agências do Ministério da Justiça, Cidadania, Saúde e Polícia Federal. Destaque especial às Forças Armadas que, além dos aspectos logísticos, têm papel de grande relevância na manutenção da ordem em Boa Vista e Pacaraima.

Até há alguns anos, esse assunto não sensibilizava nossa sociedade mais esclarecida. Agora, é justificadamente objeto de dupla preocupação. Em primeiro lugar, pela reação negativa de alguns grupos que não tem qualquer receptividade a acolher refugiados, principalmente devido ao alto nível de desemprego com o qual convivemos. Por outro lado, o país tem de se estruturar para uma nova realidade à qual não podemos nos omitir, e nossos reconhecidos valores humanitários devem prevalecer.

Não custa repetir: a ONU a considera uma das maiores crises de deslocamento forçado do planeta, com cerca de 4 milhões de deslocados em junho de 2019. No Brasil, foram solicitados 80 mil pedidos de refúgio.

O mundo vive não uma crise de refugiados, mas, sim, uma crise para pessoas refugiadas. É mais humano abrir as fronteiras do que as fechar!

A pandemia trará, certamente, consequências muito perversas para aqueles que buscam deslocamento para as variadas regiões. Se muitos países já tinham implementado políticas cada vez mais restritivas, essa situação poderia ser ainda mais rígida, com o fechamento de fronteiras por tempo indeterminado.

A ONG *World Vision* está "profundamente preocupada" com a possibilidade de que os impactos da Covid-19 possam "marcar permanentemente o desenvolvimento de uma geração de crianças mais vulneráveis do mundo", segundo opinião do Presidente e CEO da *World Vision Internacional*, Andrew Morley.[79] Ele refere-se principalmente às crianças que serão mais afetadas devido à alta mortalidade infantil. Ela vinha caindo, mas poderá elevar-se novamente. Nos países de menor renda, as crianças ficam desprotegidas, devido às precárias condições de saneamento, mostrando grande vulnerabilidade. Ficam, então, diante de uma difícil escolha: correr o risco de expor-se ao vírus ou morrer de fome. A *World Vision International* busca recursos dos países mais ricos para mitigar os efeitos perversos da COVID-10 e preservar a vida dessas crianças desprotegidas.

A questão migratória será fortemente afetada pela pandemia com fronteiras fechadas e desemprego, gerando dificuldades ainda maiores para aqueles que querem deslocar-se. Outra consequência é que países em que as famílias dependem fortemente das remessas enviadas por expatriados sofrerão, pois muitos deles poderão perder seus empregos. Os países da América Central, por exemplo, serão bastante afetados! Como as oportunidades de emprego caíram verticalmente, muitos brasileiros que perderam seus empregos disputavam lugares em voos para voltar à pátria.

---

79. Disponível em: https://blog.visaomundial.org/resposta-COVID19-fase2/.

NO FUTEBOL, SOMOS MAIS AUDACIOSOS

Poderá causar estranheza termos o futebol no contexto da internacionalização do Brasil, que foi propositadamente incluído na sequência da questão migratória. Gostemos ou não, devemos reconhecer que, foi através dele que o nosso País ficou mais conhecido no exterior. Durante um longo período, fomos conhecidos como o País do futebol, junto às escolas de samba e às mulatas, e uma certa liberdade sexual, que, infelizmente, criaram uma imagem distorcida no nosso País.

Na edição 99, de 2013, da *Revista da USP*, temos uma publicação totalmente dedicada ao futebol. Selecionei um artigo que resume bem a importância do futebol para a sociedade brasileira.

> Inicialmente um esporte de elite, o futebol logo foi "tomado" pelas classes mais populares. Incorporado a um caldo de cultura de base negro-mestiça que operava à margem da sociedade "oficial" – das esferas da política, da cidadania e do mercado –, o futebol foi reinventado a partir de um outro tipo de inteligência corporal. Ao mesmo tempo, ativou as forças da tradição oral e da emergente cultura de massa, tornando-se uma poderosa narrativa mítica do país.[80]

Creio que, mais recentemente, essa imagem esteja ultrapassada, muito embora o carnaval e o futebol continuem sendo identificados com o nosso País.

---

80. KAZ, Leonel *et al.* Dando tratos à bola: futebol e Brasil. *Revista USP*, n. 99, p. 67-78, 2013.

O BRASIL TEM MEDO DO MUNDO?
Ou o mundo tem medo do Brasil?

No que toca ao futebol brasileiro, ser internacional é sinônimo de *status*. Entre os clubes, por muitos anos, o Santos e o Tricolor do Morumbi, por exemplo, se gabavam como os maiores campões mundiais. Depois, o Corinthians adentrou ao seleto grupo, ainda que de forma controversa. Motivo de piadas continua o Palmeiras, que sempre tem de ouvir o bordão repetitivo de que "não tem mundial".

Para além da pecha entre os rivais nacionais, recordo também que todos nós que viajamos para países e cidades que não estão entre aquelas mais visitadas pelos nossos turistas, certamente nos defrontamos com aquela clássica pergunta sobre futebol, quando nos identificamos como brasileiros. Invariavelmente, o nome de Pelé sempre apareceu com destaque. Mas não era só ele que tinha seu nome lembrado. Outros craques eram citados, como: Zagalo, Romário, Bebeto, Taffarel, Rivelino, Sócrates, Neymar, Falcão, Zico, Careca, entre muitos outros.

No entanto, para mim, foi com certa surpresa quando estive em um seminário da IBM na Rússia, em São Petersburgo, e decidi voltar do centro de convenções para o hotel onde estava hospedado, valendo-me de um riquixá, pedalado por um jovem russo. Quando me identifiquei como brasileiro, ele, após mencionar nosso futebol como campeão do mundo, fez referência ao craque que o tinha impactado mais fortemente: Rogério Ceni, goleiro do São Paulo. Não posso, de forma alguma, deixar de reconhecer naquele atleta sua excepcional qualificação (inclusive de batedor de falta e de pênaltis), mas sua citação foi surpreendente! Agora, é um bem-sucedido técnico do Flamengo.

Indo direto ao assunto que justifica a inclusão do tema futebol e sua internacionalização, jogadores de futebol nacionalmente produzidos são uma "mercadoria" valiosa de exportação no País. Afinal, o mundo do futebol movimenta expressiva quantidade de recursos em todo o planeta. No caso específico do Brasil, as movimentações mais relevantes creio terem sido a venda de jogadores como Neymar (comprado inicialmente pelo Barcelona e, posteriormente, negociado com o Paris Saint-Germain). Os nossos maiores parceiros comerciais importadores são clubes europeus. Entre os países que mais se destacam na compra de nossos atletas estão, principalmente: Espanha, Itália e Alemanha.

Mais recentemente, outros países que passaram a importar nossos jogadores *Made in Brazil* foram alguns árabes e chineses, onde o futebol está assumindo popularidade crescente. Os grandes clubes do gigante asiático estão dispostos a pagar somas vultosas para importar jogadores. Alguns ficam durante longos períodos por lá, e, outros, após uma experimentação, às vezes não se adaptam ou são relegados e renegociados de volta.

Em *ranking* divulgado pela FIFA referente à compra e venda de jogadores no ano de 2020, o Brasil liderou a lista, em dois quesitos: quantidade e valor. Foram 2.008 transações, que somaram US$ 734 milhões.[81]

Assim, temos uma nova realidade de jogadores mais velhos que estão voltando para casa, enquanto os clubes no exterior investem nos quadros dos mais jovens, aqueles que compram por antecipar um grande futuro. Inclusive, algumas aquisições são feitas nos chamados grupos de base, quando ainda não são estrelas, mas vistos com grande potencial. Em muitos casos, têm seu passe comprado, mas ficam por aqui até que atinjam certa idade e então possam partir para os clubes que neles investiram.

Sobre essas voltas de atletas ao Brasil, somente aqueles times "ricos" têm tido condições financeiras para trazê-los, pois os valores de possíveis negociações não são viáveis para todos os clubes, mesmo chamados de "grandes", que não estão em condições financeiras de viabilizar tais aquisições. Assim, o grupo de compradores é limitado e liderado por Flamengo, Palmeiras, São Paulo e Internacional. São clubes que têm um grande número de torcedores, boa renda em seus jogos, bom número de associados e boa cota televisiva, importante fonte de receita para os clubes.

---

81. Disponível em: http://bit.ly/3bzGbKK.

O BRASIL TEM MEDO DO MUNDO?
Ou o mundo tem medo do Brasil?

Se o Brasil exporta jogadores nacionais, também importa de diferentes países, principalmente da América do Sul, que tem suprido um bom número de atletas. Em parte, devido às vantagens do mercado de câmbio, que permite à nossa moeda um valor comparativamente superior ao dos países vizinhos. Entre os principais estão Argentina, Uruguai, Chile, Colômbia, Equador e até Venezuela. Alguns técnicos estrangeiros também vêm ocupando espaço no futebol brasileiro, como o caso de Jorge Jesus, no Flamengo, o mais reconhecido. Alguns jogadores chegam por empréstimo por determinado período de tempo, com uma opção de renovação ou mesmo de venda.

Resta saber como o novo cenário internacional pós Covid-19 vai afetar o futebol. A questão de transferência de jogadores, muito provavelmente, a curto prazo, vai diminuir substancialmente. E, por consequência, o valor dos "passes". Algumas reportagens mostram como ficou embolado o meio de campo no futebol. No dia 8 de maio de 2020, o jornal *O Estado de S. Paulo* publicou reportagem cujo foco era a desvalorização do valor de mercado dos clubes e dos jogadores durante a pandemia. Nessa reportagem, alertou-se para a goleada sofrida pelo mercado da bola na conjuntura pandêmica, com base em estudo da consultoria KPMG. A estimativa era de queda de mais de 20% nos contratos, de jogadores, inclusive, como Neymar e Lionel Messi.[82] No mês seguinte, no dia 12 de junho, o jornal voltou a se debruçar sobre o assunto, e trouxe entrevista com o advogado com atuação de mais de duas décadas no mercado da bola, Marcos Motta. Para ele, o mercado vai perder R$ 11 bilhões, principalmente com transferências de jogadores.[83]

Os números dessas transações não estão totalmente disponíveis e, em alguns casos comentados pela imprensa, foi questionada a autenticidade e a transparência desses números. Existem mesmo pendências fiscais que nossas autoridades fazendárias iniciaram.

---

82. Disponível em: http://bit.ly/3azNEKw.
83. Mercado vai perder R$ 11 bi de compras. *O Estado de S. Paulo*, 12 jun. 2020, p. A 12.

Como valores exemplificativos, as transferências mais caras de jogadores brasileiros foram:

TRANSFERÊNCIAS MAIS CARAS DE JOGADORES BRASILEIROS NA HISTÓRIA DO FUTEBOL (TOP 5)						
	Jogador	Posição	De	Para	Valor (milhões de €)	Ano
1	Neymar	Atacante	Barcelona (ESP)	Paris Saint-Germain (FRA)	222	2017
2	Philippe Coutinho	Meia	Liverpool (ING)	Barcelona (ESP)	145	2017
3	Neymar	Atacante	Santos (BRA)	Barcelona (ESP)	88.2	2013
4	Artur	Meia	Barcelona (ESP)	Juventus (ITA)	72	2020
5	Kaká	Atacante	Milan (ITA)	Real Madrid (ESP)	67	2009

Fonte: Transfermarkt, 2021.[84]

Na relação das 10 transferências mais caras do futebol (Top 10), Neymar aparece duas vezes, seguido por outro brasileiro, o Coutinho (da nossa seleção) do Liverpool para Barcelona.

Os números citados a seguir servem para indicar a relevância do futebol no chamado "mercado de bola", que representa incríveis somas de dinheiro, sem mencionar a promoção de jogadores brasileiros no contexto mundial.

TRANSFERÊNCIAS MAIS CARAS DO FUTEBOL (TOP 10)						
	Jogador	Posição	De	Para	Valor (milhões de €)	Ano
1	Neymar	Atacante	Barcelona (ESP)	Paris Saint-Germain (FRA)	222	2017
2	Kylian Mbappé	Atacante	Monaco	Paris Saint-Germain (FRA)	145	2018
3	Philippe Coutinho	Meia	Liverpool (ING)	Barcelona (ESP)	145	2017
4	Ousmane Dembélé	Lateral Direito	Bor. Dortmund (ALE)	Barcelona (ESP)	140	2017
5	João Félix	Atacante	Benfica (POR)	Atlético Madrid (ESP)	127.20	2019
6	Antoine Griezmann	Atacante	Atlético Madrid (ESP)	Barcelona (ESP)	120	2019
7	Cristiano Ronaldo	Atacante	Barcelona (ESP)	Juventus (ITA)	117	2018

---

84. Disponível em: http://bit.ly/3bECeV9.

O BRASIL TEM MEDO DO MUNDO?
Ou o mundo tem medo do Brasil?

	Jogador	Posição	De	Para	Valor (milhões de €)	Ano
	TRANSFERÊNCIAS MAIS CARAS DO FUTEBOL (TOP 10)					
8	Eden Hazard	Lateral Esquerdo	Chelsea (ING)	Real Madrid (ESP)	115	2019
9	Paul Pogba	Meia	Juventus (ITA)	Manchester United (ING)	105	2016
10	Gareth Bale	Lateral Direito	Tottenham (ING)	Real Madrid (ESP)	101	2013

Fonte: Transfermarkt, 2021.[85]

  A Diretoria de Registros e Transferências da Confederação Brasileira de Futebol (CBF) consolidou os números referentes aos primeiros sete meses de 2019. Temos o seguinte quadro: foram 12.493 transferências nacionais registradas. Para o exterior, foram 1.484. Das transferências externas, englobando jogadores profissionais, de futebol de salão e amadores, arrecadaram-se $210.962.623 euros. Do lado da importação, os clubes nacionais investiram quase R$270 milhões na contratação de jogadores de outros países. Vieram 983 atletas de fora do Brasil.

  Como tudo durante a crise da Covid-19, o futebol também parou. Foi totalmente paralisado devido à pandemia. Campeonatos locais e competições internacionais foram adiadas sem data de retorno. Até os Jogos Olímpicos de Tóquio, inicialmente previstos para junho de 2020, foram postergados para o ano seguinte. Em reportagem de 30 de março de 2020, de *O Estado de S. Paulo*, conseguimos ter ideia do tamanho do rombo que a pandemia provocou aos cofres europeus do mundo da bola:

> O prejuízo do novo coronavírus no futebol irá bem mais além do que somente paralisar os campeonatos. As previsões de especialistas em finanças são bastante sombrias sobre o quanto a modalidade vai se fragilizar e sofrer uma das maiores crises econômicas da história. Apenas as cinco principais ligas nacionais da Europa (Inglaterra, Espanha, Itália, Alemanha e França) podem ter um

---

85. Disponível em: http://bit.ly/3bECeV9.

impacto do equivalente a R$ 20 bilhões se os campeonatos não puderem ser retomados, segundo projeção da consultoria KPMG.[86]

A título exemplificativo, vale citar, também, matéria publicada no mesmo jornal, no dia 6 de maio de 2020. O artigo "De volta a Wuhan, atacante brasileiro descreve clima na cidade marco zero do coronavírus" cita o time local de Wuhan na China em que joga o atleta brasileiro Rafael Silva, que disputa pelo Wuhan Zall, time local que está no campeonato de elite do calendário chinês. Depois de 104 dias fora de Wuhan, os jogadores e técnicos voltaram à cidade para reiniciar o treinamento. Havia saído da cidade (epicentro da doença no mundo) inicialmente para Guangzhou e depois, com o crescimento do surto na China, continuou sua pré-temporada em Sotogrande (Espanha). No entanto, depois de a doença chegar por lá, decidiram voltar à China e ficaram em Shenzhen, onde permaneceram confinados em um hotel por duas semanas.

Outra consideração acerca do novo coronavírus sobre o futebol é a velocidade com a qual os torcedores voltarão a frequentar os estádios. Creio que o contágio de multidões aglomeradas pode causar um distanciamento dos torcedores nos estádios. Na volta do futebol, quando houve um abrandamento da quarentena em diferentes países, as primeiras partidas foram a portões fechados. As finanças dos clubes vem sendo, em boa parte, afetadas, não só pela questão do público, mas também por causa de muitos patrocinadores, que irão se ausentar. No entanto, o futebol, mesmo não contando presencialmente com seu público, continua ocupando grande espaço na mídia e no coração dos torcedores.

---

86. Pandemia deve causar prejuízo de até R$ 20 bilhões no futebol europeu. Disponível em: http://bit.ly/3pB68i2.

EM PAUTA: ARENA AMAZÔNICA

As razões que tornam a floresta amazônica importante são superlativas. Trata-se da maior floresta tropical do mundo a qual, a um só tempo, congrega a maior bacia hidrográfica do planeta e o maior contingente de água potável disponível no globo. A biodiversidade é impressionante. "A Amazônia[87] representa a quintessência da biodiversidade – o mais rico ecossistema na Terra", segundo o Smithsonian Institution, dos Estados Unidos. Acredita-se que a Amazônia abrigue entre 10 e 20% da biodiversidade mundial conhecida. Olhando apenas para os rios da bacia amazônica, estima-se que concentrem cerca de 85% das espécies de peixes de água doce da América do Sul.

Alegando vontade de direcionar cuidados especiais para a região, politicamente, desde a década de 1960, o governo criou o conceito de Amazônia Legal. Representando cerca de 60% do território nacional e apresentando desafios sociais e econômicos similares ao longo dos nove estados que abrange, o recorte "Amazônia Legal" engloba, na totalidade, o Acre, Amapá, Amazonas, Mato Grosso, Pará, Rondônia, Roraima e Tocantins e, em parte, o Maranhão. Constitui área de

---

87. No original: "Amazonia represents the quintessence of biodiversity – the richest ecosystem on earth". Smithsonian Institution. Where Is The World's Greatest Biodiversity? Smithsonian Scientists Find The Answer Is A Question Of Scale. *ScienceDaily*. Disponível em: http://bit.ly/2M5vzum. Acesso em: 22 out. 2019.

O BRASIL TEM MEDO DO MUNDO?
Ou o mundo tem medo do Brasil?

5.217.423 km² do território brasileiro, embora, em termos populacionais, represente tão somente 21.026.532 habitantes – 12% da população nacional. É interessante notar que, nesses Estados, concentram-se mais de 55% da população indígena do país, ou seja, cerca de 250 mil índios.[88]

Mas a floresta não se restringe aos limites territoriais do Brasil. A Hileia Amazônica é de múltiplos países. A selva se estende para além do Brasil, alcançando mais outros oito países da América do Sul. São eles: Bolívia, Colômbia, Equador, França (Guiana Francesa), Guiana, Peru, Suriname e Venezuela. Totaliza 7.413.827 km²!

Por se tratar de uma floresta partilhada por diversos países, foi criada, em 1995, a Organização do Tratado de Cooperação Amazônica (OTCA).[89] O Tratado de Cooperação Amazônica existe desde o final da década de 1970 e tem como objetivo:

> realizar esforços e ações conjuntos, para promover o desenvolvimento harmonioso de seus respectivos territórios amazônicos, de maneira que essas ações conjuntas produzam resultados equitativos e mutuamente benéficos, quanto à preservação do meio ambiente e à conservação e ao uso racional de recursos naturais desses territórios.[90]

A Amazônia é fundamental para a manutenção do equilíbrio climático mundial, e tem uma grande influência no transporte do calor e vapor da água para as regiões localizadas nas latitudes mais elevadas. Além disso, tem um papel muito importante no sequestro de carbono atmosférico e, com isto, contribui na redução do aquecimento global.

Tudo o que é dito a respeito da Amazônia é imenso, grande, desafiante e muitas vezes imensurável. Os desafios do passado e do futuro nos são impostos no presente. Para trabalhar em benefício da região, é indispensável conhecer suas peculiaridades e características.

---

88. O que é a Amazônia Legal. Dicionário Ambiental. *((o))eco*, Rio de Janeiro, nov. 2014. Disponível em: http://bit.ly/3s75ydy. Acesso em: 22 out. 2019.

89. Para mais informações sobre a OTCA, acesse: http://www.otca-oficial.info/.

90. OTCA. Tratado de Cooperação Amazônica. Art. 1º.

Representa mais da metade da floresta úmida tropical do planeta, e é a maior floresta tropical do mundo. A região, representa entre 4 a 6% da superfície total da Terra, e entre 25 a 40% da superfície da América. Além disso, a região amazônica abarca uma superfície de 7.413.827 km², o que representa 54% da superfície total dos oito Países Membros da OTCA: Brasil, Bolívia, Colômbia, Equador, Guiana, Peru, Suriname e Venezuela.

A Amazônia é também sinônimo de diversidade cultural, devido a que é resultado de um processo histórico de ocupação do território e interação entre grupos humanos de distinta procedência étnica e geográfica.

Os 34 milhões de habitantes respondem por 11% da população dos oito Países Amazônicos. Moram 420 diferentes povos indígenas e tribais, que falam 86 línguas e 650 dialetos. Aproximadamente 60 povos vivem em condição total de isolamento. É uma região que tem grande volume de riquezas naturais, fundamentais para o desenvolvimento econômico e social de seus povos.

O Rio Amazonas possui a bacia hidrográfica mais extensa do planeta, e seus rios têm um papel importante no ciclo e balanço hídrico da região.

O Rio Amazonas nasce nos Andes do Peru, a 5.597 metros acima do nível do mar, e corre até a foz do Oceano Atlântico. A Bacia Amazônica contém aproximadamente 20% da água doce do planeta nos oceanos. O rio Amazonas tem 6,992 mil quilômetros de extensão e é o maior do mundo.

O Amazonas tem o maior volume de vazão de água (220.000 m³ por segundo) e transporta mais água que os rios Missouri-Mississippi, Nilo e Yangtsé juntos.

O Ciclo Hidrológico Amazônico alimenta um complexo sistema de aquíferos e águas subterrâneas, que pode abranger uma área de quase 4 milhões de km² entre Brasil, Bolívia, Colômbia, Equador, Peru e Venezuela.

A Amazônia alberga uma grande variedade de espécies de flora e fauna, que tem permitido estabelecer marcas mundiais de diversidade biológica. Também é uma importante área de endemismos, o que faz dela, uma reserva genética de importância mundial para o desenvolvimento da humanidade.[91]

---

91. Nossa Amazônia. Disponível em: http://www.otca-oficial.info/amazon/our_amazon.

O BRASIL TEM MEDO DO MUNDO?
Ou o mundo tem medo do Brasil?

A internacionalização da Amazônia

A Organização das Nações Unidas, em 2015, lançou os chamados Objetivos do Desenvolvimento Sustentável (ODS), plano de ação que congrega 17 objetivos e 169 metas que devem ser alcançados pelos países até o ano de 2030.

O plano, ambicioso, ataca os mais variados temas. Fome, agricultura, cidades, ambientes marinhos, indústria: vários são os domínios alvo das metas previstas na também chamada Agenda 2030.

Os ODSs se baseiam no conceito de desenvolvimento sustentável, do final da década de 1980. "O desenvolvimento sustentável é o desenvolvimento que encontra as necessidades atuais sem comprometer a habilidade das futuras gerações de atender suas próprias necessidades", conforme o relatório Nosso Futuro Comum, de 1987.

A ideia é conciliar crescimento econômico com preservação ambiental. No discurso é inspirador, mas a implementação está longe de ser tranquila.

O Brasil tem um grande desafio nesse quesito. Berço da maior floresta tropical do mundo, a Amazônia, dono de um território imenso e com uma faixa litorânea que se alonga por mais de 7 mil quilômetros de extensão, o país tem dificuldades em terra, mar e ar.

Desafios amazônicos

Se a floresta é superlativa em sua caracterização, o é, também, no que diz respeito aos desafios que se lhe impõem. A lista de problemas é extensa, o que mostra a necessidade de trazer ao plano da prioridade doméstica o valor estratégico da região.

De início, historicamente, a Amazônia é uma das grandes reservas de madeira tropical. Vem sofrendo acelerado processo de degradação, devido à exploração predatória e ilegal de extração por madeireiras clandestinas. Também tem sofrido todo tipo de agressão ambiental, devido à atuação predatória de garimpeiros (legais e ilegais) em busca de ouro, poluindo rios e seus afluentes. Outro problema é a onda expansiva da agropecuária. A região também conta com projetos de desenvolvimento que avançam pelos rios, na forma de grandes hidroelétricas.

No mais, a região tem sido palco de inúmeros episódios de desmatamentos ilegais e de queimadas, causando conflitos sociais, que se chocam com os interesses de proteção da floresta, demarcação de terras indígenas, reforma agrária e fundiária.

Em meados de 2019, a Comissão de Meio Ambiente (CMA), que se reporta ao Senado, realizou audiências públicas para obter maiores esclarecimentos sobre grilagem e fiscalização da Amazônia. Para o Presidente da Comissão, o Senador Fabiano Contarato, a fiscalização, a educação e a prevenção são pilares para a efetiva proteção da Amazônia.

2019: o ano das crises amazônicas

No ano de 2019, desmatamento, queimadas, falta de verbas e de fiscais foram assuntos que ganharam o noticiário nacional e internacional. Uma leitura de que políticas presidenciais seriam mais lenientes e tolerantes a infratores também é lembrada para compreender a crise atual que teve grande repercussão internacional, criando zonas de atrito com alguns países europeus, especialmente a França.

A NASA indicou que 2019 foi o pior ano de queimadas na Amazônia brasileira desde 2010. Os principais focos de incêndios estão localizados nas margens de rodovias. Para os cientistas, a atividade das queimadas na floresta amazônica, de ano para ano, de mês para mês, tem sido influenciada pelas mudanças econômicas e climáticas.

A Agência norte-americana, no entanto, detectou que, apesar de a seca ter desempenhado papel importante na intensificação dos incêndios, maior que em outras ocasiões, o número e a localização das queimadas detectadas no início da estação mais seca de 2019 parecem ligados mais ao desmatamento que à seca sazonal.

O BRASIL TEM MEDO DO MUNDO?
Ou o mundo tem medo do Brasil?

Não é a primeira vez, e, muito provavelmente, não será a última, que o tema da Amazônia deixa o noticiário interno e passa a ocupar relevância no cenário internacional. Logo no início de 2020, por exemplo, o Fórum Econômico Mundial divulgou o Relatório de Riscos Globais 2020, em que não faltaram alertas ao governo brasileiro sobre a Amazônia.

> O documento afirma que a perda abrupta da cobertura da Amazônia pode ter custo econômico de US$ 3 trilhões. [...] No mesmo trecho em que trata da Amazônia, o relatório destaca riscos para os mercados agrícolas, lembrando que o Brasil é um dos maiores exportadores de *commodities* como soja, milho e carne.[92]

O relatório, confeccionado com base em opiniões de 750 especialistas, lança dúvida sobre o futuro do mercado de alimentos e a insegurança que isso pode gerar, bem como alerta sobre o prejuízo às comunidades indígenas que dependem do território amazônico.

A Amazônia é nossa!

O tema "soberania" voltou novamente à baila, com a inoportuna menção, ainda que indiretamente, do Presidente Macron, que colocou em discussão o tema da nossa soberania sobre a região.

A questão do meio ambiente e suas consequências sobre o comportamento climático no que diz respeito ao aquecimento global e à Floresta Amazônica voltou às manchetes, colocando-nos em posição defensiva.

Sob todos os aspectos, o fato incontestável é de que as elites brasileiras – e nelas estão inclusas, não somente, as classes empresariais, mas, sobretudo, todos aqueles que têm posição de destaque na sociedade, inclusive a classe política – não vêm conferindo à temática amazônica o merecido destaque nas discussões sobre políticas públicas prioritárias.

---

92. Perdas na Amazônia podem superar US$ 3 tri. *O Globo*, Rio de Janeiro, 16 jan. 2020.

Temos de incluir a questão da Amazônia na Estratégia Nacional de Defesa do nosso território como uma política fundiária, claramente definida, marcando maior presença na região, para que a questão das terras indígenas fique visivelmente delimitada e respeitada, assim como as possibilidades de exploração das riquezas minerais nelas existentes sejam explicitadas, de forma aberta e transparente. Registre-se, inclusive, que tem sido objeto das declarações presidenciais respeitar os direitos indígenas.

Somente em momentos de crise, damo-nos conta de sua relevância para o nosso país e de como a ela temos de dedicar mais atenção e recursos para evitar que eventuais questionamentos a respeito da nossa autonomia sobre a região possam ser colocados em discussão e levar a uma tensão desnecessária e sem cabimento.

Nossa presença, no caso da Cúpula do Clima Madrid, que se encerrou em dezembro de 2019, deveria servir para alterar nossa imagem no exterior e não aconteceu.

Tentativas de contestação da soberania nacional em relação à floresta não são de hoje. A história mostra alguns episódios, como os relatos no texto *Internacionalização da Amazônia*, de Almir Pazzianotto Pinto, advogado, ex-Ministro do Trabalho e ex-presidente do Tribunal Superior do Trabalho, do dia 27 de setembro de 2019:

> [...] A primeira tentativa concreta de penetração estrangeira na região ocorreu na segunda metade do século 19, quando o governo americano soube de projeto desenvolvido pelo governo boliviano de construção de ferrovia destinada à exportação de borracha pelo Oceano Atlântico.
>
> A incorporação do Acre pelo Tratado de Petrópolis, negociado por Rio Banco, custou-nos 2 milhões de libras esterlinas e a construção da Estrada de Ferro Madeira-Mamoré, com extensão de 366 quilômetros. [...]
>
> [...] Já no início da década 1920, Henry Ford cogitou de se tornar autossuficiente na produção de pneus para os automóveis produzidos em Detroit. Com esse objetivo adquiriu vasta área

às margens do Rio Tapajós, onde construiu uma vila dotada das comodidades da época, montou fábrica de borracha, plantou 3 milhões de seringueiras e contratou 2.700 empregados.

[...] Na década de 1960 o negócio da celulose atraiu para a região do Rio Jari o americano Daniel Keith Ludwig, bilionário ligado ao setor de transportes marítimos. Em março de 1967, Ludwig concluiu as negociações para a fundação da empresa Jari Florestal e Agropecuária, integrante do grupo Jari Indústria e Comércio S/A, com o governo do presidente Castelo Branco. O projeto visava a produzir celulose, explorar jazida de caulim, cultivar milho, mandioca e arroz, criar gado bovino, na área de 1.632.121 hectares, sendo 1.174.391 hectares no município de Almeirim (PA) e 457.730 hectares no então Território Federal do Amapá, município de Mazagão.[93]

Choque de realidade

A verdade nua e crua é que temos uma infraestrutura incompatível com a realidade, em total deficiência de segurança pública, saneamento e ausência de mão de obra qualificada. O Estado não tem cumprido com suas obrigações constitucionais, seja por falta de recursos, seja por não estar privilegiando, na estratégia nacional, os indígenas.

As visitas de diferentes grupos políticos e empresariais não têm acontecido com frequência e com objetivos claramente definidos. Ademais, a densidade populacional também está muito abaixo dos padrões nacionais, e os que lá habitam não estão conseguindo um padrão de vida satisfatório. Além disso, prepondera desconhecimento generalizado sobre a Amazônia na população em geral.

O sistema de defesa deixa a desejar, e as nossas Forças Armadas, particularmente as do Exército, têm se desdobrado para fazer o mínimo indispensável compatível com a nossa responsabilidade. Outros órgãos federais também têm estado presente, mas seu compromisso com as tarefas que lhe são atribuídas não tem tido o comprometimento desejável.

---

93. Disponível em: http://bit.ly/2OJ4P3J. Acesso em: 2 nov. 2019.

Outro problema a ser equacionado é o das Organizações Não Governamentais (ONGs). O seu número não está, ainda, claramente recenseado e seus objetivos estão parcialmente definidos. A participação de ONGs com recursos estrangeiros precisaria, também, ser melhor identificada. E há a desconfiança de que algumas simplesmente existem para levantamentos de reservas de produtos medicinais e outros fitoterápicos que lá existem para serem explorados, e não com os nobres objetivos para os quais foram criadas.

Outro ponto é o de revitalizar nossos projetos em harmonia com nossos vizinhos, definindo claramente direitos e responsabilidades de cada um. Nesse sentido, é pouco divulgado o fato de que a OTCA se reuniu para discutir as providências a serem tomadas em relação às queimadas amazônicas, no início de setembro de 2019.

Obviamente, a questão da educação uma vez mais surge em sua prioridade. Deve receber maior atenção e, com isso, abrir maiores oportunidades para os que lá habitam.

Havendo passividade, certamente, estaremos correndo risco iminente de nos tornarmos paraíso para comportamentos ilícitos.

Como consequência natural, surge a questão do controle de tráfico de drogas: a Amazônia pode se transformar em fronteira propícia para a proliferação de narcotraficantes, numa festa de contrabando. Temos fluxos de diferentes tipos de drogas (cocaína, crack, e outras mais pesadas) por via terrestre, marítima e fluvial e com todo o banditismo a ele associado. Há o risco de que esse comportamento ilícito se amplie, se não for apropriadamente policiado e controlado.

Isso demonstra, claramente, nossas dificuldades de termos controle efetivo de proteção fronteiriça e, certamente, demonstra um grande desafio da segurança nacional.

Por último, mas não menos importante, menciona-se a presença de diferentes grupos religiosos. Em sua maioria, têm finalidade nobre de evangelização, dando esperança aos moradores da região. Há, entretanto, outras religiões suspeitas de estarem na região com outras intenções não explicitamente definidas, mais interessadas pelo que está debaixo da terra.

Outro campo a atacar é o do *modus operandi* para que ruralistas e ambientalistas tenham um convívio pacífico, respeitando os interesses do meio ambiente e as regulamentações existentes.

A divulgação sobre a relevância das questões amazônicas deve ser tratada desde os bancos escolares. A sua importância e conexão com a questão ambiental deveriam, também, ser tratadas por líderes de empresas e especialistas nas faculdades de administração, pois envolvem análise de risco como parte da governança corporativa.

Em entrevista dada ao jornal *O Estado de S. Paulo* em setembro de 2019, o Embaixador Marcos Azambuja criticou a condução da política externa ambiental do país e sugeriu, também, um caminho possível para a nossa Hileia:

> *O Brasil se consolidou como protagonista, ao longo dos últimos anos, de temas como a defesa do meio ambiente e do desenvolvimento sustentável. O País estará agora diante do mundo na tribuna das Nações Unidas e enfrenta questionamentos por conta dos incêndios na Amazônia e da política ambiental. Como chegamos até aqui?*
>
> Houve a ruptura de um equilíbrio. Há muitos anos, o Brasil não era mais alvo de nenhuma reação mundial. Pelo contrário, era parte de um consenso. Agora, passamos a ter um comportamento permissivo demais e acusamos ONGs e países de conspiração. Depois de tantos anos de harmonia, temos uma relação conflituosa.
>
> O Brasil era visto como um sócio necessário e natural de uma causa comum, mas agora inspira desconfiança. Resolveu se distanciar de um consenso sobre meio ambiente e direitos humanos. Ainda que o Brasil tivesse suas especificidades, estava de acordo com o ideário global, tinha uma ideia de atenção sustentada sobre desenvolvimento sustentável. O mundo aceitava que o Brasil estava agindo com prudência, embora quisessem que fôssemos mais velozes.

Agora, o meio ambiente é visto como parte de uma conspiração internacional contra os interesses brasileiros. Perdeu-se a sensação de que o meio ambiente é, acima de tudo, interesse do Brasil. Quando penso em meio ambiente, não estou preocupado só com a Groenlândia, estou preocupado com o peixe aqui do lado. O mundo começa no Brasil.

O que fazer para mitigar possíveis danos na Assembleia Geral das Nações Unidas?

No momento, desconfio da filosofia do nosso representante. Em condições normais, o objetivo seria restabelecer a confiança, já que a política externa é construída sobre confiança recíproca. Há uma repartição de responsabilidades, por isso é preciso diálogo e entendimento. Mas não vejo esses ingredientes. Minha impressão é que a situação, diplomaticamente, tende a piorar um pouco mais antes de melhorar.

E no Brasil, o que mudou a partir dali?

O País incorporou no seu ideário nacional a proteção do meio ambiente. Deixou de ser uma "ideia estrangeira" para ser uma causa nacional. Antes, víamos o meio ambiente como algo "com os outros". Depois, passou a ser "coisa nossa". Não era protegido para agradar europeus, canadenses, mas para proteger o que era nosso. Foi um casamento virtuoso entre preocupações globais e interesses nacionais.

O Brasil começou a cuidar do meio ambiente não porque fosse bom para a Dinamarca, mas porque uma floresta queimada é ruim para nós, porque uma praia poluída nos prejudica. Então, se alinha com uma boa causa, participa de todas as COPs, da Rio+10, da Rio+20, até que assinamos as convenções do Acordo de Paris. O País ia navegando de maneira tranquila em harmonia com o mundo. Mas, agora, o Brasil não está sendo coerente com a sua política ambiental desde a Eco-92.[94]

Os comentários aqui resumidos do Embaixador Marcos Azambuja fazem sentido e devem servir como pontos de reflexão.

Em 2020, o Instituto Nacional de Pesquisas Espaciais (INPE) registrou, entre janeiro e junho, mais de 8.844 focos de queimadas, 23% a menos do que no mesmo período do ano

---

94. Marcos Azambuja: "Brasil não está sendo coerente com sua política ambiental desde a Eco-92". *O Estado de S. Paulo*. Disponível em: http://bit.ly/3s3qiCS. Acesso em: 2 nov. 2019.

anterior.[95] No entanto, a política de meio ambiente implementada pelo governo de Jair Bolsonaro esteve muito distante de mudar a imagem do país no exterior.

Os jornais noticiaram que, em 3 de junho, o vice-presidente, Hamilton Mourão, em palestra na Fiesp, apresentou o plano de trabalho Conselho Nacional da Amazônia Legal, em busca de medidas para criar uma imagem positiva do Brasil "como país que está comprometido com os princípios internacionais de proteção do meio ambiente, garantir a presença do Estado em todos os rincões da Amazônia e aproveitar, de maneira sustentável, os recursos naturais existentes na região, sem deixar de promover a inclusão social da população local".[96] Além disso, comentou sobre a articulação do governo federal no Fundo Amazônia em relação a seus principais financiadores, entre os quais estão alemães e noruegueses.

O general, em 9 de julho de 2020, convocou gestores dos fundos de investimentos e de pensão, nacionais e internacionais, bem como alguns do governo, para tratar do tema referente ao desmatamento da Amazônia. Abordou, também, o retrocesso na nossa política ambiental. É uma reação não só aos gestores de grandes investimentos internacionais que em manifestação explicitaram sua insatisfação com a atual política ambiental e alertaram que viam o governo atual como forte impedimento para investirem no país: há alguns dias, também grupo representativo de empresas, como a Brasken, externaram essa preocupação.

Da mesma forma, essa inédita atuação foi seguida por um grupo representativo de ex-ministros da Fazenda e Presidentes do Banco Central, que assinaram um documento tornado público, em que expressam a sua preocupação junto ao governo atual, afirmando a necessidade de atitudes construtivas no que toca à política ambiental que lide com a questão das queimadas e do desmatamento amazônico.

---

95. Disponível em: http://bit.ly/3u8pONE.
96. Disponível em: https://bit.ly/3axQVdo.

Dentro do mesmo contexto, em 22 de julho, três dos maiores bancos privados do país (Bradesco, Itaú e Santander) lançaram plano para o desenvolvimento sustentável na Amazônia, tendo sido signatários de documento encaminhado ao General Hamilton Mourão, presidente do Conselho da Amazônia. A iniciativa abrange conservação, infraestrutura e garantia de direitos à população. São dez medidas consideradas prioritárias: conservação ambiental e estímulo à bioeconomia; investimento em infraestrutura sustentável e garantia de direitos básicos à população; valorização da Amazônia e das riquezas naturais; favorecimento da biodiversidade.

Alguns meses depois, em dezembro, os três bancos detalharam a iniciativa, disponibilizando quase R$ 4,8 trilhões de recursos próprios para financiar cadeias produtivas na região, em meio a cobranças de uma posição mais assertiva do governo Bolsonaro na preservação ambiental e resposta às demandas internacionais. Entre os dias 8 e 10 de dezembro o Itaú promoveu uma bem-sucedida conferência: Itaú Amazônica.

Estou entre aqueles que realmente acreditam que o tema Amazônia ocupará gradualmente espaço compatível na agenda governamental e do setor privado.

Um dos grandes gestores e investidores em países emergentes, Mark Mobius, que acompanha o mercado brasileiro faz muitos anos, em entrevista a *O Globo*, em 24 de julho de 2020, registrou que evitam investir em empresas que não consideram o meio ambiente, dando preferência àquelas que buscam melhorar a governança corporativa, dentro do conceito de ESG (*environmental, social and corporate governance*).

Parte 6:
MEDO TEM CURA?

CONSIDERAÇÕES FINAIS

Depois de tanto discorrer, permanece uma pergunta simples, mas direta e objetiva: e daí? Começaria respondendo a essa questão pela apresentação feita em Cartagena, na Colômbia, em 1996, talvez em um dos eventos mais importantes de que tenha participado como presidente do Conselho Empresarial da América Latina (Ceal).

Naquele evento, lembro-me bem de que estavam à mesa o então Secretário de Comércio dos Estados Unidos, Ron Brown (que morreu em um acidente aéreo), e Thomas "Mack" McLarty, enviado especial para as Américas do então Presidente Clinton. Foi uma reunião que reuniu os Ministros de Comércio Exterior da região e foi precedida pelo Fórum Empresarial das Américas. Recordo-me de uma frase que registrei na ocasião: "quem não faz poeira come poeira"! Quando me encontro com MacLarty, ele sempre faz referência a essa expressão!

No texto que então apresentei, chamei atenção para o substancial aumento do fluxo comercial do Brasil com os países do Mercosul à época. Mesmo considerando os efeitos da pandemia, creio que ainda são pertinentes:

1. Expansão do comércio em nível regional que teria de ser coerente com o sistema multilateral em âmbito global, maximizando os benefícios de maior integração.

2. Os governos deveriam proporcionar condições políticas, com a definição de estruturas que valorizassem tais objetivos. A questão da infraestrutura, sempre lembrada.

3. Crucial que o grau de previsibilidade aumentasse: avanços sucedidos por recuos causam perplexidades e incertezas.

4. Perseguir maiores facilidades com fluxo contínuo de investimentos.

Posteriormente, chamei atenção para o crescente investimento das companhias brasileiras no exterior, que passaram a ser conhecidas como multilatinas, para buscar sua ampliação em um mercado global. Lembrei que no passado foram as companhias de engenharia, construtora de grandes obras, as pioneiras em conseguir importantes contratos no exterior, como a Odebrecht, Andrade Gutierrez, as vítimas ou responsáveis pelos desvios éticos da Lava Jato. Citei ainda os casos de empresas brasileiras como Coteminas, Ambev e Petrobras, que investiram na Argentina.

Registrei que a Embraco (então controlada pelo Grupo Brasmotor) foi uma das pioneiras a instalar-se na China, com uma fábrica de compressores em Pequim associada com investimentos de capitais chinês. A Companhia Brasileira de Mineração e Metalurgia (CBMM), que produz uma liga de ferro-nióbio, assinou contratos pioneiros com a Rússia e China em 1977/1978. Outros grupos tradicionais como Votorantim, Gerdau, Vale, CSN e WEG, passaram a marcar sua atuação com importantes investimentos no exterior.

Alguns dos fatores que levaram tais companhias ao exterior foram:

- Preços de ativos atraentes associados a um câmbio favorável;

- Infraestrutura desfavorável no nosso País que estimulava o investimento no exterior;

- A escala do mercado global;

- Melhoria da competitividade e tecnologias mais modernas, inclusive, agregando maior valor aos seus produtos de exportação;

- Foi também o início do processo em que o BNDES estimulou a ida ao exterior;

- Por último, salientei que no caso muito conhecido da Ambev (fusão da Antártica com a Brahma) houve um movimento importante de profissionais brasileiros assumindo posições da controladora no exterior.

Em 2014, em artigo para o jornal *Valor Econômico*, alertava que "a internacionalização era um caminho sem volta", e que das 15 maiores economias do mundo, o grau de internacionalização da economia brasileira no comércio mundial era dos mais baixos. Poucas marcas brasileiras eram conhecidas no exterior. Ao final, comentava o fato negativo da tributação do lucro das multinacionais brasileiras, fator que retardava nossa inserção internacional, como constatamos nas respostas aos questionários que encaminhamos a empresas brasileiras com importantes investimentos no exterior. Segue sendo um problema preocupante para nossos empresários.

Em documento de 21 de novembro de 1995, do Aspen Institute, transcrevia o que tinha sido minha experiência como participante, em abril daquele ano, durante cinco dias em Great Exuma, nas Bahamas, onde participei do chamado "Congressional Program", para discutir a situação do Brasil em relação aos EUA. Os participantes, em sua maioria, eram congressistas democratas. Para contrabalançar minha presença como único brasileiro, foram convidados cinco brasilianistas, sendo dois deles muito conhecidos: Monica Hirst e Riordan Roett. Os 15 legisladores estavam sem assessores e eram tratados pelo primeiro nome. Total informalidade (sem celulares).

Não me surpreendeu que, logo na abertura, ficasse evidente, independentemente do material distribuído, que havia

O BRASIL TEM MEDO DO MUNDO?
Ou o mundo tem medo do Brasil?

desinformação sobre o nosso país, o que, ao final, levou-me à conclusão de que o setor privado em total consonância com autoridades brasileiras, precisava desenhar um programa de discussão contínua com o Congresso americano, para melhor compreensão de nossos problemas na área comercial e para que houvesse uma maior identidade nos desafios enfrentados num governo democrático.

Esse é um objetivo que temos de continuar a perseguir.

A Associação de Livre Comércio das Américas – Alca, foi um dos temas em discussão (que seria um acordo de livre-comércio entre todos os países da América) que não foi adiante, sendo que cada um dos lados colocou a responsabilidade no outro. Nunca tive dúvida de que o Congresso norte-americano dificilmente concordaria com um acordo com o Brasil, estipulando condicionantes que não nos seriam aceitáveis,

Em texto de 2005, fiz referência ao que chamei de "Decálogo Empresarial". Passaram-se muitos anos, mas creio que até hoje, muitos assuntos que levantei na ocasião continuam válidos, apesar da Covid-19. Apresento-os na sequência:

I. Comecemos pelo óbvio: É preciso dominar línguas estrangeiras, seja o inglês (língua praticada nos negócios internacionais) ou o alemão, francês ou italiano. É fundamental falar bem o espanhol e não o "portunhol" que majoritariamente improvisamos;

II. Os cursos universitários, ou mesmo profissionalizantes, deveriam dedicar espaço cada vez maior a questões relativas ao comércio internacional ou, mais amplamente, às relações internacionais. É alvissareiro o interesse pela área de Relações Internacionais que hoje faz parte das opções que os estudantes brasileiros encontram nos cursos de graduação das maiores universidades brasileiras. Deve haver um estímulo para que as empresas abram oportunidades para os recém-formados, dando-lhes assim a chance de trabalho na área pela qual optaram;

III. As empresas devem continuar fazendo um grande esforço na área de qualidade e custos, para serem internacionalmente competitivas. Não há dúvida de que fizemos grandes progressos nos últimos anos, mas a realidade é que as economias desenvolvidas tiveram ganhos de produtividade superiores.

A diversidade e a localização do nosso país, distante dos grandes mercados, obriga-nos a um nível de competitividade e de ganhos de produtividade que possam minorar esse distanciamento. Portanto, a questão logística, o tema dos portos, isonomias e custo de capital, são assuntos da maior relevância.

IV. Os Conselhos de Administração de empresas com potencial exportador deveriam ter uma visão estratégica sobre a inserção internacional e um acompanhamento permanente da área externa. Sem que haja esse comprometimento, dificilmente a empresa terá forte presença no exterior. Não há mais como intransigentemente ficar defendendo o mercado interno, pois muitos mercados estão integrados. Apesar de as cadeias produtivas terem sido afetadas e criticadas pela grande dependência de um fornecedor, ainda assim que algum grau de integração sempre existirá. Por seu turno, as empresas multinacionais, aqui instaladas, deveriam colaborar no esforço exportador, inclusive com produtos de maior valor agregado, ampliando nossa pauta.

V. As empresas com potencial exportador precisam continuar investindo na formação de técnicos versados em assuntos referentes às relações internacionais. Em reuniões com profissionais de empresas estrangeiras que operam no setor, é transparente a qualidade do seu conhecimento e seu treino negocial. A formação deve incluir seus técnicos e funcionários dedicados à área de exportação em cursos, seminários e eventos que aprimorem seus· conhecimentos. Seriam extremamente produtivos estágios no exterior nesse processo de formação. Vale ressaltar que, mesmo os funcionários que já vêm de cursos de Relações Internacionais, ainda assim carecem de experiência prática na carreira, uma vez que as graduações na área tendem a focar, essencialmente, na teoria.

O BRASIL TEM MEDO DO MUNDO?
Ou o mundo tem medo do Brasil?

VI. A presença em reuniões e foros internacionais, pode ser às vezes cansativa; no entanto, é fundamental. Viajar é preciso. Sem esse comparecimento, dificilmente o principal executivo irá sentir o clima, o ambiente externo e estabelecer as relações que serão importantes para suas atividades. Nas reuniões de que participei, os principais executivos de empresas multinacionais marcam sua presença, acompanhados de excelentes assessorias.

Agora, com a popularização de palestras por vídeo (*lives*), diminuirá sensivelmente a necessidade de viajar para participar em seminários internacionais. É uma alternativa, muito embora reconheça que contatos pessoais são relevantes nesses eventos.

VII. É fundamental ter uma agenda comum e postulante. Assim, reuniões preparatórias são fundamentais para alinhamento de posições e diálogo com setores governamentais que estejam envolvidos com o setor. Não estou com isso sugerindo que se busque unanimidade, ou que interesses individuais não sejam considerados. Não devemos, no entanto, abusar da nossa reconhecida capacidade de improvisar.

VIII. As entidades de classe precisam continuamente se equipar com o material informativo e humano capaz de colocar-nos em nível compatível com os nossos congêneres internacionais. A participação precisa aumentar. Basta olhar para o processo desta pesquisa: embora o questionário tenha sido enviado a cerca de 20 entidades de classe de diferentes setores industriais, somente duas se dispuseram a respondê-lo. Podemos interpretar esse baixo *turn out* como falta de interesse de seus filiados quanto à inserção internacional. Nessas entidades, seria interessante convocar aqueles que tiveram vivência no mercado exterior para compartilhar sua experiência com os demais associados.

Deve ser estimulada a troca de experiências entre as empresas que já foram para o exterior, não somente entre elas como também com outras que estejam considerando essa possibilidade. Essa troca de experiências certamente trará ganhos para todos, ampliando nossa competitividade e eficiência de maior presença no exterior.

Como sabemos que recursos humanos e materiais são escassos, não devemos, por isso mesmo, dispersá-los. Dessa forma, a exemplo dos empresários de outros países, poderíamos concentrar numa organização bem estruturada, a que todas as demais estariam vinculadas, a nossa capacitação para negociação no comércio exterior, a que estariam integrados todos aqueles com ligações no setor. Como exemplo: a Confederação Nacional da Indústria da Índia mantém escritórios em várias e importantes capitais do mundo, inclusive em Washington.

Nesse sentido, é fundamental o Congresso Nacional ter maior envolvimento na temática das relações exteriores. As Comissões de Relações Exteriores, em particular, devem ser agilizadas, por meio de sua assessoria, preparando material informativo, com a finalidade de difundir conhecimento para leigos ou para aqueles que já tenham *expertise* e buscam contínuo aprimoramento e diálogo frequente com o Itamaraty. Reuniões periódicas com o setor privado são recomendadas.

IX. É importante entender a transcendência dos acordos de livre-comércio e da união aduaneira, como o Mercosul, reforçando, assim, a chamada geopolítica continental. Somos mais fortes quando nos apresentamos em bloco, haja vista que os países desenvolvidos estão cada vez mais organizados sob a forma de blocos econômicos, ou então, atuam como verdadeiros rolos compressores. Perante nossos vizinhos, ter paciência, compreender e ajudá-los na solução de problemas com os quais, como parceiros, estamos necessariamente envolvidos.

Não devemos assim nos descuidar de atender, na medida do possível, as necessidades de nossos parceiros do Mercosul. Constata-se amargura, particularmente de paraguaios e uruguaios que se mostram desprestigiados pelas autoridades brasileiras e pelos empresários, dando amplo destaque às assimetrias existentes no mesmo relacionamento comercial.

O BRASIL TEM MEDO DO MUNDO?
Ou o mundo tem medo do Brasil?

X. Na nova economia mundial é fundamental implementar cooperação com todas as autoridades envolvidas na área internacional. É preciso participar! É mister buscar uma colaboração construtiva e dar as respostas quando solicitadas em tempo hábil. Devemos colocar de lado aspectos ideológicos e olhar interesses comuns no curto-médio-longo prazo, além de saber o que queremos e ter uma postura mais ofensiva. Uma estrutura compatível dos diferentes setores envolvidos é fundamental. Mais do que nunca, estamos obrigados a assumir uma posição do papel que devemos desempenhar.

Apontei, já em 2004, para um aspecto que ainda considero pertinente, ou seja, naquela altura, "abertura" do mercado brasileiro, feita durante o governo do Presidente Fernando Collor de Mello, criticado por termos aberto nossa economia (ainda que relativamente em pequena escala), sem ter pedido algo em troca. Não me filio aos que assim pensam. Lembro-me também de uma frase que registrei em uma palestra: "Somos muito vocais no que *não queremos*, mas não conseguimos consensualmente definir *o que queremos*".

Cito tal frase nesse texto pois creio que pela primeira vez a expressão "Diplomacia Empresarial" foi decisiva quando nossos vizinhos argentinos se queixaram amargamente, e as medidas cambiais tomadas pelo governo brasileiro alternavam o fluxo de comércio entre nossos dois países. Os empresários tiveram de intervir, botando panos quentes para apaziguar os ânimos e acabaram atuando como legítimos diplomatas.

Faltou-nos a percepção (que muitos ainda não aceitam) de que, em uma relação com o Mercosul, as relações comerciais e de investimentos têm de ser balizadas para evitar que uma das partes esteja sempre em condições de desvantagem comercial em relação ao seu parceiro mais fortes e que devam ser buscados instrumentos para mitigar esse desconforto.

Ao final comentava que o Comitê Empresarial Permanente (CEP), criado durante o mandato de Luiz Felipe Lampreia no Ministério das Relações Exteriores, com o objetivo de aproximar empresários para compartilhar uma visão estratégica de longo prazo com os gestores de nossa política externa. Mais tarde, essas reuniões foram diminuindo e passaram a tratar de muitos interesses específicos e não estratégicos. Posteriormente foi descontinuado, o que foi uma inestimável perda.

Volto ao assunto do jornal *Valor* de 2004, lembrando que o sucesso do país no cenário internacional dependia em grande parte do maior engajamento dos empresários. Citei a experiência mexicana "Cuarto al Lado", em que tão bons resultados tinham sido conseguidos por seus empresários nas discussões do Nafta, trocando informações periódicas com os negociadores de como os assuntos ali tratados deveriam ser encaminhados até entrar em entendimentos finais.

Registro, por fim, a atuação do então Presidente Lula no cenário internacional. Sucedendo o Presidente Fernando Henrique Cardoso, que havia marcado seus oito anos de governo com forte presença internacional, o Presidente Lula também teve participação marcante em diferentes momentos, e botou o pé na estrada e foi determinante na criação do G20, no Diálogo Sul-Sul, fortalecimento de laços políticos institucionais com países da América do Sul, e inclusive com a polêmica decisão de conceder *status* de economia de mercado à China, o que até hoje não se materializou.

A atuação dos dois presidentes, sob o ponto de vista geopolítico foi positiva e conseguimos, nesse período, que nossa imagem no exterior fosse gradualmente alterada. O reconhecimento do Brasil como potência emergente aconteceu, muito embora sob o ângulo da convergência externa e maior presença como exportador de manufaturas, não tivéssemos tido sensíveis mudanças.

A política externa para a internacionalização do país deve ser estratégia permanente de Estado e não de posicionamento, conforme o Governo da vez!

Quem sabe seja essa a maior contribuição que, como autor, espero poder transmitir através do meu trabalho.

O BRASIL TEM MEDO DO MUNDO?
Ou o mundo tem medo do Brasil?

Creio que, sob todos os aspectos, o fato de que tive de revisar meu texto sob a ótica dos acontecimentos provocados pela pandemia da Covid-19, tenha tido aspecto positivo. Fui obrigado a olhar o futuro de forma diferente. Mesmo com um nível de grandes incertezas que prevaleceram no primeiro semestre de 2020, ainda assim, e acredito que teremos sensíveis mudanças no comportamento de nossas sociedades, quer sob o aspecto de nossa convivência social ou mesmo no que se refere a nossa relação com o exterior.

Em entrevista ao Financial Times, em 8 de julho de 2020, a novo presidente do Banco Central Europeu, Christine Lagarde, registrou-se que a pandemia está tendo impacto brutal, na pior recessão do mercado dos países europeus desde o fim da Segunda Guerra Mundial. Para a francesa, todo o conjunto de relações e de mercado dos países terá de ser revista.[97]

O que será o "novo normal" não estava nada claro enquanto escrevia essas linhas. Porém, se existe algum consenso, com tantas incertezas no ar, é de que estaremos muito longe de poder conviver com um cenário estável e previsível a curto prazo. Existem poucas certezas e muitas dúvidas que só o tempo nos ajudará a esclarecê-las.

A curto prazo, a Covid-19 vai afetar o comércio internacional e a nossa posição nesse cenário. Em contrapartida, continuamos competitivos no setor agroindustrial, com nossa reconhecida capacidade no setor. Há tendência de desenvolver papel importante, no entanto, pelas diferenças apontadas ao longo do texto, é necessário agregar valor às nossas exportações. Apesar das promessas de campanha e por uma série de circunstâncias, o governo Bolsonaro não conseguiu mudar o perfil do que exportamos. O saldo positivo na balança comercial do primeiro semestre de 2020 foi o resultado de uma substantiva queda das importações, devido à queda da atividade econômica. As exportações caíram, mas as importações caíram muito mais.

---

97. Disponível em: http://on.ft.com/3azOyGU.

Infelizmente, alguns dos problemas crônicos que historicamente constatamos em nosso País e também no resto do mundo continuarão e se tornarão mais evidentes. Damos, como exemplo, um tema central que é a questão social de distribuição de renda, e nada faz crer que possamos ter resultados positivos no curto prazo. Pelo contrário, os estragos provocados na economia e nas empresas levarão algum tempo para superar os desiquilíbrios criados. No nosso caso específico, ficaram também evidenciadas as deficiências no setor educacional; na área de saúde; saneamento básico; e planejamento urbano. Em outras palavras, as deficiências que existiam, e com as quais nos acostumamos a suportar, agora ficaram transparentes e obrigam não apenas o governo atual, como futuros, a buscar soluções duradouras de forma prioritária. Alguns deles terão de ser políticas de Estado e não políticas de um governo. Quando falamos em Governo não deveríamos nos limitar à Presidência da República, mas também ao Legislativo e Poder Judiciário.

Em muitos casos, pela experiência vivida, nossas elites e a sociedade em geral deixaram transparecer sentimento de que o tempo está a nosso favor. Não nos damos conta que, ao contrário, estamos muito atrasados e dormindo em berço, que nada tem de esplêndido.

Portanto, o sentimento de urgência tem de ser considerado. Temos que de pressa e não podemos mais perder tempo. A preocupação de atender a diferentes públicos, alguns deles defendidos por interesses constituídos e que exercem forte pressão contra mudanças retardaram. Essas várias reformas não podem servir de pretexto ou impedimento a que reformas avancem, independentes de visões ideológicas.

Nesse contexto, nossa inserção no mundo externo tem de ser posicionada entre nossas prioridades e não podemos ter medo do mundo! Portanto, participação ativa no cenário externo é fundamental.

Não podemos continuar sendo meros espectadores do setor internacional. Esse é um esforço coletivo que toda

O BRASIL TEM MEDO DO MUNDO?
Ou o mundo tem medo do Brasil?

sociedade tem de estar envolvida, e estarmos ligados, e com isso criar uma nova imagem do Brasil no exterior, repito, o que em diferentes momentos registrei ao longo do texto. Nossa imagem não é criada de fora para dentro, mas muito pelo contrário. O que falamos e registramos com aqueles que nos visitam, os mesmos que leem a respeito, repercutirá lá fora. Não podemos fechar os olhos para os problemas, mas temos de ter confiança na capacidade de resiliência.

Sim, são enormes os problemas e incríveis os desafios que tomarão muitos anos para serem equacionados. Porém, isso não deve servir de pretexto para ficarmos encolhidos e cultivarmos nossas feridas. Não podemos deixar de olhar com um viés crítico, mas sim o de elencarmos o que temos de positivo e o que já fizemos. Não esquecer jamais de que temos a consciência dos nossos problemas e da necessidade de resolvê-los.

Logo, perder o medo é fundamental na abordagem da crise no País e enfrentar os desafios cada vez maiores, dentro de um universo em acelerado processo de transformação. Será que essa crise não poderá nos trazer oportunidades de melhor nos posicionarmos no contexto mundial? Ao olharmos o mundo afora, quem não tem desafios a equacionar? Não somos o patinho feio...

Portanto, temos de olhar com confiança nosso potencial de ocupar um lugar compatível com seu povo e sua dimensão continental e incontáveis recursos no contexto mundial.

POSFÁCIO

PÓS-PANDEMIA: O QUE NOS ESPERA?

O porvir do mundo é uma incógnita. Muitos são os palpites, mas só o tempo dirá quem esteve certo na prospecção da estrutura socioeconômica do mundo. Tudo indica, contudo, que um admirável mundo novo não passa de utopia!

Muito pelo contrário! Análises feitas ao tempo da pandemia indicavam, particularmente no segundo semestre de 2020, que, infelizmente, as desigualdades estavam se ampliando e o número de pessoas no nível da pobreza estava a aumentar, ao mesmo tempo em que os recursos destinados ao apoio emergencial estavam escasseando ou mesmo terminando.

Em entrevista concedida ao Jornal *Valor* em 16 de abril de 2020, o economista chinês Andy Chie, Doutor em Economia pelo Massachusetts Institute of Technology (MIT), e que tem na bagagem passagens pelo Fundo Monetário Internacional (FMI) e pelo banco Morgan Stanley, como responsável pela Ásia/Pacífico, ao ser perguntado sobre o fim da globalização, declarou: "Penso que a globalização, do jeito que era, acabou". Basicamente, as cadeias e o fornecimento para minimização de custos são frágeis e vulneráveis. O Governo vai querer fábricas capazes de produzir para o país, mesmo sem obter lucro. Haverá um esforço e política para manter alguma capacidade produtiva internamente, como, aliás, registramos no texto de introdução.

O BRASIL TEM MEDO DO MUNDO?
Ou o mundo tem medo do Brasil?

Já Pierre Salama, professor emérito da Universidade de Paris, e que foi aluno de Celso Furtado, está convencido de que acabaram os dias de um sistema de globalização, tal como foi praticado até agora. O modelo econômico das últimas décadas, que já demonstrava sinais de um certo esgotamento, estaria colapsando por causa de um vírus. Ele a comparou a crise de 1929, considerando-a de menor porte. Sugeriu repensar a economia nas suas relações humanas entre o Estado e o mercado (*O Globo*, 14.04.2020).[98] Disse, ainda, que estamos vendo fechar um ciclo do capitalismo! Não será mais o que foi no passado. Salama levantou um ponto que merece reflexão: "a força da China se concentrou na sua transformação em atelier do mundo. Esta pode ser sua fraqueza se as relocalizações crescerem de maneira significativa".

O chefe das finanças corporativas do Deutsche Bank, Daniel Schmand, em entrevista ao *Valor Econômico* em 23 de junho de 2020, declarou esperar mudanças na cadeia de suprimentos globais, não apenas na sua distribuição geográfica. A identificação desta vulnerabilidade deve mudar, também, a maneira como as indústrias funcionam. Para alguns países, a lição aprendida faz com que algumas indústrias busquem diversificar seus fornecedores, ou mesmo obter, como alternativa, reciclagem de metais. O Japão tem dado indicação de que irá criar estímulo para a produção local de insumos importados.

O mundo não será mais o mesmo?

O Globo, em 13.04.2020, em uma matéria sobre o Vírus da Revolução,[99] resumiu o pensamento de seis personalidades, a seguir relatadas:

a. "As pessoas se pautarão mais na ciência para tomar decisões" – Mozart Neves Ramos, titular da Cátedra Sérgio Henrique Ferreira do Instituto de Estudos Avançados da USP-Ribeirão Preto;

---

98. Disponível em: http://glo.bo/3pJxAud.

99. Disponível em: http://glo.bo/3k3gRAy.

b. "Sem o SUS, nós hoje estaríamos muito pior" – Lígia Bahia, médica sanitarista e professora da UFRJ;

c. "O atual presidente falhou inapelavelmente" – Marcos Nobre, professor da Unicamp e presidente do Centro Brasileiro de Análise e Planejamento (Cebrap);

d. "Toda crise também abre uma fresta" – Lilia Schwarcz, historiadora e antropóloga, professora da USP e de Princeton;

e. "Que a dor de agora possa, amanhã, ser a cura" – Luiz Antônio Simas, escritor e professor de História;

f. "É possível parar, diminuir o consumo, a devastação" – Christian Dunker, psicanalista e professor do Instituto de Psicologia da USP.

Difícil questionar esses raciocínios e, em alguns casos, talvez precisemos de um tempo mais largo para tirar conclusões.

O futuro divide opiniões. Para o crítico literário e escritor Silviano Santiago, em entrevista à *Folha de S. Paulo*, o otimismo prepondera. "Pelo acaso da pandemia conhece-se melhor a capacidade de ruptura e renovação e invenção humana. Amplia-se e se alarga cada universo estreito de participante da experiência vital de sobreviver. Sobreviveremos numa sociedade mais feliz mais justa e igualitária".[100]

Já o grande maestro argentino, Daniel Barenboim, olha por um viés mais sombrio as mudanças que advirão. Mudar para sempre? Cuidar dos outros e ajudar a quem mais precisa? Ele responde: "[...] francamente, não acredito muito nisso. O instinto de fazer as coisas para o bem é um instinto maravilhoso, mas que não dura. O ódio, e tudo que é negativo é muito mais excitante do que o bem". Certamente, é uma afirmação muito forte, mas que merece reflexão. Para ele: "O bom e o positivo transmitem calma. Quando você encontra uma

---

100. Disponível em: http://bit.ly/3u8qe6G.

pessoa de bom caráter e bem disposto, é um grande prazer, mas não é excitante". Portanto, ele está naquele grupo de pessoas que não acreditam que vamos melhorar por causa desse vírus. Torço para que ele esteja errado.

Ainda, para completar depoimentos de personalidade que não necessariamente comungam do pensamento majoritário (ou que pensam fora da caixa), gostaria de citar o filósofo Franco "Bifo" Berardi. Ele afirmou, em entrevista a *O Globo*, em 13.04.2020, que a recessão provocada pela epidemia pode inspirar arranjos sociais mais igualitários e sugere que a principal batalha política do novo século não será entre direita e esquerda, mas, sim, entre humanos e transumanos desumanos. "'Transumanos desumanos' são os que exploram as novas tecnologias para criar um sistema tecnototalitário", explica. Continuando a entrevista, registra:

> O conceito de vírus foi usado por William Burroughs (escritor americano, 1914-1997) para definir tudo o que induz a uma mutação, seja ela cultural, linguística ou social. Um terço da população mundial está em quarentena, está tudo paralisado, a produção, as interações sociais, o tráfego aéreo, a vida urbana. Para entender o que está acontecendo, temos que levar em conta a mutação psicológica que o vírus produziu e seus efeitos sociais no futuro próximo.

Terminou deixando uma questão inquietante: "O futuro é tão sombrio que nos aterroriza imaginar o que está por vir. Com a pandemia começou um jogo totalmente diferente. O imprevisível é inevitável".

Também visto como negativo em nosso país foi o aparecimento de vários casos de corrupção em compra de respiradores para hospitais e na construção de hospitais de campanha. Triste sina essa nossa!

Homo "humanitarius"

Uma consideração importante foi feita por Yuval Harari, um dos filósofos mais conhecidos da atualidade e autor de *best sellers* como *Sapiens, Homo Deus* e *21 lições do século XXI*, em uma longa entrevista a Luciano Huck, publicada em *O Estado de S. Paulo*, em 12.04.2020.[101] "O Brasil e outros países da América do Sul e Oriente Médio não serão capazes de lidar com essa dupla crise na saúde e na economia, a menos que recebam ajuda dos países mais ricos".

Nos últimos anos, a cooperação entre países enfraqueceu-se e, agora, estamos pagando o preço. Espero que não seja tarde demais para reverter o curso. Da mesma forma, se você pensar simplesmente na situação econômica, agora é a hora de organizações internacionais como o FMI e o Banco Mundial, aliados aos países mais ricos, criarem uma rede de segurança global para garantir que nenhum país caia em completo caos econômico (o que constatamos até abril de 2020 foi que cada país estava buscando solucionar seus problemas). A opinião de Harari está basicamente alinhada com a posição de Henry Kissinger, apresentada mais adiante no texto.

Harari, ao final da entrevista, fez um registro que merece reflexão e apoio:

> Uma coisa muito importante é que, nessa crise, nosso maior inimigo não é o vírus, mas nossos próprios demônios interiores. É o nosso ódio. É a nossa ganância. É a nossa ignorância. São pessoas que incitam nosso ódio, culpando a epidemia em algum grupo humano e nos dizendo para odiá-los. É a nossa ganância. São grandes empresas que dizem: "Ei! Temos tido dificuldades ultimamente, talvez possamos aproveitar essa oportunidade para fazer com que o governo nos dê bilhões de dólares". São pessoas que não ouvem a ciência. Em vez disso, ouvem todos os tipos de teorias da conspiração. Se conseguirmos derrotar nossos demônios interiores – ódio, ganância, ignorância –, não apenas venceremos o vírus com muito mais facilidade, como seremos capazes de construir um mundo muito melhor depois que a crise acabar. Espero que seja exatamente isso que faremos.

Terminamos essa imersão sobre o futuro após o coronavírus em que registramos a opinião de diferentes personalidades e atualidades mundiais, citando o Presidente da França,

---

101. Disponível em: http://bit.ly/3s4nFAE.

O BRASIL TEM MEDO DO MUNDO?
Ou o mundo tem medo do Brasil?

Emanuel Macron. Ele, que viu sua popularidade decrescer violentamente com as medidas defendidas e apresentadas ao Congresso para uma revisão do complexo sistema de Previdência Social francesa, provocou uma greve de vários meses.[102] Em cadeia nacional, em 19.04.2020, fez um raro ato de *mea culpa*, reconhecendo falhas do governo no enfrentamento da crise provocada pela Covid-19. Para o futuro prometeu uma reinvenção de si mesmo e pregou uma refundação da França e da Europa, uma maior independência econômica e estratégica. Em algumas semanas prometeu um plano detalhado de "organização da vida cotidiana" na saída da quarentena.

Reconheceu erros, lentidão, fraqueza de logística e procedimentos inúteis no combate ao coronavírus. Terminou, dentro da mesma linha de outras personalidades: "Há nesta crise uma chance de nos unirmos e provarmos nossa humildade, edificarmos outro projeto no entendimento, uma razão de viver profundamente". Um belo exemplo que transmitiu, não se eximindo de seus erros e olhando para frente na busca de mudanças. Não é a isso que assistimos em muitos outros países nem ouvimos de lideranças mundiais que buscaram como desculpa acusar terceiros, dentro de seus próprios países e em outros países. Infelizmente não fomos exceção!

Mudanças à vista: nosso tema central!

Em sequência, vamos registrar algumas das muito possíveis consequências da crise mundial provocada pela Covid-19, no que se refere às relações internacionais, principalmente buscando refletir como a crise altera nosso relacionamento com o exterior.

I. Cadeias de suprimento

As empresas terão de repensar as cadeias globais. Poderá haver uma mudança na globalização quanto a esse aspecto. Os acontecimentos anteriores, de forte dependência de

---

[102]. A popularidade de Macron sofreu também abalos em novembro por força de uma decisão de isentar policiais por uso de armas letais.

suprimentos médicos/hospitalares da China, criaram problemas locais e estimularam a diversificação de fornecedores e favorecem produtores locais. Terão um impacto sobre custos pela questão da escala de produção. O "just in time" será colocado em risco e as empresas trabalharão com estoques maiores para poder eventualmente não paralisar a produção por falta de componentes.

O relacionamento entre EUA e China tende a ser um complicador maior nas cadeias de suprimento, tendo em vista a relevância desses países na oferta de produtos industriais e componentes. Estima-se que o comércio mundial possa ter uma queda de até 30%, afetando sensivelmente o preço das *commodities* nacionais e globais. Ficou evidente a pressão dos EUA sobre diferentes países utilizadores (ou utilizadores potenciais) da tecnologia chinesa, como no caso da Huawei e do 5G.

II.Turismo nacional e internacional

Certamente o turismo internacional será um dos últimos a mostrar recuperação. No caso específico do Brasil, teremos também uma forte flutuação e queda das viagens em função da desvalorização do câmbio. Com isso, o turismo interno poderá ser beneficiado, com preços mais competitivos. A abertura do mercado externo para empresas internacionais de aviação sofrerá um revés.

Além disso, o fato de ter havido brutal queda das viagens internacionais nos aviões de carreira, pode afetar cargas que eram transportadas por via aérea. A aviação comercial é um dos setores mais afetados pela pandemia. No caso brasileiro, as rotas caíram para 10% dos voos domésticos nos meses de abril a junho, com poucas chances de reação no curto prazo.

As custosas viagens de negócios ao exterior, vão ser, em grande parte, substituídas por videoconferências. Plataformas como o Zoom tornaram-se um popular meio de comunicação dessa natureza, quer para reuniões de negócios, quer para palestras, reuniões familiares, ou mesmo encontros desnecessários que passaram a ser feitos por essa modalidade.

III. Trabalho remoto

As experiências com trabalho remoto, ou teletrabalho, que já vinham acontecendo, serão aceleradas, pois haverá a constatação de que muitos trabalhos podem ser realizados fora do escritório, com a exceção somente de funções essenciais que exigem presença física dos funcionários. Consequentemente, com a diminuição dos postos de trabalho, haverá uma redução dos espaços físicos nos escritórios, com a possível queda do preço dos aluguéis.

O jornal *Valor* de 23.04.2020 citou pesquisa da Fundação Dom Cabral (MG) com a consultoria Talenses, e indicou que em 375 companhias do país, 70,3% dos funcionários de todos os setores estavam trabalhando em casa, sendo que, na indústria, triplicou no mês de março. Antes da exigência do isolamento social, 15,2% dos funcionários no Brasil faziam *home office*. Hoje são 50%. Em reportagem do mesmo dia no mesmo Jornal, indicava-se, também, que os juízes de diferentes Varas estão sendo mais produtivos trabalhando de casa na análise e na decisão dos processos. Estima-se, também, que poderá haver melhoria na circulação de pessoas e no tráfego urbano menos demandado, com menor circulação de automóveis.

Em algumas empresas, creio que o trabalho remoto tenha vindo para ficar!

A reportagem "Death of the Office", publicada na revista-irmã do The Economist, chamada "1843", alerta para o esvaziamento de escritórios em NY, Paris, Madrid e Milão, observando que, no momento, a vida nos escritórios está morta. Destaca que, antes mesmo da pandemia, havia sinais claros de que a vida nos escritórios estava balançando. Uma combinação de elevação exagerada nos aluguéis com a revolução digital e com uma demanda crescente para trabalhos flexíveis indicava uma migração para o trabalho remoto. Mais da metade da força de trabalho norte-americana já estava operando remotamente. Interessante registrar que uma das consequências do trabalho remoto é que irá afetar restaurantes próximos a escritórios, principalmente nos almoços. Ainda é um pouco cedo para afirmar que o trabalho nos escritórios esteja morrendo, mas alerta que em todo o mundo, na última década, o *home office* já vinha crescendo, mas não se imaginava que um salto tão grande fosse acontecer tão cedo.

Consideramos que, apesar do abalo, a vida nos escritórios não vai terminar. Afinal de contas, o contato pessoal, nunca foi tão valorizado como durante a Covid-19. A ver! Esse relacionamento entre pessoas é um marco civilizatório e não deve desaparecer. Mas, sem dúvida, o trabalho remoto também facilitará a utilização de recursos humanos do exterior!

IV. Alteração nos hábitos e repercussões internacionais

Um subproduto das mudanças nesses hábitos de consumo poderá beneficiar produtos que sejam amistosos ao meio ambiente e não poluentes, como veremos mais adiante. Aliás, a diminuição do tráfego nas grandes cidades do mundo, e do Brasil, pode ser constatada com a melhoria sensível dos níveis de poluição. Acredito numa sociedade mais consciente de seus deveres e obrigações. O uso de bicicletas como um meio de transporte deve se acelerar.

Daí a importância de as autoridades monetárias irrigarem o sistema financeiro para evitar uma moratória generalizada. Essas políticas, inclusive, foram colocadas em prática em todos os países desenvolvidos, com apoio dos respectivos bancos centrais, Banco Mundial, BID e todas as outras entidades multilaterais, principalmente com a atuação destacada dos respectivos Bancos Centrais.

Por último, mencionaria que o sistema de *delivery*, que já vinha se expandindo, vai se consolidar não apenas no ramo de alimentos, como também, por exemplo, compra em supermercados, drogarias etc., que já vinha tendo participação relevante no segmento de produtos eletroeletrônicos, celulares etc. Isso implica na valorização do trabalho dos motoboys, como também das empresas que fazem entregas. Criticados, foram fundamentais no período da quarentena.

Assim sendo, o chamado *e-commerce*, aproveitando-se do fechamento das lojas, vai continuar ocupando um espaço no mercado de consumo, mesmo após o final do chamado "novo normal".

Essa posição não é compartilhada unanimemente. Alguns analistas acreditam que, uma vez vencida a crise, os consumidores voltarão aos seus antigos padrões.

Quando falo que, com a abertura e o fim da quarentena, muitos não vão querer sair, vale a pena citar a frase do poeta britânico Tom Fole: "Quando encontrarmos a cura e formas autorizadas de sair, todos nós vamos preferir o mundo que encontramos em vez daquele que havíamos deixado para trás". Que assim seja!

De qualquer maneira, o que aconteceu na Europa com a segunda onda e nos Estados Unidos, onde a primeira onda nem terminou, fica difícil fazer previsões.

V. Mercado de capitais

O investidor estrangeiro diminuiu sensivelmente sua participação no mercado primário e secundário. Até o final de maio, os estrangeiros vinham mantendo postura negativa em relação ao mercado, mesmo com uma abundante liquidez mundial. No segundo semestre, voltaram cautelosamente ao mercado.

As ações negociadas em Bolsa sofreram, inicialmente, fortes quedas, sejam as tradicionais ou aquelas que haviam sido ofertadas no mercado em 2019. No entanto, a reação dos mercados externos, principalmente da Bolsa de Nova York, nos meses seguintes ao início da pandemia, e a injeção de recursos por parte de diferentes países para mitigar os efeitos da crise no plano econômico fizeram com que fossem abrandadas as perdas iniciais nos índices de Bolsa. Surpreendentemente, se analisarmos os índices de janeiro a outubro (Dow Jones, Standard & Poors, Ibovespa) é possível observar uma resiliência, em algumas situações, totalmente injustificáveis.

As opiniões quanto ao comportamento das cotações estavam divididas. Uns acreditavam que a cotação maior já havia sido alcançada e que, portanto, permaneceria estabilizada em um novo patamar de sustentação. Outros, mais cautelosos, indicavam que o nível de ajuste de preços ainda prevalecia e que poderia haver novas perdas nos preços das ações. Certamente, alguns setores serão penalizados, enquanto outros (poucos) serão favorecidos. O comportamento dos preços das ações na Nyse certamente terá grande influência no mercado nacional, como constatamos em outros períodos.

No final de maio e nos primeiros dias de junho, constatou-se forte recuperação dos preços das ações nas Bolsas de Valores mundiais e também no Brasil. Alguns economistas classificam essa reação como disfuncional, pois estaríamos muito longe aqui (principalmente) e no exterior de ter um cenário tranquilizador.

Conforme notícias publicadas, Wall Street teve seu melhor desempenho semestral desde 1998 do S&P 500.[103] Nesse mesmo período, as estatísticas de falecimentos por Covid-19 nos EUA batiam recorde.

A agenda ESG (acrônimo em inglês para objetivos sociais, ambientais e de governança) também deverá ter de ser considerada no processo de mostrar que as empresas que vão ao mercado têm consciência de suas responsabilidades, como aliás grandes investidores mundiais vinham deixando claro em suas políticas e pronunciamentos, principalmente em 2019. Estará presente de forma crescente nas decisões dos investidores, principalmente multinacionais.

Quanto ao efeito nas demonstrações financeiras, a questão de como essa crise afetará as diferentes empresas que acessaram o mercado de capitais é tema que terá forte impacto nas demonstrações financeiras em seus balanços. Os auditores terão de analisar meticulosamente, pois em muitos países o impacto será devastador, principalmente nos negócios que sofrerão risco de continuidade. Independentemente do nível da recessão e seu impacto sobre o resultado das

---

103. Disponível em: http://glo.bo/3uf3IJp.

empresas, estima-se que haverá possível queda do pagamento de dividendos.

As variações de câmbio também impactaram as empresas endividadas em moeda estrangeira, e a volatilidade tem sido característica de mercados, mesmo com a intervenção do Bacen.

Teremos um aumento na procura por alternativas por parte dos investidores. A substancial queda na taxa de juros que, em 2016, estava na casa de 14% e, no mês de agosto de 2020, caiu para 2,00%, fez com que muita aplicação de renda fixa perdesse predominância anterior na carteira de títulos brasileiros. Do outro lado, investidores nacionais e que também têm aplicações em renda fixa, estão migrando para a bolsa e também investindo no exterior para diversificar seu portfólio, em busca de maior rentabilidade.

VI. Maior participação do Estado

Voltará a crescer! Ficou evidente que o Estado vai dispor de maior informação sobre seus cidadãos. A Conselheira da ONG Future of Privacy Forum, Gabriela Zanfir Tortona, em entrevista à *Folha de S.Paulo* de 19.04.2020, comentou que o combate à Covid-19 criará "uma sociedade rastreada como nunca". Historicamente, em momentos críticos como o atual, medidas são aceitas e há excessos. O mais arriscado é que após a pandemia não haja recuo no grau de monitoramento.

O problema climático saiu da ordem do dia, *mas não desaparecerá!* O Estado poderá ter uma trégua a curto prazo, mas as cobranças voltarão, principalmente considerando que ficou evidente a melhor qualidade do ar nas grandes cidades. É um indicativo, também, de que, a médio e longo prazos, os carros a combustíveis fósseis deverão diminuir substancialmente.

Em caso de outro desastre climático de grandes proporções, como ocorreu em 2019 e 2020 com as queimadas na Amazônia, ele permanecerá nas manchetes. Fundamental que não percamos a sensibilidade sobre esse tema e que não o deixemos relegado a segunda ordem, já que o novo governo norte-americano deixou claro seu descontentamento com as queimadas na Amazônia.

Uma incógnita adicional é em que medida esse novo arranjo na economia mundial vai provocar um aumento das desigualdades. Se tal acontecer, será certamente uma das consequências mais perversas da Covid-19.

Portanto, o Estado não deverá aliviar os compromissos com a proteção do meio ambiente uma vez superada a crise da pandemia.

Experts mundiais acreditam que a democracia será fortemente afetada pela crise, que criou pretexto para uma forte intervenção dos Estados na economia o que, inclusive, já vinha acontecendo em alguns países, como era o caso da Hungria e Polônia.

Levantamentos feitos pela vice-diretora do V.Dem (Instituto de Variações da Democracia da Suécia), Anna Lúhrmamm, concluiu que ao final de março de 2020, 92 países tinham regimes autoritários e 87 democráticos, sendo que o nosso país foi o que mais caiu no *ranking* mundial no conceito de uma democracia plena. Certamente, a forte intervenção do Estado para mitigar os efeitos negativos do coronavírus levará tempo para um regresso ao *status* anterior.

VII. Questão migratória

Temos duas possíveis consequências. A primeira, o retorno de muitos brasileiros que estavam no exterior, por diversas razões, entre outras por não conseguirem emprego ou não estarem integrados em diferentes comunidades. Poderá prevalecer um clima hostil aos estrangeiros, sejam legalizados ou não, e, principalmente, àqueles que ingressaram de forma irregular. Os mais afetados com a perda de empregos serão os que não são nativos.

Outra consequência é que os imigrantes irão se deparar com maiores dificuldades (algumas insuperáveis) para encontrar abrigo em muitos países. Os controles nas fronteiras serão mais rígidos, como é o caso dos venezuelanos em Roraima e mesmo, em alguns casos, com fechamentos permanentes de fronteiras.

Uma consequência perversa poderá ser a diminuição do fluxo de remessas financeiras daqueles residentes no exterior, principalmente nos Estados Unidos, para seus familiares na América Central e no México. Em muitos casos, esses recursos faziam parte da sobrevivência de muitas famílias.

Em artigo publicado pela *Folha* em 8 de maio de 2020, Claudia Costin,[104] com larga experiência na área de educação, fez menção às histórias referentes à educação quando se referiu aos refugiados venezuelanos, lembrando que diferentes pesquisas indicavam que dificilmente alguém, com habilidades mais baixas no seu país de origem, deseja passar por aventuras de abandonar seu país para ganhar um pouco mais. Como ela aponta com propriedade, em meio a crises, colocar o imigrante como principal culpado dos males que nos afligem não faz sentido. Diversos noticiários indicaram que os principais protagonistas da doença no Brasil seriam os venezuelanos, que além de tirar vagas de empregos, estariam trazendo a Covid-19 para os lares brasileiros. Aliás, o Secretário de Educação em Boa Vista (Roraima), em um webnário no início de maio, sobre respostas educacionais à pandemia, falando dos esforços da rede municipal de ensino com a adoção da aprendizagem emergencial remota aos alunos da cidade, quando perguntado se os venezuelanos estavam sendo assistidos, deixou claro que: "Naturalmente, afinal são nossos alunos". Um belo exemplo de cidadania!

Por último, menciono que no início de abril, levantamento efetuado indicava que 174 países, no médio/curto prazo, haviam fechado suas fronteiras. Mesmo considerando um dos piores momentos da crise, nada faz crer que essa situação venha a se alterar substancialmente. Isso coloca outro problema para aqueles que precisam de mão de obra barata para

---

104. Disponível em: http://bit.ly/3dtqZ4z.

produção, principalmente na agricultura, podendo provocar falta de alimentos, pois os seus residentes não suprirão totalmente a necessidade dos produtores agrícolas.

O Estado de S.Paulo, em 3 de maio de 2020, noticiou que milhares de trabalhadores perderam emprego nos países onde se ocupavam, resultando numa queda de R$ 500 bilhões nas suas remessas para familiares. O Banco Mundial calcula que o total de remessas nesse ano será de US$ 445 bilhões (R$ 2,4 trilhões), bem menor que os US$ 554 bilhões (R$ 3 trilhões) injetados em 2019 para muitos países da América Latina, Ásia e África, sendo que em muitas situações essa queda nas remessas terá um efeito devastador. Em alguns casos essas remessas representam cerca de 1/3 do PIB de alguns países.

VIII. Relações internacionais em desconcerto e a emergência de uma nova guerra fria?

Alguns questionamentos devem ser considerados no que diz respeito ao futuro da relação entre países.

Em primeiro lugar, cita-se a questão da coordenação internacional (ou falta dela). Durante a pandemia, o que vimos foi decepcionante: cada um por si. Grandes líderes questionaram o isolamento, mas o que testemunhamos foi falta de previsibilidade e vácuo de poder. Os países agiram, na maioria, de forma isolada e sem preparo para o enfrentamento de uma crise de caráter transnacional. No entanto, o caminho para melhorarmos a conjuntura parece ser por meio da cooperação.

Aliás, o fator Covid-19 e a maneira pela qual Trump lidou com pandemia são consideradas as principais razões da vitória de Biden na eleição de novembro de 2020.

Destacam-se, nesse cenário de vácuo de poder, os EUA, a superpotência. O país mostrou-se despreparado para a pandemia, apresentando o maior número de mortes no mundo. Ressalta-se, também, a forte dependência de suprimentos importados, principalmente dos asiáticos China e Japão. Cerca de 25% da produção mundial de respiradores ventilados e de máscaras concentram-se na China, como também de insumos para testes.

A falta de cooperação pôde ser vista nas tentativas de conciliar soluções sanitárias, fundamentais para o combate da Covid-19, mas claramente impopulares, com objetivos eleitorais, como no caso de Trump e de Bolsonaro, entre outros. Mundialmente, essa "disputa" ganhou como roupagem o falso dilema propagado pela mídia de saúde *vs.* economia. Como se houvesse um *tradeoff*....

Para além da falta de cooperação, durante momentos mais difíceis da crise (fevereiro/março/abril) o que se observou foi um endurecimento das relações entre China e EUA. Alguns analistas apontaram o dedo para a China como responsável pela eclosão da crise (fato nunca comprovado e discutível). No final de abril, Wuhan não tinha nenhuma morte pelo coronavírus. Por algumas declarações das altas autoridades do executivo americano, não há confiança nos chineses. A recíproca parece ser verdadeira. Diga-se de passagem, as autoridades chinesas reagiram com veemência a algumas declarações de autoridades do legislativo e executivo sobre a responsabilidade dos chineses na disseminação da Covid-19. No Brasil, sua Embaixada reagiu agressivamente às manifestações infelizes de autoridades do Legislativo e Executivo sobre a responsabilidade chinesa na pandemia. Em relação à manifestação de outros países, a reação chinesa foi idêntica.

Desde 2018, vemos um escalonamento das tensões na relação entre os dois gigantes hegemônicos, tendo início com o que ficou chamado de "Guerra Comercial". No entanto, no contexto atual, a deterioração desse relacionamento está levando muitos analistas a identificarem uma situação que vai além das relações comerciais, atingindo um nível similar ao que se via durante o conflito bipolar entre EUA e União Soviética. Estaríamos em uma nova Guerra Fria? Há quem já considere essa especulação como fato. Jeffrey Sachs, por exemplo, é um deles. Para o economista americano, esse novo conflito não só é uma realidade como também é uma "ameaça global maior que coronavírus".[105]

A eleição de Biden não indica que vá alterar substancialmente a questão do relacionamento entre as duas grandes potências. Talvez haja uma relação menos agressiva.

IX. Questões de ciência e saúde: valorização dos cientistas e dos profissionais do setor

Uma consequência da pandemia obviamente é o tratamento dado ao setor de saúde, não só nos países desenvolvidos (como o caso norte-americano) como nos países em desenvolvimento (como é o nosso caso).

A valorização da ciência será uma consequência da Covid-19. Ficou evidente que o mundo deve estar preparado para o enfrentamento de novas crises. O papel da OMS deverá ser revisitado.

Certamente, uma das respostas à crise da Covid-19 que ficou clara foi a questão da tecnologia. Muitos médicos, não podendo atender seus pacientes em seu consultório, usaram a telemedicina. Cresceu, também, o número de empresas brasileiras que oferecem como benefício extra a sua utilização. Muitas empresas o fizeram para seus funcionários. No setor de transporte de cargas é uma realidade adicional. Os depoimentos de usuários que usaram a telemedicina foram muito positivos e animadores. No hospital Albert Einstein de São Paulo, um de seus médicos, Carlos Pedrotti, através da teleconsulta passou a atender 1,5 milhão de pessoas.

> A McKinsey calcula que as receitas decorrentes do atendimento médico por telemedicina, farmácia, aparelhos vestíveis e outro aumentarão de US$ 350 bilhões em relação ao ano passado, para US$ 600 bilhões em 2024. Setores do mercado de assistência médica nos Estados Unidos, que totalizam US$ 3,6 trilhões, estão prontas para a transformação digital. O mesmo ocorre na China,

---

105. Disponível em: http://bbc.in/2ZtQ9aU.

O BRASIL TEM MEDO DO MUNDO?
Ou o mundo tem medo do Brasil?

na Europa e em muitos outros lugares onde os médicos exercem seu ofício.[106]

Paralelamente à telemedicina, o mercado já vinha se desenvolvendo como uma das principais ferramentas na oferta de sistemas de telemonitoramento que permitam acompanhar o paciente a distância. Entre muitas empresas de porte médio e que iniciaram suas atividades nos últimos anos, está também a gigante multinacional Siemens. Assim, tudo faz crer que esse setor crescerá excepcionalmente.

É de se imaginar que, de qualquer forma, devemos ter uma valorização da ciência, não só na questão básica de pesquisas direcionadas à prevenção de futuras pandemia, que muitos consideram que vão acontecer. Devemos estar preocupados em desenvolver vacinas, mas também canalizar recursos para o surgimento de novos vírus.

X. Direcionamento futuro dos investimentos públicos e privados no Brasil e no mundo

Como consequência da crise vivida, evidenciou-se a necessidade de redirecionar investimentos públicos e privados para o setor de saúde, inclusive por sua grande correlação com o saneamento nas cidades brasileiras. É vergonhosa a constatação da inexistência de esgotos e de água encanada nas grandes cidades. Como insistir com as pessoas para lavarem as mãos, se elas não têm água? Isso nos leva à questão da urbanização, principalmente das favelas no caso brasileiro e de alguns outros países da nossa região. Exigir confinamento de moradores em condições precárias com grande número de familiares habitando favelas em espaços de 20 a 30 m^2 é solicitar o impossível. Isso levanta a questão do urbanismo, particularmente ao que se refere às favelas, que deve merecer uma atenção especial, no sentido de transformá-las em ambiente de habitabilidade digna, o que, indiscutivelmente, poderia ter efeito positivo sobre a criminalidade.

---

106. O Bilionário setor da medicina digital. *O Estado de S. Paulo*, São Paulo, 5 dez 2020.

Essa situação não foi enfrentada exclusivamente pelo Brasil, mas, também, em muitos países, com destaque para os países pobres. Mesmo nos países de renda média, as maiores perdas de vida aconteceram em segmentos mais baixos da população e, principalmente, entre os afrodescendentes e latinos.

XI. Economia mundial e nacional: seus efeitos sobre as relações internacionais

Certamente o impacto nas economias mundiais no curto prazo será devastador. Mesmo a China, que vinha apresentando altas taxas de crescimento as quais beneficiaram diferentes países, principalmente fornecedores de matéria-prima, sofrerá um forte impacto, o que já demonstrava ao final do 1º trimestre com a suspensão gradual do *lockdown* em Wuhan, que não escapou de um ano com crescimento muito inferior.

No entanto, nos meses seguintes, controlada a pandemia, vimos a China voltar a crescer e a apresentar projeções que, ao fim de 2021, a economia chinesa estará em patamar 10% superior aos níveis da crise.

Nos EUA, os números revelados no mês de maio indicaram que no primeiro quadrimestre a taxa de desemprego foi de 14,7% da força de trabalho, com a perda de 20,5 milhões de empregos. Devastação somente comparável à depressão de 1929. Além disso, 11 milhões de pessoas tinham trabalho parcial, pois não conseguiram emprego em tempo integral (eram 4 milhões antes da pandemia). Mesmo admitindo uma recuperação da economia mais tarde, os números salientam que dificilmente os empresários irão contratar no mesmo nível anterior ao da pandemia. Sempre bom lembrar que uma das características do mercado de trabalho norte-americano é a flexibilidade dos contratos.

Como países com menor peso no cenário comercial internacional, o Brasil ainda assim não escapará do forte impacto em sua balança comercial pela queda de consumo de *commodities* nos países que eram seus grandes importadores, como é o caso da China. A médio prazo talvez possamos ter

O BRASIL TEM MEDO DO MUNDO?
Ou o mundo tem medo do Brasil?

benefícios, caso o país venha a se estruturar para receber investimento externo e aplicar recursos em setores em que seremos competitivos pelas vantagens naturais que oferecem.

Ficou mais uma vez evidente com a crise da Covid-19 que, em situações críticas que o País experimentou, a carência na educação em seu sentido mais amplo é fator que provoca enormes distorções, com interface na cidadania, responsabilidade social e respeito a medidas tecidas em benefício da população. A rebeldia no acatamento ao isolamento social e de abertura gradual de diferentes atividades é notória.

Vale aqui colocar em discussão um tema que tem sido levantado por muitos economistas e políticos de todo o mundo (inclusive Eduardo Suplicy – ex-senador do Brasil). Uma voz respeitável no cenário mundial, Kenneth Rogoff, Professor da Universidade de Harvard e ex-economista chefe do FMI, perguntado sobre a questão da renda mínima:[107]

> Sou totalmente a favor nesta situação e também no futuro, se o país tiver condições. Transferência de renda para ajudar os pobres era uma ideia defendida por economistas como Milton Friedman e James Tobin, ambos ganhadores do Nobel. O principal agora é cuidar da vida das pessoas e, depois, tratar de criar as condições para que elas voltem a trabalhar.

Sugeriu também atenção com as pessoas que estão endividadas e ajuda para pequenas empresas. Quanto à duração da recessão (que tem 99% de certeza que acontecerá) afirmou que será longa e com um número de países emergentes sentindo mais.

No caso brasileiro, transparecia que a melhoria verificada em diferentes setores da economia se deveu principalmente ao fluxo financeiro disponibilizado para os desempregados e profissionais autônomos. Em dezembro de 2020, termina esse ciclo de apoio e o país, sem condições financeiras de continuar bancando aqueles grupos, e sem poder ainda

---

[107] Disponível em: http://glo.bo/2OTU0vX.

consistentemente definir um progresso desenvolvimento mínimo, ficarão fundadas preocupações sobre como esse grupo sobreviverá.

No curto prazo, os programas de Governo de liberação de recursos – como o apoio aos desempregados e autônomos, com maior irrigação de recursos para o sistema financeiro, a liberação de FGTS e empréstimos da CEF, BNDES para pequenas e médias empresas – muito provavelmente só trarão resultados contracíclicos no 2º semestre.

A reação será gradual e diferenciada por setores de atividades.

Quanto aos investidores, como já mencionado anteriormente, teremos uma continuada aversão ao risco e levará algum tempo para que os números de confiança sejam restabelecidos, mesmo com preço dos ativos em nível bem mais realista, sem a euforia que caracterizou principalmente o segundo semestre de 2019.

Mais à frente, quando o pior já tiver passado, e os efeitos sociais estiverem equacionados, o que certamente afetará as eleições de 2022, teremos de iniciar um programa de reequilíbrio financeiro equacionando a parte fiscal, fortemente impactada pelo programa do governo de apoio às comunidades e às empresas.

XII. Futuro sendo escrito

O mundo não será o mesmo depois do novo coronavírus. Faz sentido transcrever, a seguir, artigo brilhante de Henry Kissinger, e publicado no *Wall Street Journal*. Pela sua experiência e sabedoria de muitos anos no cenário internacional, creio que sua autoridade seja inquestionável.

Desse artigo, poderíamos sublinhar os seguintes pontos:

1) É fundamental acabar com divisões nos países para vencer obstáculos sem precedentes em sua magnitude e caráter global. Sustentar a confiança pública é

básico para solidariedade social entre as sociedades na busca determinada da paz e estabilidade.

2) As instituições constatarão que falharam. Independentemente do seu julgamento, a verdade é que o mundo nunca mais será o mesmo. Não adianta olhar o passado e sim olhar o que deve ser feito para uma nova relação mundial.

3) Os líderes mundiais não deverão enfrentar a crise em bases individuais, mas reconhecer seu efeito devastador para além das fronteiras, pois o vírus não respeita limites. Isso exigirá que os EUA busquem soluções com uma visão de colaboração global. Ao olharmos o Marshall Plan e Manhattan Project como referência, surgem três providências a considerar:

a. Desenvolver uma vacina com resiliência global para doenças infecciosas. Medidas deveriam ser tomadas para melhorar a proteção da população mais vulnerável;

b. Buscar cura para as feridas da economia mundial, para o que as lições da crise de 2008 sirvam de exemplo, e evitar o caos;

c. Salvaguardar os princípios da ordem mundial. Não é mais o caso de proteger o povo de um inimigo externo. A pandemia recriou países com barreiras medievais que não são a solução. Devemos balancear o poder com a legitimidade de buscar soluções em conjunto. *Reconstruir* é a palavra!

The Coronavirus Pandemic Will Forever Alter the World Order

The U.S. must protect its citizens from disease while starting the urgent work of planning for a new epoch.

Henry A. Kissinger – Wall Street Journal – April 3, 2020[108]

The surreal atmosphere of the Covid-19 pandemic calls to mind how I felt as a young man in the 84th Infantry Division during the Battle of the Bulge. Now, as in late 1944, there is a sense of inchoate danger, aimed not at any particular person, but striking randomly and with devastation.

But there is an important difference between that faraway time and ours. American endurance then was fortified by an ultimate national purpose. Now, in a divided country, efficient and farsighted government is necessary to overcome obstacles unprecedented in magnitude and global scope. Sustaining the public trust is crucial to social solidarity, to the relation of societies with each other, and to international peace and stability.

Nations cohere and flourish on the belief that their institutions can foresee calamity, arrest its impact and restore stability. When the Covid-19 pandemic is over, many countries' institutions will be perceived as having failed. Whether this judgment is objectively fair is irrelevant. The reality is the world will never be the same after the coronavirus. To argue now about the past only makes it harder to do what has to be done.

The coronavirus has struck with unprecedented scale and ferocity. Its spread is exponential: U.S. cases are doubling every fifth day. At this writing, there is no cure. Medical supplies are insufficient to cope with the widening waves of cases. Intensive-care units are on the verge, and beyond, of being overwhelmed. Testing is inadequate to the task of identifying the extent of infection, much less reversing its spread. A successful vaccine could be 12 to 18 months away.

---

108. Disponível em: http://on.wsj.com/3pztFzR.

The U.S. administration has done a solid job in avoiding immediate catastrophe. The ultimate test will be whether the virus's spread can be arrested and then reversed in a manner and at a scale that maintains public confidence in Americans' ability to govern themselves.

The crisis effort, however vast and necessary, must not crowd out the urgent task of launching a parallel enterprise for the transition to the post-coronavirus order.

Leaders are dealing with the crisis on a largely national basis, but the virus's society-dissolving effects do not recognize borders. While the assault on human health will—hopefully—be temporary, the political and economic upheaval it has unleashed could last for generations.

No country, not even the U.S., can in a purely national effort overcome the virus. Addressing the necessities of the moment must ultimately be coupled with a global collaborative vision and program. If we cannot do both in tandem, we will face the worst of each.

Drawing lessons from the development of the Marshall Plan and the Manhattan Project, the U.S. is obliged to undertake a major effort in three domains.

First, shore up global resilience to infectious disease. Triumphs of medical science like the polio vaccine and the eradication of smallpox, or the emerging statistical-technical marvel of medical diagnosis through artificial intelligence, have lulled us into a dangerous complacency. We need to develop new techniques and technologies for infection control and commensurate vaccines across large populations. Cities, states and regions must consistently prepare to protect their people from pandemics through stockpiling, cooperative planning and exploration at the frontiers of science.

Second, strive to heal the wounds to the world economy. Global leaders have learned important lessons from the 2008 financial crisis. The current economic crisis is more complex: The contraction unleashed by the coronavirus is, in its speed and global scale, unlike anything ever known in history. And necessary public-health measures such as social distancing and closing schools and businesses are contributing to the economic pain. Programs should also seek to ameliorate the effects of impending chaos on the world's most vulnerable populations.

Third, safeguard the principles of the liberal world order. The founding legend of modern government is a walled city protected by powerful rulers, sometimes despotic, other times benevolent, yet always strong enough to protect the people from an external enemy. Enlightenment thinkers reframed this concept, arguing that the purpose of the legitimate state is to provide for the fundamental needs of the people: security, order, economic well-being, and justice. Individuals cannot secure these things on their own. The pandemic has prompted an anachronism, a revival of the walled city in an age when prosperity depends on global trade and movement of people.

The world's democracies need to defend and sustain their Enlightenment values. A global retreat from balancing power with legitimacy will cause the social contract to disintegrate both domestically and internationally. Yet this millennial issue of legitimacy and power cannot be settled simultaneously with the effort to overcome the Covid-19 plague. Restraint is necessary on all sides—in both domestic politics and international diplomacy. Priorities must be established.

We went on from the Battle of the Bulge into a world of growing prosperity and enhanced human dignity. Now, we live an epochal period. The historic challenge for leaders is to manage the crisis while building the future. Failure could set the world on fire.

O BRASIL TEM MEDO DO MUNDO?
Ou o mundo tem medo do Brasil?

FOTOGRAFIAS

Discurso de saudação durante a visita do presidente Jimmy Carter a São Paulo, em 21.01.97, com seu autógrafo.

> Your Excellency President Carter and Mrs. Carter
>
> Distinguished members of President Carter's delegation
>
> Ms. Melissa Wells distinguished Consul general of the United States of America in São Paulo and dear friends of the Consulate.
>
> Dear guests, friends and associates of CEAL.
>
> It is a great honor for CEAL to receive President Jimmy Carter.
>
> The host for this luncheon is Mr. José Erminio de Moraes, one of the leaders of the SA Votorantim, which ranks among the most important Brazilian industry groups. He will officially make the formal introduction of President Carter to this very selective audience representing a good cross section of our industry, trade and agriculture.
>
> Before passing the floor to him, let me briefly explain what is CEAL and what we are doing.
>
> CEAL, the Latin America Business Council - was formally launched in 1990, after two successful meetings between Brazilian and Argentine businessmen.
>
> *President Jimmy Carter*   21/01/97

(Thank you, Jimmy Carter)

At the end of the eighties it has become more clear and evident that the formation of a strong trade block and more interdependence in Latin America and particularly in South America was eminent.

In order for that to happen, it was necessary that business leaders of all Latin American countries would have a way to know each other better, exchange their business experiences and to relate to the experiences of their own countries in this new common scenario,: the end of authoritarian regimes, return to democratic elections and the opening of our economies. Such a new era implied that the role of governments was revised, and private entrepreneurs had a fundamental role for the region to occupy a more important place in a global economy.

CEAL is convinced that integration in Latin America will be successful if the private entrepreneurs of the region may assume the leadership of the process. CEAL is conscious of this responsibility; therefore its purpose on an institutional level is to stimulate the presence of the private enterprise as an agent of change.

OBJECTIVES

In order to achieve its main objective, CEAL has established the following fundamental purposes:

- To promote mutual acquaintance, personal relationship and friendship among its members and, in a general way, among Latin American entrepreneurs.
- To organize a systematic exchange of ideas and information among its members.

President Jimmy Carter   *21/01/97*

O BRASIL TEM MEDO DO MUNDO?
Ou o mundo tem medo do Brasil?

- To supply an adequate forum to debate the crucial matters related to the political and economic environment of Latin America and to the role of private enterprise in the context of each country.
- To pursue the development of economic integration between Latin American countries.
- To contribute to the advancement of the social and economic situation of the Latin American region.
- To understand that cultural values are of great importance for our common knowledge.

For that purpose, CEAL is organized in 9 different chapters representing 11 countries of the region. To be a member of CEAL, an individual has to occupy a distinguished role in their business community, being the CEO, or an important shareholder of a leading local company.

Today, we are close to 330 associates in Latin America and Brazil, with over 80 members, has the largest number of members.

Officially, on a rotating basis, we meet every year in a country of Latin America for our annual session, when a President for all chapters is elected. This year, after the annual meetings held in Brazil, Argentina, Mexico, Venezuela, Colombia and Peru, the host country is Equador, and our International President is Mario Ribadeneira, a former Ambassador of Equador to the US.

President Jimmy Carter   21/01/97

Apart of that very special occasion, each chapter organizes its own agenda for the year, mostly inviting personalities that could bring the theme of integration for discussion.

We also organize specific meetings between chapters (for instance, we are preparing the third meeting between the Argentine and Brazilian Chapters) to exchange experience either in business or reform programs. This resulted in a better knowledge between our countries, and I'm convinced that has helped immensely the initial results of Mercosul.

Mr. Carter, it is indeed a privilege to have you and your group with us today and I pass the word to Mr. Jose Erminio de Moraes to officially welcome you.

President Jimmy Carter — *21/01/97*

O BRASIL TEM MEDO DO MUNDO?
Ou o mundo tem medo do Brasil?

1. Evento do Conselho Empresarial da América Latina no São Paulo Clube com José Ermírio de Moraes, Jimmy Carter e Rosalynn Carter.

2. Reunião do Conselho Empresarial da América Latina no Copacabana Palace com Julio Maria Sanquinetti, Fernando Henrique Cardoso e Raul Cubas (Ex-Presidente do Paraguai).

3. Reunião em Brasília durante a presidência de Fernando Henrique Cardoso com Fernando Henrique Cardoso, Manoel Felliu (na época presidente do Capítulo chileno), Pedro Piva, Luís Cesar Fernandes, Aloisio Araujo e Daniel Klabin.

4. Bill Clinton em sua primeira visita ao Brasil após deixar a Presidência - com Luiz Felipe Lampreia (então chanceler), Thomas Marc Larty (enviado especial dos Estados Unidos para a América Latina).

O BRASIL TEM MEDO DO MUNDO?
Ou o mundo tem medo do Brasil?

5. Reunião do Foro Iberoamerica no Palácio do Governo em Campos do Jordão com Gustavo Cisneros e Felipe Gonzales.

6. Reunião do Foro Iberoamerica em Campos do Jordão com Carlos Slim, Paolo Rocca e Guilherme de La Dehesa.

7. Reunião no Keidaren em Tóquio com Cacilda Teixeira da Costa e Sônia Simão.

8. Reunião em São Paulo com Octávio Frias e Henry Kissinger.

O BRASIL TEM MEDO DO MUNDO?
Ou o mundo tem medo do Brasil?

9. Visita de Fernando Henrique Cardoso a Shangai (1995).

10. Visita a Embraco na China com Ernesto Heinzelmann, Hugo Miguel Etchenique e Aloizio Araujo.

11. Reunião do *Council of The Americas* em Washington com George Bush.

12. Jantar em São Paulo com Robert Zoellick (Secretário de Política Externa dos Estados Unidos).

O BRASIL TEM MEDO DO MUNDO?
Ou o mundo tem medo do Brasil?

13. Reunião do Conselho Empresarial da América Latina (durante a presidência de Roberto Teixeira da Costa) no Palácio da Alvorada em Brasília (1980) com os Presidentes da República da região.

14. Posse do Presidente Ricardo Lagos (Chile).

15. Reunião da *Secretaria General Iberoamericana* em Madri com Rei Felipe VI.

16. Entrega do título de conselheiro emérito do CEAL em Foz do Iguaçu.

O BRASIL TEM MEDO DO MUNDO?
Ou o mundo tem medo do Brasil?

17. Jantar no CEAL com Alberto Fujimori e Aluizio Araujo (1996).

O BRASIL TEM MEDO DO MUNDO?
Ou o mundo tem medo do Brasil?

18. Reunião do CEAL com Josué Christiano Gomes da Silva.

19. Reunião do CEAL com Roberto Rodrigues, Willian Waack.

20. Visita o acampamento de refugiados venezuelanos em Boa Vista (RR) na companhia dos membros do Comite Mobilizador da Agência da ONU para Refugiados (Acnur), maio de 2019.

O BRASIL TEM MEDO DO MUNDO?
Ou o mundo tem medo do Brasil?

21. *Foro Empresarial y Cumbre Ministerial de las Americas* em Cartagena (1996).

SOBRE O AUTOR

Sobre o autor: primeiras investidas na área externa.

Imediatamente após deixar a Presidência da CVM – Comissão dos Valores Mobiliários (dez/1979), o tema referente às relações internacionais passou a ocupar espaço crescente em minha agenda. Ao regressar para São Paulo, assumi a presidência da Brasilpar, como pioneira na área de venture capital.

Durante minha atuação anterior como diretor vice-presidente de banco de investimentos, e posteriormente como vice-presidente encarregado do BIB – Banco de Investimento do Brasil (mais tarde, com a conglomeração do sistema financeiro passou a ser parte do Unibanco) mantive contatos frequentes com o setor externo. Nessa etapa de minha vida profissional, contatos externos estavam dedicados a promover investimentos no mercado de capitais brasileiro, por meio de aplicações em ações e em maior escala em títulos de dívida emitidos por empresas privadas e colocados no mercado internacional. Já na Deltec, com sede em Nassau, que foi pioneira na colocação dos chamados *dollar notes*, que eram vendidas a investidores institucionais por seus canais de distribuição. Nas reuniões anuais da Deltec, antes ou depois, passávamos por Nova York para, com o apoio de bancos associados (como Bear Sterns, Kidder Peabody), fazer apresentações para investidores potencialmente interessados em aplicar no mercado brasileiro. Fomos assim precursores da venda de títulos brasileiros no exterior.

Atuação no mercado de capitais

As reuniões em Nassau, Bahamas, proporcionaram a oportunidade de ter uma visão de outros países de nossa região, onde a Deltec tinha representação, particularmente na Argentina, onde fez investimentos industriais (*Swift Armour* entre outros), Chile, Peru, Venezuela e Colômbia, onde também se desenvolveram atividades pioneiras na promoção do mercado de capitais.

Mais tarde, o trabalho ampliou-se já através do BIB e com a legislação de 1975 (DL 1401) permitindo que investidores financeiros pudessem aplicar em Bolsa por meio de fundos especialmente criados com recursos de instituições. Com nosso então representante em Paris vasculhamos todos os potenciais mercados como: Reino Unido, Alemanha, França e Holanda, assessorado por banqueiro do White Weld, vendendo o mercado brasileiro e as oportunidades de investimentos existentes.

Foi uma rica experiência, pois simultaneamente promovíamos o Brasil e as oportunidades no mercado de ações e representávamos uma instituição financeira recém-criada, um banco de investimento, o Banco de Investimento do Brasil (BIB), que tinha como acionistas principais Unibanco, Deltec, Ibec, Icomi (Azevedo Antunes) e Brascan (grupo Light). O instrumento de aplicação bastante complexo, aprovado pelo Bacen: um fundo de investimento especializado que obrigatoriamente tinha de ter um administrador local. Tivemos sucesso e conseguimos que o fundo Robeco da Holanda decidisse nos confiar US$ 15 milhões (na época valor considerável, que representou cerca de 20% do total, então trazido para o mercado). utIlizado na criação do fundo Robrasco, que teve resultados positivos, porém os gestores da Robeco não conseguiram posteriormente conviver com uma economia inflacionária que, não só a eles, como em geral, criara ambiente pouco propício para aplicação em títulos de renda variável, e mais tarde realizaram o investimento.

Mesmo assim, essa convivência com o mundo externo foi importante para minha vivência profissional, ganhando a percepção do nosso país de fora para dentro. A minha experiência já resultou em três livros que publiquei sobre mercados de capitais.[109] Ressalto a pouca informação a respeito do Brasil e uma curiosidade em alguns casos de ter maior conhecimento sobre nosso mercado, instituições, com seus aspectos positivos e negativos. Vale lembrar que, nos anos 1960 e 1970, não existiam representações de bancos de investimento norte-americanos, e os bancos comerciais aqui presentes (destacavam-se o *Citibank, Bank of London and South América, Royal Bank of Canada* e representantes do *Deutsche Bank*), pelo que me lembro não tinham carteira de investimentos.

Desde então, despertava minha atenção o distanciamento da elite financeira e industrial brasileira do cenário internacional. Com uma economia fechada e que não criava facilidades para aplicações externas, fosse por investidores industriais ou mesmo de corporações que tivessem como objetivo principal diversificar riscos. Não lhes parecia atraente ir buscar mercado externo devido ao desconhecimento e uma baixa capacitação do ponto de vista administrativo e financeiro. O exterior era para turismo, e inclusive a insuficiente escala de nossa produção industrial não criava potencial de venda externa, como também, quando havia receptividade dos nossos produtos, não garantíamos o retorno desejado. Em alguns poucos casos, essa incursão ao exterior acontecia quando de crises no mercado interno que obrigavam os industriais a olhar o mercado externo. Por razões óbvias, foram os países vizinhos os que despertaram maior facilidade de acesso.

Essa possibilidade se intensificou principalmente a partir da criação do Mercosul em 1991 (acordo de união aduaneira entre Brasil, Argentina, Uruguai e Paraguai). No entanto, minha maior exposição ao setor externo aconteceu com a criação do Conselho Empresarial da América Latina (Ceal).

---

109. São eles: (i) *Brazil's experience in creating a capital Market* (Bovespa, 1985); (ii) *Mercado de Capitais:* uma trajetória de 50 anos. (São Paulo: Imprensa Oficial do Estado de São Paulo, 2006); e (iii) *Valeu a pena!* Mercado de capitais: passado, presente e futuro (Ed. FGV, 2018).

O BRASIL TEM MEDO DO MUNDO?
Ou o mundo tem medo do Brasil?

Criação do Conselho Empresarial da América Latina (Ceal)

O Ceal foi uma iniciativa de empresários argentinos, liderado por Ricardo Esteves, que sentiu a necessidade de uma maior aproximação entre seus pares argentinos e os do nosso País. Estávamos antevendo as possibilidades do Mercosul, sendo que era muito precário o contato que existia entre eles.

Assim, pareceu oportuno que criássemos uma associação de empresários que nos aproximasse e permitisse encontros periódicos para troca de informações empresariais, relatos de experiências institucionais, explorando casos de sucesso de políticas públicas e administrativo-financeiras que servissem para inspiração recíproca.

Vale lembrar que, mais tarde, em vários momentos da década dos anos 1970 e 1980, vivemos crises econômico-financeiras que tiveram origens muito semelhantes e contagiosas (Efeito Orloff), na relação Argentina *vs.* Brasil.

O primeiro Presidente do Capítulo brasileiro foi Paulo Villares (fomos organizados sob a forma de capítulos) após sucessivas assembleias em Buenos Aires e Rio, quando se decidiu formalizar a associação. Ricardo Esteves viajou ao Chile, Peru, Colômbia, Venezuela, Equador e México e convidou os empresários locais a associarem-se ao então recém-criado Ceal. Ressalte-se que, desde o início, o Ceal foi uma associação de pessoas físicas que tinham relevância executiva nas empresas que representavam.

Na sequência à presidência de Paulo Villares, por sugestão do empresário Hugo Miguel Etchenique, fui surpreendido com o convite para presidir o Capítulo brasileiro, que exerci continuamente durante um período de oito anos, sendo que em seus últimos dois anos acumulei com a presidência do capítulo internacional, que é ocupado a cada dois anos por um sistema de rodízio pelo presidente de um dos capítulos. Foi uma experiência positiva e que me permitiu ter contatos sucessivos com os diferentes capítulos regionais, como também nas reuniões plenárias anuais e ter melhor conhecimento e visão mais realista dos maiores países de nossa região, nossos pontos fortes e vulnerabilidades.

Minha despedida ocorreu em 2000, onde fizemos coincidir nossa reunião plenária em Brasília, com reunião organizada pelo governo brasileiro (Fernando Henrique Cardoso) com os demais países da região. Ressalte-se que estávamos reunindo, pela primeira vez, países da América do Sul, mas, para não criar maiores melindres, foi convidado o Ministro das Relações Exteriores do México, Jorge Castañeda.

À exceção do México, por sua proximidade geográfica com os Estados Unidos e por suas características específicas, e do Chile (mais aberto), observei que os empresários da região eram, também, muito voltados para seus respectivos mercados, muito embora devido a sua formação hispânica, em muitos casos tivessem uma maior aproximação entre si (língua em comum) e talvez um maior convívio com a Europa, particularmente com a Espanha.

Ficou evidente que, apesar de reconhecer a superioridade do Brasil por seu tamanho e sua projeção econômica, não havia uma solidariedade compartilhada e, mesmo nos momentos mais difíceis que enfrentamos, não se buscaram políticas em comum para superar problemas conjunturais ou mesmo macroeconômicos.

Também me dei conta de que a questão da soberania, entre outros fatores, não permitia que aceitassem liderança brasileira.

Em anos recentes, o Ceal continua atuante, mas está tendo que se adaptar às novas circunstâncias da economia mundial, em que as facilidades de comunicação dispensam a necessidade de contatos diretos. Hoje, como sabido, vivemos situação inversa: excesso de informações. O problema maior é separar a informação útil, isso sem falar das "Fake News".

Criação do Centro Brasileiro de Relações Internacionais (Cebri)

A formação do Cebri foi também uma escola de aprendizado quanto à necessidade de estarmos equipados para

O BRASIL TEM MEDO DO MUNDO?
Ou o mundo tem medo do Brasil?

internamente discutirmos temas sobre o relacionamento do nosso país com o resto do mundo, como também, sobre as dificuldades de engajamento dos empresários brasileiros na discussão e debates relacionados à inserção do Brasil no cenário internacional e sua responsabilidade com os empresários.

Havia participado de reunião em Nova York, não só do Council of Foreign Relations, como também do Council of the Americas (que teve como patrono David Rockfeller). Curiosamente, as duas instituições estão na Park Avenue e uma esquina as separa. O Council of the Américas, independentemente de incursões na área institucional, política e econômica, também promove iniciativas culturais no campo da arte, música e literatura.

Em nossa região, encontrávamos uma situação desvantajosa vis-à-vis Argentina e Chile que contavam com *think tanks* destinados a discutir política externa muitos anos antes de nos organizarmos (no caso do Chile, por exemplo, quando Fernando Henrique Cardoso esteve exilado no país andino, o seu Conselho de Relações Internacionais já existia, enquanto o Consejo Argentino de Relaciones Internacionales – CARI – já havida sido formado desde 1978).

Portanto, a ideia de que precisávamos ter uma instituição com as mesmas características me motivava e tornava-me convencido de sua necessidade. Chegamos a conceber uma instituição com tal característica em São Paulo, mas por uma série de circunstâncias, o Embaixador Luiz Felipe Lampreia me convenceu de que, com o apoio inicial do Itamaraty, deveríamos estar sediados no Rio de Janeiro, porta de entrada quase obrigatória de quem nos visita. Assim, com o apoio determinante de Daniel Klabin, Celio Borja, Marcus Vinicius Pratini de Moraes, Eliezer Batista, Olavo Batista, Carlos Mariani Bittencourt, Katy Almeida Braga, entre outros, o Centro Brasileiro de Relações Internacionais (Cebri) foi lançado no Rio em 1998 com forte apoio do Ministério das Relações Internacionais, porém, mais tarde, com recursos exclusivos do setor privado.

O Cebri vem desempenhando papel importante dentro dos objetivos para o qual foi criado e hoje é referência mundial. Sou membro honorário de seu Conselho, assim como do Ceal.

Comitê Empresarial Permanente (CEP)

Lembro-me ainda de que, durante a administração do Embaixador Luiz Felipe Lampreia como chanceler na Presidência de Fernando Henrique Cardoso, criou-se o Comitê Empresarial Permanente, com o objetivo de trazer, para mais perto, empresários para uma troca de ideias permanente com o Itamaraty em temas que nos eram importantes referentes à inserção internacional. Infelizmente, administrações posteriores não deram continuidade à iniciativa de tal relevância.

Nesses muitos anos de convivência com a política externa e diplomacia empresarial, talvez tenha sido o momento de maior aproximação entre o setor público e privado em área de tão grande importância estratégica. Até hoje, quando me encontro com aqueles que participaram daquelas reuniões, há um sentimento de desapontamento de que aquela iniciativa não tenha tido continuidade.

Mercosur European Union Business Forum (MEBF)

Quando terminei meu mandato no Ceal, o Embaixador Roberto Abdenur, então nosso representante na Alemanha, em contato com o Presidente da Confederação Alemã de Indústrias (equivalente ao nosso CNI), Hans-Olaf Henkel, fui consultado sobre meu interesse em maior aproximação com os empresários, coordenando o lado brasileiro numa possível associação, contando com forte apoio do empresário argentino da área petrolífera, Carlos Bulgheroni. Criamos, então, uma associação nos moldes do Transatlantic Dialogue, que aproximaria empresários norte-americanos e europeus para a aliança comercial entre União Europeia e Estados Unidos, e que foi chamado de Mercosur European Union Business Forum (MEBF).

Mais tarde, esse convite foi oficializado pelo Embaixador José Botafogo Gonçalves, na época titular do Ministério de

Desenvolvimento, Indústria e Comércio, e desde então, portanto há mais de 20 anos se discute esse acordo comercial, que infelizmente até agora não se viabilizou, apesar das diversas tentativas diplomáticas em diferentes fóruns. Minha contraparte do lado europeu foi o presidente da Basf, Jürgen Strube, com quem mantive um relacionamento muito produtivo e realizamos diversas reuniões, inclusive na sede da Basf. Vale lembrar que o acordo União Europeia com Estados Unidos também não vingou! (A União Europeia celebrou recentemente um acordo semelhante com o Japão.)

Posteriormente, na coordenação do lado brasileiro do MEBF também passaram vários empresários representativos do setor industrial tais como: Luiz Fernando Furlan, Ingo Plöger e Carlos Mariani. Do lado governamental, tive como companheiros nessa empreitada o Embaixador Roberto Jaguaribe, que ocupou várias embaixadas e inclusive a Agência Brasileira de Promoção de Exportações e Investimentos (Apex).

Surgimento Foro Iberoamérica

Ainda sob inspiração de Ricardo Esteves, e do grande escritor mexicano Carlos Fuentes, com apoio de Gabriel Garcia Marques, fui convidado e participei, desde sua reunião inicial na cidade do México, quando da posse do Presidente Vicente Fox, da formação do Foro Iberoamérica que se aproxima de seu vigésimo aniversário. O Foro busca maior aproximação entre políticos, escritores e empresários da Iberoamérica para troca de ideias e discussão de temas em comum entre os países de nossa região e Portugal e Espanha. Diferentemente das outras instituições a que me referi, o Foro tem como objetivo a preservação de valores cívico-culturais de nossos países, buscando preservar o que de melhor temos de nossa civilização, arriscado a diluir-se dentro de um mundo globalizado e cada vez mais individualista.

Reuniões anuais, revezando entre países da América e Iberoamericanos, apresentam uma pauta de temas que tenham influência dentro dos objetivos e da atualidade de cada região.

Faço parte de seu Comitê de Dirección no capítulo brasileiro, na companhia de João Roberto Marinho, Nélida Piñon, Joaquim Falcão e Duda Pereira. No total somos um grupo compacto que não chega a 100 participantes no total.

Hoje, Julio María Sanguinetti, do Uruguai, e Francisco Pinto Balsemão, primeiro-ministro de Portugal, presidem o Foro, que já foi ocupado por Fernando Henrique Cardoso, Ricardo Lagos e o escritor Carlos Fuentes.

Grupo de Análise da Conjuntura Internacional (Gacint) e Instituto de Relações Internacionais (IRI)

A convite do Embaixador Celso Lafer, e do sociólogo Gilberto Dupas, passei a integrar o Grupo de Análise da Conjuntura Internacional (Gacint) ligado ao Instituto de Relações Internacionais (IRI) da Universidade de São Paulo (USP) da qual participo também como membro de seu colegiado orientador.

O Gacint realiza reuniões periódicas no campus da Universidade de São Paulo (USP), sempre com temas ligados ao cenário internacional e suas implicações para o nosso país. Tem sido um laboratório de discussões de temáticas de interesse institucional, político e econômico.

No primeiro semestre de 2020, era coordenado por Alberto Pfeifer e Stefan Baremboim-Salej.

Interamerican Dialogue (IAD)

Para terminar essa listagem de instituições às quais estive ligado, devo mencionar o Interamerican Dialogue de Washington. O Dialogue, que teve entre seus fundadores, além de outras expressivas lideranças mundiais, o Presidente Fernando Henrique Cardoso é reconhecido por seu interesse em aproximar os Estados Unidos de temas e interesses da América Latina. Foi fundado em 1982 e hoje conta com mais de 100 membros de 23 países das Américas.

Fiz parte de seu Conselho em dois momentos diferentes e agora estou completando mais um mandato. Temos duas reuniões anuais do Conselho, porém o Dialogue também realiza uma série de encontros semanais buscando sempre trazer temas sensíveis à nossa região e seu relacionamento não só com os Estados Unidos, mas também entre os demais. A presença da temática da América Central tem estado sempre presente.

Vivência como articulista e debatedor

Como consequência da experiência vivida e acumulada no convívio de nossas relações com o resto do mundo, não foram poucos os temas e palestras de que participei e que me permito aqui relacionar os mais relevantes.

1. Cartagena '96 – Mais um passo para a Integração Hemisférica – Seminário Internacional – 08.02.1990;

2. *Internationalization of Brazilian Corporations* – 15.09.2010;

3. O Governo Lula no cenário das relações internacionais – 21.11.2005;

4. Cebri – Dossiê Edição Especial – "Desafios da Política Externa Brasileira para os próximos 10 anos";

5. Realidade e perspectivas da inserção do Brasil na economia mundial – ThyssenKrupp – 04.08.2004;

6. O diálogo do governo – setor privado – *Valor Econômico* – 28.06.2004;

7. Conselho das Câmaras Europeias e Eurocentro / Firjan – Diplomacia Empresarial – 14.11.2003;

8. Revisitando o decálogo da internacionalização – 22.07.2002;

9. Diplomacia para o Século XXI – 14.10.2000;

10. Multilatinas – *Building Globally Competitive Corporations in Latin America* – Davos – 28.01.2000;

11. América Latina – Onde estamos e para onde vamos – Cebri – Nov. 2018;

12. *Brazil's Election Takes Shape* – Cebri Conference Call – 16.08.2018;

13. Artigo sobre Mercosul "Reflexão prospectiva sobre o Brasil – publicado pelo Ministério das Relações Exteriores no livro *Grupo de Reflexión prospectiva sobre el Mercosur*;

14. O Brasil e a Alca (Os desafios da integração – publicado no "O CEAL e a Construção da Alca" – 2003;

15. Diálogo empresarial – uma nova realidade – *Revista Política Externa* – Edição 7 – nº 2 – set./nov. 1998 – p. 117;

16. Desafios da Política Externa – *Revista Política Externa* – Volume 23 – nº 2 – out.-dez. 2014 – p. 211;

17. Cenário para 2014 – *Revista Política Externa* – Edição 22 – nº 2 – abr.-jun. 2014 – p. 123;

18. China e Índia – Protagonistas de um mundo em transformação – *Revista Política Externa* – Edição 19 – nº 4 – mar.-maio 2011 – p. 123.

Impressão e Acabamento | Gráfica Viena
www.graficaviena.com.br
Santa Cruz do Rio Pardo - SP, ano 2021